Vasari

# Lionardo da Vinci, Raffael von Urbino und Michelagnolo Buonarroti

Giorgio Vasari

# Das Leben von Lionardo da Vinci, Raffael von Urbino und Michelagnolo Buonarroti

Herausgegeben
von Roland Kanz

Philipp Reclam jun. Stuttgart

Der Text der vorliegenden Ausgabe folgt
der Edition von Ludwig Schorn und Ernst Förster;
siehe dazu Seite 305 f.

RECLAMS UNIVERSAL-BIBLIOTHEK Nr. 9467

Gesamtherstellung: Reclam, Ditzingen. Printed in Germany 2012
RECLAM, UNIVERSAL-BIBLIOTHEK und
RECLAMS UNIVERSAL-BIBLIOTHEK sind eingetragene Marken
der Philipp Reclam jun. GmbH & Co. KG, Stuttgart
ISBN 978-3-15-009467-9

www.reclam.de

Das Leben von Lionardo da Vinci

Leonardo da Vinci
Selbstporträt. Um 1512
Turin, Biblioteca Reale

Das Leben
des Malers und Bildhauers

# Lionardo da Vinci

aus Florenz

Reiche Gaben sehen wir oft von der Natur mit Hülfe der himmlischen Einflüsse über menschliche Geschöpfe ausgegossen, bisweilen aber vereinigt sich, wie ein überschwengliches und übernatürliches Geschenk, in einem einzigen Körper Schönheit, Liebenswürdigkeit und Kunstgeschick so herrlich, daß jede seiner Handlungen göttlich erscheint, alle andern Sterblichen hinter ihm zurückbleiben und sich deutlich offenbart: was er leiste, sei von Gott gespendet, nicht aber durch menschliche Kunst errungen. Dies erkannte man bei Lionardo da Vinci; sein Körper war mit nie genugsam gepriesener Schönheit geschmückt, er zeigte in allen seinen Handlungen die größte Anmut, und besaß ein so vollkommnes Kunstvermögen, daß, wohin sein Geist sich wandte, er das Schwierigste mit Leichtigkeit löste. Seltene Kraft verband sich in ihm mit Gewandtheit, sein Mut und seine Kühnheit waren erhaben und großartig und der Ruf seines Namens verbreitete sich so weit, daß er nicht nur von der Mitwelt, sondern noch viel mehr von der Nachwelt gepriesen wurde.

In Wahrheit bewundernswert und gottbegabt war Lionardo, der Sohn von Ser Piero da Vinci.[1] Er würde

1 Leonardo wurde am 15. April 1452 in dem kleinen Dorf Anchiano bei Vinci als uneheliches Kind der Bäuerin Catarina geboren. Sein Vater Piero da Vinci übte seit 1451 den Beruf eines Notars aus. Im gleichen Jahr heiratete er eine Frau aus einer angesehenen Familie, die Ehe blieb jedoch kinderlos. Als Leonardos Mutter 1457 einen Bauern heiratete, nahm Ser Piero seinen Sohn Leonardo zu sich.

in Gelehrsamkeit und Kenntnis der Wissenschaften Großes geleistet haben, wenn er einen minder unbeständigen und wandelbaren Geist gehabt hätte; dies war Ursache, daß er viele Dinge unternahm und, begonnen, wieder liegen ließ. So machte er in der Rechenkunst in wenigen Monaten reißende Fortschritte, und trug seinem Meister so vielfache Zweifel und Einwendungen vor, daß er ihn oft in Verwirrung setzte. Auch die Musik begann er zu studieren, entschloß sich aber bald das Lautenspiel zu lernen, und da sein Sinn erhaben und voll der schönsten Gedanken war, improvisierte er zu diesem Instrument wunderbar schöne Gesänge. Wiewohl er so vielerlei Dinge trieb, unterließ er doch nicht zu zeichnen und erhobene Arbeiten zu verfertigen, eine Beschäftigung die mehr als jede andere nach seinem Sinn war. Piero, sein Vater, der dies sah, und die Herrlichkeit dieses Geistes erkannte, nahm eines Tages mehrere seiner Zeichnungen und brachte sie seinem Freunde Andrea del Verrocchio, mit der dringenden Bitte ihm zu sagen: ob Lionardo, wenn er sich der Zeichenkunst widme, es darin zu etwas bringen könne. – Andrea erstaunte über die außerordentlichen Anfänge des Knaben, und ermunterte Piero ihn diesen Beruf wählen zu lassen, worauf jener den Lionardo nach der Werkstatt des Andrea sandte.[2] Der Knabe trat hier mit großer Freude ein und übte nicht nur einen Beruf, sondern alle, welche dem Gebiet der Zeichenkunst angehören. Er hatte einen so

2 Leonardo kam 1469 mit seinem Vater nach Florenz, wo dieser als Notar für die Signoria tätig war. 1472, im Alter von 20 Jahren, war Leonardo in der Lukasgilde eingeschrieben: »Leonardo di Ser Piero da Vinci dipintore«. Wann genau Leonardo in die Werkstatt Verrocchios eintrat, ist nicht bekannt, jedenfalls ist er 1476 noch als Mitarbeiter dokumentiert.

göttlichen und wunderbaren Verstand, daß er ein trefflicher Geometer wurde, und nicht nur in der Skulptur arbeitete, indem er in seiner Jugend einige lachende weibliche Köpfe aus Erde formte, die in Gips vervielfältigt wurden, und einige Kinderköpfe, so schön, als ob sie von Meisterhand gebildet wären, sondern daß er auch in der Baukunst viele Zeichnungen zu Grundrissen und Gebäuden entwarf, und obwohl noch jung, doch der erste war, welcher Vorschläge machte, den Arnofluß in einen Kanal von Florenz bis Pisa zu fassen.[3] Von ihm sind verschiedene Zeichnungen zu Mühlen, Walkmühlen und andern Maschinen welche durch Wasser getrieben werden, und da er die Malerei zu seinem eigentlichen Beruf wählte, übte er sich viel im Zeichnen nach der Natur. Bisweilen formte er Modelle verschiedener Figuren in Erde, legte darüber weiche Lappen in Gips getaucht, und bemühte sich mit äußerster Geduld, sie auf ganz feine oder schon gebrauchte Leinwand nachzuzeichnen, indem er sie schwarz und weiß mit der Spitze des Pinsels bewunderungswürdig schön ausführte, wie noch jetzt einige davon beweisen, die sich in unserem Zeichenbuch finden.[4] Auf Papier zeichnete er so fleißig und sauber, daß keiner ihn hierin je an Zartheit erreicht hat; ich besitze von ihm einen Kopf mit Kreide und in Helldunkel

3 Das Projekt fällt in die Jahre 1503/04, als Florenz mit Pisa Krieg führte. Leonardo, vorher schon vielfach mit Kanalisierungs- und Entwässerungsprojekten befaßt, unterbreitete der republikanischen Signoria den Vorschlag, durch einen Kanal den Arno umzuleiten, um Pisa die Lebensader auszutrocknen. Der Plan wurde angenommen, doch die rasche Einsicht in die Undurchführbarkeit führte zur Einstellung der Arbeiten im Oktober 1504. Zeichnungen dazu haben sich im Codex II Madrid erhalten.

4 Es handelt sich um Vasaris berühmtes *Libro del disegno*, worin er systematisch Zeichnungen bedeutender Künstler sammelte.

ausgeführt, der unvergleichlich ist. – Gott hatte über diesen Geist eine solche Anmut ausgegossen, hatte ihm eine so außerordentliche Darstellungsgabe bei so klarem Verstand zugesellt, sein Gedächtnis kam ihm überall so sehr zu Hülfe und er vermochte in Zeichnungen seine Gedanken so deutlich kund zu tun, daß er im Stande war, jeden noch so kräftigen Geist durch seine Reden zu besiegen und durch seine Gründe zu verwirren.

Täglich verfertigte er Modelle und Zeichnungen wie man mit Leichtigkeit Berge abtragen und durchbrechen könne, um von einer Ebne zur andern zu gelangen; wie mit Winden, Haspen und Schrauben große Lasten aufzuziehen wären, in welcher Weise man Seehäfen reinigen, und durch Pumpen Wasser aus tiefen Gegenden heraufholen könne. Solchen schwierigen Dingen sann er ohne Unterlaß nach, und es finden sich von diesen Gedanken und Bemühungen eine Menge Zeichnungen, deren ich viele gesehen habe.[5] Außerdem verlor er manche Zeit, indem er sogar ein Schnurgeflechte zeichnete, worin man den Faden von einem Ende bis zum andern verfolgen konnte, bis er eine völlig kreisförmige Figur beschrieb; eine sehr schwierige und schöne Zeichnung der Art ist in Kupfer gestochen, in deren Mitte man die Worte liest: Leonardus Vinci Academia. Unter diesen Modellen und Zeichnungen war eines, durch welches er mehreren geistreichen Bürgern, die damals die Regierung der Stadt Florenz verwalteten, darzutun suchte, wie er die Kirche San Giovanni in Florenz erhöhen und ihr Treppen unterschieben wolle, ohne sie zu zerstören;

5 Ein Großteil der technischen Zeichnungen bewahrt der »Codex Altanticus« in der Biblioteca Ambrosiana in Mailand.

er überredete sie dabei mit so starken Gründen, daß ihnen die Sache glaublich schien, obgleich jeder, wenn er fort war, für sich allein die Unmöglichkeit eines solchen Unternehmens einsah. In der Unterhaltung war Lionardo so angenehm, daß die Menschen sich zu ihm hingezogen fühlten, und obgleich er fast nichts besaß und wenig arbeitete, hielt er sich doch immer Diener und Pferde, an welchen letzteren er großes Ergötzen fand; mehr noch vergnügte er sich an anderen Tieren und behandelte sie mit großer Liebe und Geduld. Oft, wenn er an Plätzen vorbeiging, wo Vögel verkauft wurden, nahm er sie aus ihrem Käfig, zahlte den geforderten Preis und ließ sie davonfliegen, um ihnen die verlorne Freiheit wiederzugeben. Dagegen war die Natur ihm so günstig, daß, wo er Gedanken, Sinn und Verstand hinwendete, sich eine göttliche Kraft in ihm zeigte, und nie kam ein anderer ihm in dem Vermögen gleich, seinen Sachen durch Bestimmtheit, Lebendigkeit, Güte, Lieblichkeit und Grazie die letzte Vollendung zu geben.

Lionardo unternahm vielerlei zum Verständnis der Kunst, beendete aber nichts; es schien ihm, die Hand könne der Vollkommenheit, die er mit dem Gedanken erfaßte, nichts mehr hinzufügen, sintemal er sich in der Idee einige feine, wunderbare Schwierigkeiten zu schaffen pflegte, welche die geschicktesten Hände nicht auszuführen vermocht hätten. Seine Einfälle waren so vielfach, daß er auch über Naturgegenstände philosophierte, die Beschaffenheit der Kräuter kennen zu lernen suchte, und die Bewegung der Gestirne, des Mondes und der Sonne beobachtete.

Er kam, wie ich vorne schon sagte, in seiner Kindheit durch Ser Piero seinen Vater zu Andrea del Verrocchio in die Lehre. Dieser arbeitete an einer Tafel, wie St. Johannes Christus tauft, und Lionardo malte darin einen Engel, der einige Gewänder hält;[6] obwohl sehr jung noch, führte er doch diese Gestalt so vollkommen zu Ende, daß sie ein besseres Ansehen gewann als die Figuren seines Meisters, und Andrea ungeduldig, daß ein Kind mehr wisse wie er, mochte von der Zeit an nicht mehr mit Farben umgehen.[7]

Man gab Lionardo Auftrag, den Karton zu einem Türvorhang zu entwerfen, der in Gold und Seide in Flandern gewebt, und dem Könige von Portugal geschickt werden sollte.[8] Er stellte darin, der Bestimmung gemäß, den Sündenfall Adams und Evas dar, und arbeitete mit dem Pinsel in Hell und Dunkel mit Bleiweiß gehöht eine Wiese mit unzähligen Kräutern und einigen Tieren, so fleißig und natürlich, daß man in Wahrheit sagen konnte, kein göttlicher Geist hätte es treuer und natürlicher zu bilden vermocht. Den Feigenbaum, die Verkürzungen der Blätter und die Aufsichten der Zweige sieht man mit so großer Liebe ausgeführt, daß man sich kaum vorstellen kann, wie ein Mensch so viel Geduld haben könne; auch eine Palme ist darin, an welcher die Rundungen der Fächer bewundernswert und mit einer Kunst vollendet sind, wie es nur der Geduld und dem Geiste Lionardos erreichbar war; das Werk kam jedoch

6 Das Gemälde (1472–75, Florenz, Uffizien) ist eine Gemeinschaftsarbeit von Verrocchio und Leonardo. Von Leonardo stammt der linke Engel, die Zuschreibung der Fernlandschaft wird diskutiert.

7 Das malerische Œuvre von Verrocchio ist klein. Vasaris Behauptung, Verrocchio hätte nach der »Taufe« angesichts Leonardos Fähigkeiten das Malen aufgegeben, stimmt jedoch nicht, denn auch später noch lassen sich Gemälde für Verrocchio nachweisen.

8 Dieses Werk ist heute nicht mehr bekannt, wird aber auch andernorts erwähnt (z. B. *Anonimo Magliabechiano*).

nicht zur Ausführung, und der Karton dazu wird heutigen Tages in dem beglückten Hause des glorreichen Ottaviano von Medici aufbewahrt, der ihn vor wenigen Jahren von Lionardos Oheim zum Geschenk erhalten hat.

Man erzählt sich: ein Bauer, welcher Ser Piero da Vinci, den Vater Lionardos, öfter auf seiner Villa besuchte, habe ihm einstmals einen runden, von ihm selbst aus einem Feigenbaum des Gütchens gearbeiteten Schild gebracht und Ser Piero gebeten zu Florenz irgend etwas auf diesen Schild malen zu lassen; jener tat es gerne, weil der Bauer im Vogel- und Fischfang viel Übung besaß, und Ser Piero sich oftmals bei diesen Dingen seiner Hülfe bediente. Er ließ den Schild nach Florenz bringen, gab ihn Lionardo, ohne zu sagen wem er gehöre, und bat ihn, er möge etwas darauf malen. Dieser nahm den Schild eines Tages vor, sah, daß er krumm, schlecht und plump gearbeitet war, bog ihn am Feuer zurecht und ließ endlich durch einen Drechsler aus diesem ungeschickten Werk ein feines und gleichmäßiges formen. Darauf grundierte er ihn mit Gips, bereitete ihn nach seiner Weise zu, und fing an nachzusinnen, was er wohl darauf malen könne, um den, der sich ihm entgegenstellte, zu erschrecken und dieselbe Wirkung hervorzubringen, wie man ehedem vom Haupt der Medusa erzählt. Zu diesem Zweck brachte er nach einem Zimmer, welches er allein betrat, Eidechsen, Grillen, Schlangen, Schmetterlinge, Heuschrecken, Fledermäuse und andere seltsame Tiere dieser Art, und erbaute aus diesem wunderlichen Haufen durch verschiedenartige Zusammenstellung ein gräßliches und erschreckliches Untier, gab ihm einen vergifteten Atem und einen feurigen Dunstkreis, und ließ es aus einem dunkeln zerschmetterten Felsen hervorkommen, Gift aus dem offenen Rachen, Feuer aus den

Augen und Rauch aus den Nüstern sprühen, so wunderbar, daß es fürwahr ungeheuerlich und schrecklich erschien; auch wandte er bei der Arbeit so viel Mühe auf, daß er aus übergroßem Eifer für die Kunst gar nicht merkte, welch unerträglichen Geruch die gestorbenen Tiere im Zimmer verbreiteten; als das Werk vollendet war, dem weder der Bauer noch der Vater mehr nachfragten, forderte Lionardo diesen auf, den Schild bei Gelegenheit holen zu lassen; was ihn anlange, so sei er damit zu Ende. Ser Piero begab sich deshalb eines Morgens nach der Wohnung des Sohnes; er pochte an der Türe, Lionardo öffnete, und bat ihn ein wenig zu warten; nach dem Zimmer zurückgeeilt, stellte er den Schild im rechten Lichte auf die Staffelei, ließ zu dem Fenster nur einen matten Schein hereinfallen, und rief den Vater damit er das Werk schaue. Ser Piero versah sich im ersten Augenblick der Sache nicht, und nicht ahnend, daß er einen Schild oder ein gemaltes Untier vor Augen habe, fuhr er zurück; Lionardo aber hielt ihn und sprach: »Dies Werk ist brauchbar für den Zweck für welchen es gearbeitet wurde, nehmt es und tragt es fort, dies ist die Wirkung die man vom Kunstwerk erwartet.« Dem Vater schien die Sache mehr als wunderbar, er lobte die seltsamen Gedanken Lionardos, kaufte einen andern Schild worauf ein von einem Pfeil durchschossenes Herz gemalt war und gab ihn dem Bauern, der sich ihm dafür zeitlebens verpflichtet hielt; den Schild Leonardos dagegen verhandelte er, ohne es zu sagen, für hundert Dukaten an Kaufleute in Florenz, durch welche derselbe bald in Besitz des Herzogs von Mailand gelangte, der dreihundert Dukaten dafür zahlte.[9]

9 Der Schild, wenn er je existiert hat, da nur Vasari ihn erwähnt, ist nicht mehr bekannt.

Hierauf malte Lionardo ein treffliches Bild der Madonna, welches bei Clemens VII. aufbewahrt wurde; man sah darin unter den umgebenden Gegenständen eine Wasserkaraffe mit einigen Blumen bewundernswert natürlich nachgebildet, sogar die Tautropfen auf den Blättern so treu als ob man sie in der Wirklichkeit schaute.[10] Für Antonio Segni,[11] seinen Freund, zeichnete er auf ein Blatt mit größtem Fleiß einen Neptun auf seinem Wagen, der auf stürmendem Meere von Seepferden gezogen wird; gespenstische Erscheinungen, mächtige Seetiere, die Winde und einige schöne Meeresgötter umgeben ihn. Fabio, der Sohn Antonios, schenkte diese Zeichnung Herrn Giovanni Gaddi mit folgendem Epigramm:

Pinxit Virgilius Neptunum: pinxit Homerus
Dum maris undisoni per vada flectit equos.
Mente quidem vates illum conspexit uterque,
Vincius ast oculis; iureque vincit eos.

Beiden, Homer und Virgil, erschien der Gott der Gewässer
Durch die brausende Flut lenkend der Rosse Gespann,
Doch nur mit Geistes Blick erschaut' ihn jeglicher Sänger,
Vinci tat's mit dem Aug; ist er nicht größer als sie?

10 Umstritten ist, ob es sich bei diesem Bild um die »Madonna mit der Blumenvase« der Münchner Alten Pinakothek handelt, deren mittlere Datierung um 1475 liegt.

11 Antonio Segni war ein enger Freund Leonardos. Botticelli malte für ihn die »Verleumdung des Apelles« (Florenz, Uffizien). Die Zeichnung des Neptun ist verloren, doch existieren noch zwei Vorstudien in der Royal Library, Windsor.

Auch kam Lionardo der Gedanke in einem Ölbilde das Haupt der Medusa zu malen mit einem Haarschmuck von ineinander geflochtenen Schlangen, nach der wunderbarsten Erfindung die man sich nur denken kann; da dies Werk aber Zeit forderte, ließ er es unvollendet liegen, wie meist mit seinen Arbeiten geschah.[12] Es gehört zu den herrlichen Kunstschätzen im Palast des Herzogs Cosimo, und das Gegenstück dazu ist das Brustbild eines Engels, mit erhobenem Arm, der von der Schulter bis zum Daumen verkürzt gezeichnet ist, so daß er ihn nach vorne streckt, während er die Hand des andern Armes auf die Brust legt.[13] Bewundernswert ist, wie dieser Geist, aus Verlangen den Gegenständen Rundung zu geben, eifrig trachtete neben dunkeln Schatten den Grundton der noch dunkleren aufzufinden, wie er nach einem Schwarz suchte, welches schwärzer als die übrigen zu deren Schattierung geeignet wäre und durch welches die Lichter noch glänzender erschienen, bis er endlich jene ganz dunkeln Tinten entdeckte, in welchen gar kein Licht mehr ist, besser geeignet die Nacht als den schwächsten Schein des Tageslichtes nachzubilden; dies alles aber geschah um den Gegenständen mehr Rundung zu geben, und die Kunst zur letzten Vollendung zu führen.

Es machte ihm sonderliches Vergnügen, wenn er Menschen mit ungewöhnlichen Gesichtszügen, Bärten oder Haarschmuck begegnete; wer ihm gefiel dem hätte er einen ganzen Tag nachgehen können und seine Gestalt prägte

12 Leonardos »Haupt der Medusa« ist verschollen. Förster/Schorn sowie zahlreiche Gelehrte des 19. Jh.s hielten ein Gemälde in der Galleria Palatina des Palazzo Pitti, Florenz, für das Original, das jedoch später als flämisch erkannt wurde.

13 Das Bild ist verschollen, läßt sich jedoch durch eine Zeichnung auf Folio 12328r der Royal Library in Windsor Castle erschließen. Mehrere Kopien nach Leonardos Original sind überliefert.

sich ihm also ein, daß er, zu Hause angelangt, sie zeichnete als ob sie vor ihm stünde. In dieser Weise hat er viele männliche und weibliche Köpfe ausgeführt und ich besitze in meiner oft erwähnten Sammlung von Handzeichnungen verschiedene mit der Feder von ihm gezeichnet, darunter das Bildnis des Amerigo Vespucci, einen schönen alten Kopf, mit der Kohle schattiert, und den Zigeunerhauptmann Scaramuccia, welchen Gianbullari an Domenico Valdambrini aus Arezzo, Canonicus von S. Lorenzo, überlassen hatte. – Eine Tafel mit der Anbetung der Könige wurde von diesem Meister angefangen; es ist viel Schönes darin, besonders an Köpfen; sie stand im Hause von Amerigo Benci, der Loge der Peruzzi gegenüber, blieb aber unvollendet, wie seine andern Arbeiten.[14]

Im Jahre 1494 war Giovan Galeazzo, Herzog von Mailand,[15] gestorben und Lodovico Sforza[16] als Nachfolger erwählt. Dieser fand großes Vergnügen am Lautenspiel, deshalb wurde Lionardo ehrenvoll zu ihm berufen.[17] Er nahm sein Instrument mit, das er selbst fast ganz aus Silber in

14 Die im März 1481 in Auftrag gegebene »Anbetung der Könige« (Florenz, Uffizien) malte Leonardo für die Mönche von S. Donato in Scopeto. Am 28. September 1481 datiert die letzte Zahlung an Leonardo. Durch die Übersiedlung nach Mailand (1482) ließ Leonardo das Bild unvollendet zurück, die Mönche bestellten später bei Filippino Lippi ein neues Werk gleicher Thematik.

15 Gian Galeazzo Maria Sforza, Herzog von Mailand 1476–94, wurde noch zu Lebzeiten von Lodovico il Moro entmachtet.

16 Lodovico Sforza, gen. il Moro, Neffe und Nachfolger von Gian Galeazzo Sforza, Leonardos großem Mäzen, regierte als Herzog offiziell in Mailand 1494–99, hatte jedoch schon Jahre vorher de facto die Macht inne. Er wurde vom französischen König aus Mailand vertrieben, konnte 1500 für ein kurzes Intermezzo zurückkehren, mußte sich jedoch abermals den Franzosen beugen und lebte seine letzten Jahre in der Verbannung.

17 Leonardo, berühmt für seine musikalischen Darbietungen, hatte an Lodovico il Moro ein Bewerbungsschreiben gerichtet, worin er auch seine Fähigkeiten als Ingenieur hervorhebt. Daraufhin wurde er 1482 von Lodovico nach Mailand berufen.

Form eines Pferdekopfs verfertigt hatte, eine seltsame und neue Gestalt, berechnet dem Klang mehr Stärke und Wohllaut zu geben. Dadurch übertraf er alle Musiker, welche nach Mailand gekommen waren, sich hören zu lassen. Außerdem war er zu seiner Zeit der Beste unter denen, die in Reimen improvisierten. Der Herzog, durch die bewundernswerten Reden Lionardos erfreut, verliebte sich in seine Talente so sehr, daß es fast unglaublich war; er bewog ihn durch Bitten eine Altartafel zu malen, eine Geburt Christi, die als Geschenk von dem Herzog an den Kaiser gesandt wurde.[18]

Für die Dominikanermönche in Santa Maria delle Grazie zu Mailand malte er ein Abendmahl von seltener und wunderbarer Trefflichkeit.[19] Den Köpfen der Apostel gab er so viel Majestät und Schönheit, daß er das Haupt des Heilands unausgeführt ließ, überzeugt, er vermöge nicht ihm jene Göttlichkeit zu verleihen, welche für ein Bild Christi erforderlich sei. Das Werk verblieb so, gleich als ob es vollendet wäre; und ist immerdar von den Mailändern wie von Fremden hochgepriesen worden. Lionardo war darin aufs beste gelungen den Argwohn auszudrükken, der die Gemüter der Apostel erfaßt hat und sie verlangen macht zu wissen, wer den Meister verraten habe; aus den Angesichtern aller spricht Liebe, Furcht und Zorn oder auch der Schmerz, daß sie den Sinn der Rede Jesu nicht verstehen, und dies setzt nicht minder in Ver-

18 Dieses Bild ist verschollen.

19 Das »Abendmahl« Leonardos befindet sich im Refektorium des Klosters S. Maria delle Grazie in Mailand. Vollendet 1497 und in der ungewöhnlichen Technik von Öl auf Putz ausgeführt, so daß das Werk schon im 16. Jh. in schlechtem Zustand war. Nach systematischen Untersuchungen zum Mikroklima ab 1977 wird das Abendmahl seit 1984 einer umfassenden Restaurierung und Konservierung unterzogen.

wunderung, als der Trotz, Haß und Verrat, den man in Judas erkennt. Zu dem allen sind die geringsten Einzelheiten des ganzen Werkes mit unglaublichem Fleiße gearbeitet, sogar das Gewebe des Tischtuches, wie man es im feinsten Leinenzeug nicht besser sehen könnte.

Man sagt, der Prior des Klosters habe Lionardo sehr ungestüm angetrieben das Werk zu vollenden. Ihm schien es seltsam, den Künstler bisweilen einen halben Tag in Betrachtung verloren zu sehen; es wäre ihm lieb gewesen, wenn er gleich Arbeitern, die den Garten umhacken, den Pinsel niemals aus der Hand gelegt hätte. Dies war aber nicht genug, er beschwerte sich auch gegen den Herzog und drängte diesen so lange, bis dieser sich gezwungen sah Lionardo rufen zu lassen. Mit guter Art bat er ihn, er möge die Arbeit fördern und versicherte, er tue dies nur auf überlästiges Ansuchen des Priors. Lionardo kannte den klaren Verstand und die Billigkeit des Fürsten, deshalb entschloß er sich, mit ihm über die Sache zu reden, was er bei dem Prior nie getan hatte. Er äußerte sich weitläufig über die Kunst und machte anschaulich, daß erhabne Geister bisweilen am meisten schaffen, wenn sie am wenigsten arbeiten, nämlich in der Zeit wo sie erfinden und vollkommne Ideen ausbilden, welche der Verstand erfaßt und die Hände darstellen. Zwei Köpfe, fügte er hinzu, wären es, die ihm noch fehlten, der des Erlösers, nach welchem er nicht auf Erden suchen wolle, und von dem er nicht glaube, daß er seiner Phantasie in jener Schönheit und himmlischen Anmut vorschweben könne, welche die menschgewordene Gottheit umkleiden müsse; der andere sei der des Judas. Ihm scheine unmöglich, passende Gesichtszüge für jenen Jünger zu erfinden, dessen trotziger Geist nach so vielfach empfangenen Wohltaten des Entschlusses fähig gewesen, seinen Meister, den Erretter der Welt, zu verraten; nach diesem letztern indes wolle er suchen und finde er ihn nicht, so bleibe ihm der des lästigen und unbescheidenen Priors gewiß.[20]

Dies brachte den Herzog sehr zum Lachen; er gab Lionardo tausendmal recht und der arme Prior in Verwirrung geraten, befleißigte sich die Arbeiten im Garten zu betreiben, den Künstler aber ließ er in Frieden und dieser führte den Kopf des Judas so trefflich zu Ende, daß er das wahre Bild des Verrates und der Unmenschlichkeit ist; das Haupt Christi dagegen blieb unvollendet wie ich schon oben sagte. – Die Herrlichkeit dieses Gemäldes, in Zusammenstellung, wie in fleißiger Ausführung, erweckte dem Könige von Frankreich[21] Verlangen, es nach seinem Reiche bringen zu lassen; er suchte auf alle Weise nach Baumeistern, die es mit Holzbalken und Eisen fest genug zu binden vermöchten, damit man es unbeschädigt fortbringen könne. Der möglichen Kosten achtete er nicht, so groß war sein Verlangen darnach; weil es jedoch auf die Mauer gemalt war, verging Sr. Majestät die Lust dazu und es blieb den Mailändern.

In der Zeit als Lionardo das Bild vom Abendmahl unter Händen hatte, malte er in demselben Refektorium an der Wand gegenüber, wo eine Passion Christi nach alter Manier dargestellt ist,[22] den oben genannten Lodovico,

20 In dieser Anekdote zeigt sich eine Parallele zu Michelangelos Wiedergabe des päpstlichen Zeremonienmeisters Biagio da Cesena als Minos im »Jüngsten Gericht« der Sixtinischen Kapelle (vgl. S. 183).

21 Hier müßte es sich um Ludwig XII. handeln, der 1498 Nachfolger von Karl VIII. wurde und Mailand 1499–1512 besetzte, falls nicht ein chronologischer Irrtum Vasaris vorliegt und Franz I. gemeint ist, der 1515 in Mailand einzog.

22 Das Wandfresko (1495) stammt von Montorfano und zeigt eine Kreuzigung Christi.

neben ihm Maximilian seinen Erstgebornen, auf der andern Seite die Herzogin Beatrice mit Francesco, ihrem zweiten Sohne, beide nachmals Herzoge von Mailand; dies sind wunderschöne Bildnisse.[23]

Noch war er damit beschäftigt, als er dem Herzog den Vorschlag machte, ein Pferd in Bronze, von erstaunenswürdiger Größe verfertigen und darauf den verstorbenen Herzog zum Andenken darstellen zu lassen.[24] Er begann und vollendete das Modell, aber in einer solchen Größe, daß es niemals ausgeführt werden konnte, und wie oftmals Neid die Menschen zu boshaftem Urteil bewegt, gab es mehrere, welche meinten, Lionardo habe es gleich anderen seiner Arbeiten begonnen, damit es nicht vollendet werde. Seine Größe war Ursache, daß unglaubliche Schwierigkeiten sich zeigten, als es in einem Stück gegossen werden sollte, und man könnte wohl auch glauben, der Erfolg habe einigen Menschen jenen Gedanken eingegeben, da sehr viele seiner Arbeiten nicht zum Schluß kamen. Doch wie dem sei, der Wahrheit gemäß ist anzunehmen, daß sein erhabner herrlicher Geist durch allzugroßes Streben gehindert wurde, daß sein Trachten, Trefflichkeit über Trefflichkeit und Vollkommenheit über Vollkommenheit zu erringen, die Schuld davon trug und

23 Diese Notiz nicht in der *Torrentiniana* (1550). Lodovicos Frau Beatrice d'Este starb 1497, das Bildnis ist postum. Ercole Massimiliano Sforza, Herzog von Mailand 1512–15, Francesco II. Sforza, Herzog von Mailand 1521–24. Aufgrund von Untersuchungen der Sinopien muß die Autorschaft Leonardos abgelehnt werden.

24 An dem Projekt des Reiterstandbildes zum Andenken an den großen Condottiere Francesco Sforza arbeitete Leonardo vorwiegend 1490–93 und schuf nach langer Planung ein Tonmodell im Maßstab 1 : 1 (Höhe etwa 7,20 m), das als Wunderwerk bestaunt wurde. Es kam jedoch nie zum Guß dieses Standbilds, und das Modell wurde in den Kriegswirren der folgenden Jahre zerstört.

wie Petrarca sagt: Verlangen das Werk hemmte. Wer das von Lionardo in Ton ausgeführte große Modell jenes Denkmales betrachtete, der gestand, nie etwas Köstlicheres gesehen zu haben; es erhielt sich, bis die Franzosen mit ihrem König Ludwig nach Mailand kamen, und es zu Grunde richteten. Auch ein kleines sehr vollkommnes Wachsmodell desselben Werkes ist verloren gegangen, zugleich mit einem Buch über die Anatomie der Pferde, welches Lionardo zu eigenem Studium gearbeitet hatte. – Fleißiger noch beschäftigte er sich mit der Anatomie des menschlichen Körpers, ein Studium, bei dem er und Marcantonio della Torre, sich gegenseitig Hülfe leisteten. Dieser Marcantonio, ein trefflicher Philosoph, hielt in jener Zeit zu Pavia Vorlesungen und schrieb über die Organisation des Menschen; er war der erste, wie ich gehört habe, welcher anfing, durch die Lehre Galens die medizinische Wissenschaft aufzuklären und über die Anatomie, welche bis dahin von großer Finsternis der Unwissenheit umhüllt war, Licht zu verbreiten. Hiebei bediente er sich aufs beste des Geistes und der Hand Lionardos, und dieser füllte ein ganzes Buch mit Zeichnungen an, die er selbst nach den von ihm anatomierten Körpern mit größtem Fleiß in Rötel und mit Federumrissen ausgeführt hatte.[25] Er stellte darin den Knochenbau vollständig dar, verband damit nach der Ordnung die Nerven und umgab sie mit Muskeln, von denen die ersten an den Knochen sitzen, die zweiten die Kraft verleihen, festzuhalten und die dritten Bewegung geben. Jedem Teil schrieb er eine Erklärung bei in ziemlich schlechter Schrift, die verkehrt mit der linken Hand geschrieben ist, so, daß sie nur im

25 Die meisten Blätter zur Anatomie befinden sich in der Royal Library, Windsor Castle.

Spiegel gelesen werden kann, und wer darin keine Übung hat, sie nicht herausbringt.[26] Einen großen Teil dieser anatomischen Zeichnungen des menschlichen Körpers, besitzt Herr Francesco da Melzo,[27] ein mailändischer Edelmann; er war zur Zeit Lionardos ein Kind von seltner Schönheit, von ihm sehr geliebt, und ist jetzt ein schöner liebenswürdiger Greis; die oben genannten Blätter bewahrte er wie teure Reliquien, zugleich mit dem Bildnis Lionardos glückseligen Andenkens.[28] Wer jene Schriften liest, dem scheint es unglaublich, daß dieser göttliche Geist so trefflich zugleich von der Kunst und von den Muskeln, Nerven, Adern und allen hiezu gehörigen Dingen reden konnte.

Einige andere Schriften Lionardos, wiederum mit der linken Hand verkehrt geschrieben, besitzt ein mailändischer Maler N. N.; sie handeln von der Malerei, der Zeichenkunst und den Farben. Vor einiger Zeit, als jener Künstler mich in Florenz besuchte, hatte er die Absicht, das genannte Buch drucken zu lassen, er nahm es mit nach Rom, um es dort herauszugeben, und ich weiß nicht, was nachmals daraus geworden ist.[29]

26 Leonardo war Linkshänder und schrieb von rechts nach links in Spiegelschrift.

27 Francesco Melzi, Edelmann aus Mailand, Freund und Schüler Leonardos, begleitete ihn nach Rom (1512–16) und nach Frankreich (1516–19) und war schließlich sein Testamentsvollstrecker.

28 Die Echtheit der zeitgenössischen Porträts von Leonardo ist umstritten. Vasaris Holzschnitt der Ausgabe 1568 geht auf eine der Zeichnungen zurück, die jetzt in Windsor aufbewahrt wird. Die Kappe ist eine Zutat Vasaris.

29 Es handelt sich um den berühmten *Trattato della pittura*, ein Textkonvolut, das wahrscheinlich Francesco Melzi aus Originalschriften Leonardos kompilierte, das jedoch in mehreren alten Abschriften mit unterschiedlicher Textgestalt überkommen ist. Die erste gedruckte Ausgabe erschien in französischer Übersetzung 1651. Das kompletteste Manuskript fand sich in Urbino und wird heute im Vatikan aufbewahrt: Codex Urbinas 1270.

Doch wir wollen zu den Arbeiten Lionardos zurückkehren. Zur Zeit jenes Künstlers kam der König von Frankreich nach Mailand;[30] Lionardo wurde gebeten, etwas recht Seltsames zu machen, deshalb verfertigte er einen Löwen, der mehrere Schritte ging und dann seine Brust öffnete, in welcher man lauter Lilien erblickte. Zu Mailand nahm er den Mailänder Salai[31] in seine Schule auf, einen anmutigen und schön gebildeten Jüngling mit krausen lockigen Haaren, an denen Lionardo absonderliches Vergnügen fand. Er lehrte ihn viele Dinge, und mehrere Bilder, die man in Mailand dem Salai beimißt, hat Lionardo überarbeitet.

Lionardo kehrte nach Florenz zurück;[32] dort vernahm er, die Servitenbrüder hätten dem Filippino das Bild für den Hauptaltar der Nunziata übertragen[33] und äußerte: solch ein Werk würde auch er gerne übernommen haben. Als Filippino dies hörte, zog er, ein liebenswürdiger Mensch wie er war, sich von der Sache zurück, und die Mönche übertrugen dem Lionardo das Bild. Sie nahmen ihn ins Haus, gaben ihm den Unterhalt für sich und alle seine Angehörigen, was er lange Zeit geschehen ließ,

30 Nach Lomazzo (*Trattato dell'arte*, 1584), der sich auf Melzi bezieht, handelt es sich um Franz I., der jedoch erst 1515 in Mailand einzog. Vasari hält sich nicht immer an die Chronologie der Ereignisse.

31 Andrea Salai trat 1490 in die Werkstatt Leonardos ein und blieb dort etwa 25 Jahre.

32 Leonardo verließ Mailand im Dezember 1499 nach der Vertreibung von Lodovico il Moro, ging zuerst nach Mantua, dann nach Venedig und erreichte schließlich im April 1500 Florenz in Begleitung des berühmten Mathematikers Luca Pacioli. Nach Vertreibung der Medici (1494) und der kurzen Herrschaft von Savonarola (am 23. Mai 1498 hingerichtet) herrschte in Florenz wieder die Signoria.

33 Filippino Lippi sollte das Hochaltarbild für die Servitenkirche SS. Annunziata malen. Als Leonardo am 24. April 1500 nach Florenz zurückkam, überließ Filippino den Auftrag Leonardo.

ohne etwas anzufangen; endlich aber verfertigte er einen Karton, worauf die Madonna, die heilige Anna und das Christuskind so schön abgebildet waren, daß nicht nur alle Künstler, sondern jeder sich zu Bewunderung bewogen fühlte, der ihn schaute, und man sah zwei Tage lang Männer und Frauen, jung und alt wie zu einem glänzenden Feste nach dem Zimmer wallfahrten, worin das Wunderwerk Lionardos aufgestellt war.[34] In der Madonna erkannte man alle jene Einfalt und Lieblichkeit, welche der Mutter Gottes Anmut verleihen kann; Lionardo wollte in ihr die Bescheidenheit und Demut der Jungfrau darstellen, welche voll Freuden die Schönheit des Sohnes gewahrt; sie hält ihn zärtlich auf dem Schoß, die Augen sittsam niedergeschlagen, und blickt nach dem kleinen heil. Johannes, der mit einem Lämmchen spielt, und der heiligen Anna ein Lächeln abgewinnt, die von Fröhlichkeit erfüllt ist, daß ihr irdisch Geschlecht ein himmlisches geworden; lauter Beziehungen, dem Verstand und Geiste Lionardos entsprechend. Dieser Karton kam später nach Frankreich, wie unten erzählt werden wird. Lionardo aber unternahm das Bildnis der Ginevra, Gemahlin des Amerigo Benci,[35] ein sehr schönes Werk, und gab den Mönchen ihre Bestellung zurück. Nun übertrugen sie die Arbeit noch einmal dem Filippino der jedoch vom Tod überrascht, sie nicht vollenden konnte.[36]

34 Obwohl umstritten, handelt es sich wohl um den Karton der »Anna Selbdritt« in der National Gallery, London.

35 Das Porträt von Bencis Tochter Ginevra (Washington, National Gallery of Art), auch in anderen Quellen erwähnt, wird stilistisch um 1475 eingeordnet; wiederum dürfte eine chronologische Verwechslung Vasaris vorliegen.

36 Nach Filippino Lippis Tod 1504 ging der Auftrag an Perugino, den Lehrer Raffaels.

Auch unternahm Lionardo für Francesco del Giocondo das Bildnis der Monna Lisa,[37] seiner Frau, zu malen. Vier Jahre Mühe wandte er dabei auf, sodann ließ er es unvollendet und es ist heutigen Tages zu Fontainebleau, im Besitz des Königs Franz von Frankreich. Wer sehen wollte, wie weit es der Kunst möglich sei die Natur nachzuahmen, der erkannte es an diesem schönen Kopfe. Alle Kleinigkeiten waren darin aufs feinste abgebildet, die Augen hatten Glanz und Feuchtigkeit, wie wir es im Leben sehen; rings umher bemerkte man die rötlich blauen Kreise und die Wimpern, welche nur der zarteste Pinsel ausführen kann; bei den Brauen sah man, wo sie am vollsten, wo am spärlichsten sind, wie sie aus den Poren der Haut hervorkommen und sich wölben, so natürlich als nur zu denken ist. An der Nase waren alle jene kleinen schönen Öffnungen rötlich und zart aufs treueste nachgebildet, der Mund hatte, wo die Lippen sich schließen und wo das Rot mit der Farbe des Gesichtes sich vereint, eine Vollkommenheit, daß er nicht wie gemalt, sondern in Wahrheit wie Fleisch und Blut erschien; wer die Halsgrube aufmerksam betrachtete, glaubte das Schlagen der Pulse zu sehen, kurz man kann sagen, dies Bild war nach einer Weise ausgeführt, welche jeden vorzüglichen Künstler und jeden, der es sah, erbeben machte. Monna Lisa war sehr schön und Lionardo brauchte noch die Vorsicht, daß während er malte, immer jemand zugegen sein mußte, der sang, spielte und Scherz trieb, damit sie fröhlich bleiben und nicht ein trauriges Ansehn bekommen möchte, wie häufig der Fall ist, wenn man sitzt um sein Bildnis malen zu lassen.

37 Die »Mona Lisa« (Paris, Louvre), wohl Leonardos berühmtestes Bild, entstand um 1503/04 in Florenz.

Über diesem Angesicht dagegen schwebte ein so liebliches Lächeln, daß es eher von himmlischer als von menschlicher Hand zu sein schien, und es galt für bewundernswert, weil es dem Leben völlig gleich war.[38]

Durch die herrlichen Werke dieses göttlichen Künstlers stieg sein Ruhm immer mehr, weshalb jeder der an der Kunst Vergnügen fand, ja ganz Florenz Verlangen trug, daß er daselbst irgend etwas zu seinem Gedächtnis hinterlassen möchte, und man sprach davon, ihm ein bedeutendes Werk zu übertragen, damit der Geist und die Anmut, welche all seine Arbeiten kund gaben, der Stadt zur Zierde gereichen möchten. In jener Zeit war der große Ratssaal neu erbaut worden, nach Angabe von Giuliano von San Gallo, Simone Pollaiuoli, genannt Cronaca, Michel-Agnolo Buonarroti und Baccio d'Agnolo, wie an seinem Ort ausführlicher gesagt werden wird. Man hatte dies Werk mit großer Schnelligkeit vollendet und bestimmte nunmehr durch ein öffentliches Dekret, Lionardo solle daselbst ein schönes Bild malen. Piero Soderini,[39] der damalige Gonfaloniere der Justiz,

38 Vasaris ausführliche Lobpreisung des Bildes und dessen »himmlischer« Qualitäten belegt, daß das berühmte Lächeln der Mona Lisa schon von den Zeitgenossen diskutiert wurde und sich bereits damals einer Erklärung entzog. Leonardo dürfte dabei auf den harmonischen Einklang von innerer und äußerer Bewegtheit, also von Seele und Körper, abgezielt haben, ein Ideal, das er auch in seinen theoretischen Schriften immer wieder zur Sprache bringt und das bei ihm auf neoplatonisches Gedankengut zurückgeht.

39 Piero Soderini, enger Freund von Niccolò Macchiavelli, stand ab 1502 der Signoria von Florenz als Gonfaloniere auf Lebenszeit vor. Nach der päpstlichen Intervention mit spanischen Truppen und der Plünderung von Prato 1512, das zu Florenz gehörte, wurde Soderini abgesetzt und verbannt. Florenz wurde Herzogtum unter Giuliano de' Medici, Herzog von Nemours, der nach einem Jahr seinem Neffen Lorenzo die Herrschaft übergab und als päpstlicher Gonfaloniere nach Rom ging, wo sein Bruder Giovanni 1513 zum Papst gewählt wurde. In Giulianos Gefolge befand sich auch Leonardo.

übergab ihm die Arbeit; Lionardo machte sich dazu anheischig und begann in Santa Maria Novella im Saal des Papstes einen Karton, worin er die Geschichte von Niccolo Piccinino, Feldhauptmann des Herzogs Filippo von Mailand, darstellte.[40] Er zeichnete darin einen Trupp Reiter, die um eine Fahne kämpfen, und dies Werk wurde als meisterhaft anerkannt, wegen der bewundernswerten Überlegung, mit welcher Lionardo diese stürmische Szene ordnete. Mut, Zorn und Rachsucht erkennt man in den Menschen nicht minder wie in den Pferden; zwei dieser Tiere sind mit den Vorderfüßen ineinander verschränkt und fallen sich mit dem Gebiß an, wütend wie die kämpfenden Reiter. Einer der Soldaten hat mit beiden Händen das Ende der Standarte gefaßt, treibt das Pferd zur Flucht, wendet durch Kraft der Schultern den Körper zurück, umklammert den Schaft der Fahne und sucht so sie gewaltsam den Händen von vier Kriegern zu entreißen, die sie verteidigen; jeder hält sie mit einer Hand, in der andern schwingen sie die Schwerter, um den Schaft abzuhauen! Ihnen entgegen ist ein alter Krieger, ein rotes Barett auf dem Haupt; mit einer Hand hat er auch den Schaft ergriffen, mit der andern hebt er einen krummen Säbel in die Höhe und führt schreiend voll Wut den Streich, um die Hände der beiden Soldaten abzuhauen, welche zähnebleckend in wilder Stellung ihre Fahne zu verteidigen streben. Auf

40 Es handelt sich um den Karton für das berühmte Gemälde »Anghiari-Schlacht«, das Leonardo in Konkurrenz zu Michelangelo entwarf (vgl. S. 128). Nicolò Piccinino war Condottiere im Sold von Florenz und errang bei Anghiari am 29. Juni 1440 einen wichtigen Sieg über die Mailänder. Leonardo arbeitete an dem Karton (durch die Übertragung zerstört) Oktober 1503, bis er schließlich 1505 das Gemälde auf einer Wand in der Sala di Gran Consiglio des Palazzo Vecchio in Florenz auszuführen begann, aber Ende Mai 1506 unterbrach, um abermals nach Mailand zu gehen.

der Erde zwischen den Füßen der Pferde sind noch zwei kämpfende Krieger verkürzt gezeichnet. Der eine liegt auf dem Boden, der andere hat sich über ihn geworfen; er hebt den Arm hoch empor und setzt ihm mit gewaltiger Kraft den Dolch an die Kehle; jener dagegen verteidigt sich nach Vermögen mit Beinen und Armen, damit er den Tod nicht empfange. Kaum sagen läßt sich, wie schön Lionardo die verschiedenen Kleidungen der Soldaten, den Helmschmuck und andere Zieraten gezeichnet, und welche Meisterschaft er bei den Umrissen und der Gestaltung der Pferde kund gegeben hat, denn besser als irgend sonst ein Meister wußte er diesen Tieren Wildheit, richtiges Muskelspiel und Schönheit zu verleihen.

Zur Ausführung seines Kartons hatte Lionardo sich, wie man sagt, ein künstliches Gerüste verfertigen lassen, welches sich hob, wenn man es zusammenzog, und niedriger wurde, wenn man es breiter machte; er wollte das Bild in Öl auf die Mauer malen, machte aber eine so grobe Mischung, um die Mauer damit zu bekleistern, daß es durchschlug, als er eine Zeit lang gemalt hatte, und er gab die Arbeit nach kurzer Zeit auf, weil er sah, daß sie zu Grunde gehen würde.[41]

Lionardo besaß einen erhabenen Geist und war in jeder seiner Handlungen großmütig. Als er einstmals nach der Bank ging, um den Gehalt zu holen, den Piero Sode-

41 Leonardos experimentelle Technik führte schon früh zu Nachdunkelungen und Rissen, was verschiedene Quellen bestätigen. Vasaris Darstellung, daß das Gemälde schon kurz nach seiner Ausführung praktisch ruiniert gewesen sei, soll eher von der Tatsache ablenken, daß er selbst es schließlich war, der Leonardos berühmtes Werk vernichtete, indem er es von der Wand abschlagen ließ und den Saal im Auftrag des Großherzogs Cosimo I. de' Medici mit eigenen Historiengemälden ausschmückte. Von Leonardos Gemälde sind einige Kopien überliefert.

rini ihm jeden Monat auszahlen ließ, wollte der Kassier ihm einige Düten mit Pfennigen geben, er aber nahm sie nicht und sagte: »Ich bin kein Pfennigmaler.« Da er sein Bild nicht vollendete, gab man ihm schuld, er habe Piero Soderini betrogen und schalt über ihn. Als Lionardo solches hörte, bemühte er sich bei seinen Freunden das Geld zusammenzubringen, und wollte zurückzahlen, was er empfangen hatte; Piero jedoch nahm es nicht an.

Dieser Künstler ging mit Julian von Medici[42] nach Rom, zur Zeit der Erwählung von Papst Leo, welcher sich viel mit Philosophie und mehr noch mit Alchymie beschäftigte. Dort verfertigte er einen Teig von Wachs und formte daraus, wenn er fließend war, sehr zarte Tiere, mit Luft gefüllt; blies er hinein, so flogen sie, war die Luft heraus, so fielen sie zur Erde. Einer seltsamen Eidechse, welche der Winzer von Belvedere fand, machte er Flügel aus der abgezogenen Haut anderer Eidechsen, die er mit Quecksilber füllte, so daß sie sich bewegten und zitterten, wenn sie ging; sodann machte er ihr Augen, Bart und Hörner, zähmte sie, tat sie in eine Schachtel und jagte alle seine Freunde damit in Furcht. Oftmals ließ er die Därme eines Hammels so fein ausputzen, daß man sie in der hohlen Hand hätte halten können; diese trug er in ein großes Zimmer, brachte in eine anstoßende Stube ein paar Schmiedeblasebälge, befestigte daran die Därme und blies sie auf, bis sie das ganze Zimmer einnahmen und man in eine Ecke flüchten mußte, so zeigte er, wie sie allmählich durchsichtig und von Luft erfüllt wurden, und indem sie anfangs auf einen kleinen Platz

42 Leonardo war seit Dezember 1513 in Rom in Diensten von Giuliano de' Medici, Herzog von Nemours, und arbeitete dort meist an Experimenten und Studien.

beschränkt sich mehr und mehr in den weiten Raum ausbreiteten, verglich er sie dem Genie. – Dergleichen Torheiten trieb er sehr viele, beschäftigte sich mit Spiegeln, und forschte aufs sorgfältigste nach Ölen zum Malen und nach Firnissen, die vollendeten Werke zu erhalten. In jener Zeit verfertigte er sehr fleißig und kunstreich ein kleines Bild der Madonna mit dem Sohne auf dem Arm, für Messer Baldassarre Turini aus Pescia, Datario[43] von Papst Leo; dies Werk jedoch ist entweder durch Schuld dessen, welcher den Kreidegrund machte, oder durch Lionardos vielfache seltsame Mischungen von Firnissen und Farben heutigen Tages sehr verdorben. In einem andern Bildchen stellte er ein kleines Kind dar, schön und anmutig zum Verwundern; beide Gemälde sind in Pescia bei Herrn Giulio Turini.[44] – Man erzählt sich, als Lionardo von dem Papste Auftrag erhalten, ein Werk zu verfertigen, habe er sogleich angefangen, Öle und Kräuter zum Firnis zu destillieren; als der Papst dies hörte rief er aus: »O weh! dieser wird nichts zu Stande bringen, da er an das Ende denkt ehe die Arbeit begonnen ist.« – Zwischen Lionardo und Michel Agnolo herrschte großer Widerwille und die Konkurrenz zwischen beiden war schuld, daß Michel Agnolo Florenz verließ, wobei ihn Herzog Giuliano entschuldigte, da er vom Papst wegen der Fassade von S. Lorenzo berufen war.[45] Als Lionardo solches hörte, ging er

43 Verwalter eines der fünf Hauptämter der Kurie; verleiht die niederen Pfründen.

44 Die Bilder im Besitz Giulio Turinis finden sich nur in der Ausgabe 1568 erwähnt und gelten als verschollen.

45 Die Rivalität von Leonardo und Michelangelo dürfte nicht diese Schärfe gehabt haben, die Vasari glauben machen will. Michelangelo verließ nach Leonardo Florenz am 3. September 1516 in Richtung Carrara, von wo er am 5. Dezember 1516 nach Rom ging.

auch von dannen, und begab sich nach Frankreich, wo der König mehrere Werke von ihm besaß, und ihm sehr gewogen war.[46] Der König wünschte: Lionardo möchte den Karton von der heiligen Anna malen; seiner Gewohnheit gemäß hielt er ihn jedoch mit Worten hin.[47] Endlich alt geworden lag er viele Monate krank, und da der Tod ihm nahte, wollte er sich mit allem Fleiß in dem katholischen Ritus und der richtigen Lehre der heiligen christlichen Religion unterweisen lassen;[48] er beichtete reuevoll unter vielen Tränen, und obwohl er nicht mehr auf den Füßen stehen konnte, ließ er sich doch von den Armen seiner Freunde und Diener unterstützt, das heilige Sakrament außerhalb des Bettes reichen. Der König, welcher ihn oft liebevoll besuchte, kam bald nachher zu ihm. Lionardo richtete sich ehrfurchtsvoll empor, um im Bette zu sitzen, schilderte ihm sein Übel mit allen Zufällen und sagte, wie er gegen Gott und Menschen gefehlt habe, daß er in der Kunst nicht getan hätte was ihm Pflicht gewesen wäre. Diese Anstrengung veranlaßte einen stärkern Paroxysmus, welcher Vorbote des Todes war; der König erhob sich und hielt ihm das Haupt, um ihm eine Hülfe und Gunst zu Erleichterung seines Übels zu erweisen; da erkannte Lionardos göttlicher Geist, es könne ihm größere Ehre nicht widerfahren und er verschied in den

46 Kurz nach dem Tod von Giuliano de' Medici (17. März 1516) nahm Leonardo das Angebot Franz' I. an, nach Frankreich zu kommen.

47 Leonardo brachte nach Frankreich ein begonnenes Gemälde der »Anna Selbdritt« mit, ohne es dann fertigzustellen; heute im Louvre, Paris.

48 Vasari hatte in der 1. Ausgabe 1550 Leonardo bedenklich nahe in Verbindung zur Häresie gebracht: »Daher bildete sich in seinem Geist eine so häretische Einstellung, daß er sich keiner Religion mehr näherte, da er es wohl mehr schätzte, Philosoph zu sein als Christ.« 1568 strich Vasari diesen Satz und trug damit dem Denken der Gegenreformation Rechnung.

Armen des Königs im fünfundsiebzigsten Jahre seines Lebens.[49]

Sein Tod verursachte allen, die ihn gekannt hatten, größte Betrübnis; nie war der Malerei von einem Künstler mehr Ehre gemacht worden; der Glanz seines schönen Angesichtes erheiterte jedes traurige Gemüt und seine Rede vermochte die hartnäckigste Meinung zu Ja und Nein zu bewegen. Jeden heftigen Ungestüm wußte er durch die Kraft zurückzuhalten, die ihm innewohnte und mit seiner Rechten bog er das Eisen einer Wandglocke oder eines Pferdehufes, als ob es Blei wäre. Mit natürlicher Freigebigkeit bot er seinen Freunden Aufnahme und Bewirtung, gleichviel ob sie arm oder reich waren, wenn nur Geist und Trefflichkeit sie zierten. Das unbedeutendste schmuckloseste Zimmer verschönte und verherrlichte er durch jede seiner Handlungen, und wie die Stadt Florenz durch die Geburt dieses Künstlers eine große Gabe empfing, erlitt sie durch seinen Tod einen mehr als herben Verlust. In der Kunst der Ölmalerei wurde von ihm eine gewisse Schattierung erfunden, durch welche die neuern Künstler ihren Gestalten viel Kraft und Rundung geben.[50] Was er in der Bildhauerei vermochte, zeigte er an den drei Bronzefiguren über der nördlichen Türe von San Giovanni; sie wurden von Giovan Francesco Rustici gegossen, aber nach Angabe Lionardos entworfen, und sind in Zeichnung und

49 Leonardo starb am 2. Mai 1519 auf Schloß Amboise an der Loire. Vasari schmückt seinen Tod mit einer Szene, die nachweislich nicht stattgefunden haben kann, da Franz I. in St-Germain-en-Laye weilte. Als Künstleranekdote wurde sie im 19. Jh. zu einem beliebten Bildthema.

50 Vasari meint hier Leonardos unvergleichliche Technik des »sfumato«, die den Personen, Gegenständen und Landschaften seiner Bilder, durch unmerkliche Übergänge abschattiert, eine leicht diffuse Atmosphäre verleiht.

Ausführung das schönste Gußwerk, welches in neuerer Zeit gesehen worden ist.[51]

Lionardo danken wir die Anatomie der Pferde und die noch viel vollkommnere des menschlichen Körpers; und obgleich er mehr durch Worte als durch Taten gewirkt hat, wird um der vielen Vorzüge willen, mit denen er wunderbar begabt war, sein Namen und Ruf niemals erlöschen; zu seinem Lobe sagt Giovan Batista Strozzi:[52]

Vince costui pur solo
Tutti altri: e vince Fidia, e vince Apelle:
E tutto il lor vittorioso stuolo.

Es sieget er allein
Ob aller andern; siegt über Phidias, besiegt Apelles,
Siegt ob der Schar, die siegreich ihnen folgte.

Schüler Lionardos war Giovan Antonio Boltraffio[53] aus Mailand, ein sehr geübter und verständiger Meister. Er malte mit vielem Fleiß im Jahre 1500 in der Kirche der Misericordia außerhalb Bologna ein großes Ölbild; stellte darin die Madonna mit dem Sohne auf dem Arm, St. Johannes den Täufer und den unbekleideten heiligen Sebastian dar, dabei in kniender Stellung, nach der Natur gezeichnet den Herrn, welcher das Bild malen ließ; unter dies wahrhaft schöne Werk schrieb er seinen Namen und bemerkte, daß er ein Schüler Lionar-

51 Der Anteil Leonardos an der Bronzegruppe Rusticis über der Nordtür des Florentiner Baptisteriums geht womöglich auf Zeichnungen zurück, die Rustici bei Leonardo studiert haben könnte.

52 Filippo d. J. (gen. Giambattista) Strozzi, Sproß der reichen Florentiner Familie gleichen Namens, als Republikaner seit der Schlacht bei Montemurlo (1537) gegen Alessandro de' Medici in Rom im Kreis der Florentiner Exilanten und Medici-Gegner.

53 Das erwähnte Gemälde befindet sich jetzt im Louvre, Paris.

dos sei. Andere seiner Bilder sind zu Mailand und an verschiedenen Orten, es genügt jedoch, dieses erwähnt zu haben, da es das beste ist.

Schüler desselben Meisters war Marco-Uggioni,[54] der in Santa Maria della Pace die Himmelfahrt der Madonna und die Hochzeit von Kana gemalt hat.

54 Marco d'Oggiono war 1490–99 in Leonardos Mailänder Werkstatt. Die beiden erwähnten Bilder befinden sich in der Galleria di Brera, Mailand.

Das Leben von Raffael von Urbino

Raffael
Selbstporträt
Florenz, Uffizien

Das Leben
des Malers und Baumeisters

# Raffael von Urbino

Wie freigebig und liebreich der Himmel bisweilen einem einzigen Menschen den unendlichen Reichtum seiner Schätze, alle Anmut und seltenen Gaben spendet, welche er sonst in langem Zeitraum unter viele zu verteilen pflegt, sieht man deutlich an dem ebenso herrlichen als anmutigen Raffael Sanzio von Urbino. Ihm war von der Natur jene Güte und Bescheidenheit verliehen, welche bisweilen solche schmückt, die vorzugsweise vor andern mit anmutigem Wesen eine liebenswürdige Freundlichkeit verbinden, wodurch sie den verschiedensten Personen gegenüber wie in allen Dingen stets lieblich erscheinen und Wohlgefallen erwecken. Die Natur war durch die Hand Michel-Agnolos von der Kunst besiegt, und schenkte Raffael der Welt, um nicht nur von ihr, sondern auch durch die Sitte übertroffen zu werden. Und in der Tat, da der größte Teil der Künstler welche bis dahin gelebt hatten, sich nicht von einer gewissen Torheit und Roheit frei machen konnten, wodurch sie in sich selbst versunken, nicht nur Phantasten geworden waren, sondern auch oft in ihrem Tun mehr das Dunkel des Lasters als das Licht und den Glanz der Tugenden, welche die Menschen unsterblich machen, gezeigt hatten: so war es wohl billig, daß sie in Raffael die seltensten Vorzüge des Herzens widerstrahlen ließ, von so viel

Anmut, Fleiß, Schönheit, Bescheidenheit und trefflichen Sitten begleitet, daß sie genügt hätten, jedes noch so schlimme Laster, jeden noch so großen Fehler zu verdecken. Gewiß kann man sagen: wen so reiche Gaben schmücken, der sei nicht nur schlechthin ein Mensch, sondern wenn der Ausdruck erlaubt ist, ein sterblicher Gott zu nennen, und wer durch seine Werke hier auf Erden einen so ehrenvollen Namen in den Geschichtsbüchern hinterläßt, darf auch hoffen, im Himmel die Freude zu genießen, deren seine Anstrengungen und Verdienste würdig sind.

Raffael wurde am Karfreitag des Jahres 1483 nachts drei Uhr zu Urbino einer berühmten Stadt Italiens geboren;[1] sein Vater war Giovanni Santi, als Maler von nicht besondern Vorzügen, jedoch ein verständiger Mann, und geeignet, seinen Sohn auf den guten Weg zu leiten, welcher zu seinem Mißgeschick in der Jugend ihm nicht gezeigt worden war.[2] Giovanni wußte, daß es von Wichtigkeit sei, die Kinder nicht von Ammen sondern von ihren Müttern nähren zu lassen; als ihm daher Raffael geboren wurde, dem er zu guter Vorbedeutung diesen Namen gab, wollte er, die Mutter[3] selbst solle den Knaben stillen, er war das erste und einzige Kind, welches der Himmel ihm schenkte, und wuchs dem Wun-

1 Das Geburtsdatum, das Schorn/Förster noch auf den 26. bzw. 28. März datierten, fällt auf den 6. April 1483.

2 Giovanni Santi arbeitete zeitlebens in Urbino, war am Hof der Montefeltre ein gefragter Mann, da nicht nur im Malen, sondern auch im Dichten und Musizieren geübt, und wurde schließlich durch seine Malerei wohlhabend. Seine Werke befinden sich hauptsächlich in und um Urbino.

3 Raffaels Mutter war Magia Ciarla († 1491), Tochter des Giovanni Battista Ciarla. Ein zweiter, nach Raffael geborener Sohn starb bereits 1485. Aus der zweiten Ehe von Giovanni Santi hatte Raffael eine Stiefschwester, die 1494 zur Welt kam.

sche des Vaters gemäß im elterlichen Hause auf, damit er dort in zartem Alter gute Sitten lerne, und nicht bei geringen und gemeinen Leuten ein ungefälliges, rohes Betragen annehme. Als er größer wurde, fing Giovanni an ihn in der Kunst der Malerei zu unterrichten, wofür er so viel Neigung als Talent kund gab; daher vergingen wenige Jahre als Raffael noch ein Kind, schon seinem Vater große Hülfe bei den Arbeiten leistete, welche dieser im Staat von Urbino verfertigte.[4]

Endlich erkannte jedoch dieser gute und liebevolle Vater, daß sein Sohn nicht viel mehr bei ihm lernen könne, und beschloß ihn zu Pietro Perugino in die Lehre zu geben, der ihm als der erste Maler seiner Zeit gerühmt wurde.[5] Er begab sich nach Perugia, da jedoch Pietro eben abwesend war, arbeitete er einiges in S. Francesco und wartete ruhig dessen Zurückkunft ab. Dieser kehrte von Rom heim, und Giovanni, anmutig in seinem Betragen, trat mit ihm in freundlichen Verkehr. Als es ihm Zeit schien, teilte er ihm, so bescheiden und höflich als er es nur einzurichten wußte, seinen Wunsch mit, und Pietro, der nicht weniger fein an Sitten als voll Anerkennung für vorzügliche Talente war, nahm Raffael gern als Schüler an. Sehr zufrieden kehrte Giovanni nach Urbino zurück, nahm den Knaben aus den Armen der Mutter, die ihn zärtlich liebte und mit vielen Tränen von ihm

4 Die erste Ausbildung erhielt Raffael von seinem Vater bis zu dessen Tod 1494.

5 Perugino gilt als eigentlicher Lehrer Raffaels, wenngleich es wahrscheinlicher ist, daß Raffael zunächst noch in Urbino von den gerade dort arbeitenden Malern Luca Signorelli und Timoteo Viti Anregungen empfangen hat, zumal er zunächst unter der Fürsorge seines Onkels Simone Ciarla und seines Vormunds Don Bartolommeo stand, bevor er zu Perugino in die Lehre gegeben wurde, was wahrscheinlich noch 1495 erfolgte. Genaueres ist jedoch über diese ersten Jahre der Ausbildung nicht bekannt.

schied, und brachte ihn nach Perugia, wo Pietro nicht so bald seine Art zu zeichnen gesehen und seine liebenswürdigen Sitten erkannt hatte, als er das Urteil über ihn aussprach, welches in der Zukunft die Tat bestätigte.

Es ist eine sehr bekannte Sache, daß Raffael in der Schule Pietros dessen Methode so genau und in allen Dingen so treu nachahmte, daß man seine Bilder nicht von den Originalen des Meisters, und ihre Arbeiten nicht voneinander unterschied. Deutlich erkennt man dies an einigen Figuren in S. Francesco zu Perugia, die er für Madonna Maddalena degl'Oddi auf einer Tafel in Öl malte.[6] Sie stellen die Madonna dar, welche in den Himmel aufgenommen ist, Jesus Christus der sie krönt, und darunter rings um das Grab die zwölf Apostel zu der himmlischen Verklärung aufschauend. Am Fuß des Bildes auf der Staffel sind kleine Figuren in drei Bildern verteilt; in dem einen sieht man die Verkündigung, im andern die Anbetung, und im dritten Christus der in der Kirche auf den Armen Simons liegt. Diese Arbeit ist mit unendlichem Fleiße ausgeführt, und wer nicht genaue Kenntnis der Manieren hat, würde sicher glauben, sie sei von Pietro, während sie doch unbestreitbar von Raffael ist.

Pietro ging um einiger Angelegenheiten willen nach Florenz, und Raffael verließ daher Perugia, um sich mit mehreren Freunden nach Città di Castello zu begeben. Dort verfertigte er in St. Augustin ein Bild in derselben

6 Das Gemälde (Rom, Pinacoteca Vaticana) wurde von Maddalena degli Oddi für ihre Familiengrabkapelle in S. Francesco zu Perugia in Auftrag gegeben. Entgegen Vasaris Annahme, es handle sich um das erste Werk Raffaels, was eine Datierung kurz vor 1500 zur Folge hätte, dürfte der Auftrag erst 1503 ergangen sein, da erst in diesem Jahr, zwischen Februar und September, die Familie der Oddi aus dem Exil nach Perugia zurückkehrte.

Manier, und in S. Domenico ein Kruzifix, welches jedermann für eine Arbeit Pietros halten würde, wenn nicht der Name Raffaels darauf stünde.[7] In S. Francesco derselben Stadt malte er auf eine kleine Tafel die Vermählung der Madonna; ein Bild an welchem man deutlich erkennt, wie die Trefflichkeit Raffaels stieg, wie er die Methode Pietros verfeinerte und übertraf.[8] Eine Kirche in diesem Bilde ist perspektivisch mit so vieler Sorgfalt gezeichnet, daß es in Verwundern setzt, welche schwierige Aufgabe er sich hierin stellte.

Während ihm nun die Manier in der er seine Bilder behandelte großen Ruhm erwarb, wurde Pinturicchio von Papst Pius II. nach Siena gesandt, um die Bibliothek des Domes daselbst zu malen, und nahm den Raffael mit sich, den er als Freund liebte und als einen trefflichen Zeichner kannte. Dort entwarf Raffael ihm einige Zeichnungen und Kartons[9] zu jenem Werk und würde weiter damit fortgefahren haben, wenn nicht einige Maler ihm lobpreisend von zwei Kartons im Saale des Palastes zu

7 Es handelt sich um die bemalte Standartenfahne, die als erstes gesichertes Werk Raffaels gilt (1500, Città di Castello, Pinacoteca Comunale), auf der einen Seite eine Dreifaltigkeitsdarstellung mit den Heiligen Rochus und Sebastian, auf der anderen die Erschaffung Evas.

8 Die »Sposalizio« (Mailand, Pinacoteca di Brera) ist signiert und datiert: »RAPHAEL URBINAS MDIIII«. Das Bild entstand am Ende des Aufenthalts in Città di Castello. Formal ist es deutlich an Peruginos »Schlüsselübergabe« in der Sixtinischen Kapelle im Vatikan (1481) und auch dessen »Sposalizio della Vergine« (1499–1504, Caen) angelehnt.

9 Verwechslung Vasaris, denn Papst Pius II. (Enea Silvio Piccolomini) amtierte 1458–64. Sein Neffe Kardinal Francesco Todeschini Piccolomini, am 3. September 1503 als Pius III. zum Papst gewählt, jedoch noch am 18. Oktober desselben Jahres gestorben, erteilte den Auftrag im Juni 1502 an Pinturicchio. Für das Fresko »Abreise von Enea Silvio Piccolomini zum Konzil von Basel« existiert ein Karton (Florenz, Uffizien, Gabinetto dei disegni e delle stampe), der Raffael zugeschrieben und in die Zeit Januar bis September 1503 datiert wird.

Florenz erzählt hätten, in deren einem von Lionardo da Vinci ein sehr schöner Reitertrupp dargestellt war, während im andern Michel-Agnolo Buonarroti mit Lionardo wetteifernd, mehrere nackte Gestalten gezeichnet hatte, die noch weit vollkommner sind.[10] Raffael demnach, von Liebe zur Kunst und von Verlangen nach Vollkommenheit ergriffen, ließ die Arbeit zu Perugia liegen, vergaß jedes Nutzens und jeder Bequemlichkeit, und begab sich nach Florenz.

Dort gefiel ihm die Stadt nicht minder wie jene gepriesenen Werke, die er als göttlich erkannte; er beschloß einige Zeit dort zu verweilen und wurde bald mit verschiedenen jungen Malern befreundet, mit Ridolfo Ghirlandajo, Aristotile von S. Gallo und andern; überall in der Stadt erzeigte man ihm viel Ehre, besonders Taddeo Taddei, der als ein Verehrer ausgezeichneter Talente ihn stets in seinem Hause und an seinem Tische haben wollte. Raffael, liebenswürdig in allem was er tat, wollte nicht in Höflichkeit übertroffen sein, und malte ihm zwei Bilder, in denen man frühere Manier nach Pietro und die spätere viel schönere erkennt, die er durch Studium erlangte. Diese Bilder werden noch heute im Hause von Taddeos Erben aufbewahrt.[11] Außerdem stand Raffael in naher Freundschaft mit Lorenzo Nasi,[12] und als derselbe sich in jenen Tagen vermählte, arbeitete er für ihn ein Bild, worin er die Madonna darstellte, wie sie das Christuskind zwischen den Knien hält, wel-

10 Vgl. S. 28 f. und 128 f.

11 Das eine Bild dürfte die »Madonna im Garten« (1506, Wien, Kunsthistorisches Museum) sein. Ob das andere als die »Madonna vor der Palme« (1506–08, Edinburgh, National Gallery of Scotland) identifiziert werden kann, ist stark umstritten.

12 Die »Madonna mit dem Stieglitz« (1505/06, Florenz, Uffizien) wurde für die Hochzeit von Lorenzo Nasi, Mitglied der Kaufmannszunft, gemalt.

chem der kleine St. Johannes ganz fröhlich und zu großem Vergnügen und Ergötzen beider Kinder einen Vogel reicht, ihre Stellungen zeigen kindliche, liebevolle Einfalt, und zudem sind sie so trefflich koloriert und fleißig gemalt, daß man eher glauben könnte, sie seien lebend als mit Farben ausgeführt. Die Madonna hat einen Ausdruck, der wahrhaft voll Anmut und Göttlichkeit ist, und die Umgebung, die Landschaft, wie alles übrige des ganzen Werkes, ist aufs schönste vollendet. Lorenzo Nasi hielt während seines Lebens dies Geschenk hoch in Ehren, sowohl um seiner Trefflichkeit willen, als weil es ein Andenken Raffaels war, den er sehr geliebt hatte. Am 9. August des Jahres 1548 jedoch wurde es zertrümmert, als durch das Zusammenstürzen des Berges von S. Giorgio das Haus Lorenzos zugleich mit den schönen und prachtvollen Besitzungen der Erben des Marco del Nero und andern nahe liegenden Gebäuden zu Grunde ging. Die einzelnen Stücke fanden sich unter dem Schutt des zerstörten Hauses, und Battista, Lorenzos Sohn, ein großer Verehrer der Kunst ließ sie zusammensetzen so gut es gehen wollte.

Nach Vollendung der genannten Arbeiten sah Raffael sich gezwungen Florenz zu verlassen und nach Urbino zu gehen, woselbst seine Eltern beide gestorben waren und niemand für seine Angelegenheiten Sorge trug. Während er dort wohnte, malte er für Guidobaldo da Montefeltro,[13] damals Feldhauptmann der Florentiner, zwei Madonnenbilder, klein aber sehr schön, in seiner zweiten Manier; welche heutigen Tages von dem durchlauchtigen

13 Guidobaldo da Montefeltre, Sohn des berühmten Federico da Montefeltre, war – mit mehreren Unterbrechungen, verursacht durch Cesare Borgia – Herzog von Urbino. Der urbinatische Hof unter Guidobaldo wurde von Baldassare Castiglione in seinem Buch *Il Libro del Cortegiano* (1528) als der glänzendste Italiens gerühmt.

Herzog Guidobaldo von Urbino aufbewahrt werden.[14] Für denselben Herrn verfertigte er ein anderes kleines Bild: Christus der am Ölberg betet, etwas entfernt die drei schlafenden Apostel, ein so fein ausgeführtes Werk, daß es in Miniatur nicht besser sein könnte. Es war lange Zeit im Besitz des Herzogs Francesco Maria von Urbino, wurde später aber von dessen Gemahlin, der durchlauchtigen Frau Leonora, den beiden venezianischen Einsiedlermönchen des heiligen Klosters von Camaldoli, Don Paolo Giustiniano und Don Pietro Quirini geschenkt, die es als ein schönes Werk Raffaels und als ein Andenken jener erlauchten Gebieterin gleich einer Reliquie nach dem Zimmer des obersten Aufsehers ihres Klosters brachten, wo es nach Verdienst in Ehren gehalten wird.[15]

Nachdem Raffael diese Arbeiten vollendet und seine Angelegenheiten geordnet hatte, ging er noch einmal nach Perugia und malte dort für die Kapelle der Ansidei in der Kirche der Serviten eine Tafel auf welcher die Madonna, St. Johannes der Täufer und St. Nicolaus dargestellt sind.[16] In S. Severo derselben Stadt, einem kleinen Kloster vom Orden der Kamaldulenser, arbeitete er in der Kapelle der Madonna in Fresko, den Heiland in der

14 Die »zweite Manier« (»seconda maniera«) entspricht dem Stilwandel Raffaels unter dem Eindruck der Werke vor allem von Leonardo in Florenz. Bei den beiden Bildern handelt es sich möglicherweise um die »Madonna Cowper« (Ende 1504 bis 1508, Washington, National Gallery of Art) und die »Heilige Familie mit bartlosem Joseph« (1506, Petersburg, Eremitage).

15 Francesco Maria della Rovere, Herzog von Urbino ab 1508; sein Porträt (1505) von Raffael heute in den Uffizien, Florenz. Vasaris Darstellung ist inkorrekt: Nach Dokumenten läßt sich rekonstruieren, daß das Bild bereits von Elisabetta di Montefeltre, der Ehefrau Guidobaldos, an den Eremiten Michele da Firenze verkauft wurde.

16 Die »Pala Ansidei« (1505, London, National Gallery) wurde für die Cappella Ansidei in S. Fiorenzo dei Serviti, Perugia, gemalt.

Verklärung, Gott Vater mit einigen Engeln umher, und sechs Heilige in sitzender Stellung, drei an jeder Seite, S. Benedictus, St. Romuald, St. Lorenz, St. Hieronymus, St. Maurus und St. Placidus. Unter dies Werk, welches für eine sehr gute Freskoarbeit galt, schrieb er seinen Namen mit großen sehr leserlichen Buchstaben.[17] Auch die Nonnen des h. Antonius aus Padua zu Perugia ließen von ihm eine Tafel malen: die Madonna hält auf dem Schoße das Christuskind, welches ganz bekleidet ist, wie jene einfachen und frommen Frauen es gerne wollten; ihr zu seiten stehen die hh. Petrus, Paulus, Cäcilia und Katharina; beiden heiligen Jungfrauen gab er die anmutigsten Gesichtszüge und den mannigfaltigsten Kopfputz den man sich nur denken kann, was damals selten war; in einem Halbkreis darüber sieht man einen herrlichen Gott Vater, und auf der Altarstaffel drei Bilder mit kleinen Figuren; in dem einen betet Christus am Ölberg, in dem andern trägt er sein Kreuz, wobei einige Soldaten die ihn peinigen, die schönsten Stellungen zeigen; im letzten ruht er tot im Schoß der Madonna – ein sehr bewundernswürdiges Werk, zur Andacht stimmend und von jenen Nonnen nicht minder verehrt als von Künstlern gepriesen.[18]

17 Dieses Fresko im Kloster S. Severo in Perugia mit der Inschrift »RAPHAEL DE URBINO D OCTAVIANO STEPHANI VOLATERANO PRIORE SANCTAM TRINITATEM ANGELOS ASTANTES SANCTOSQUE PINXIT A. D. MDV« (»Raphael von Urbino malte die Heilige Trinität und die beistehenden Engel und Heiligen für Ottaviano Stefano Volterrano im Jahr des Herrn 1505«) wurde nach dem Tod Raffaels (1520) von Perugino im unteren Bereich um sechs stehende Heiligenfiguren erweitert, die eine Nische mit einer Madonnenskulptur flankieren. Raffaels Fresko wurde im 17. Jh. im oberen Bereich stark beschädigt.

18 Die »Pala Colonna« für S. Antonio in Perugia, heute in ihren ehemaligen Bestandteilen über mehrere Museen verteilt (Hauptbild, Lünette und ein Predellenbild in New York, Metropolitan Museum), ist in ihrer Datierung umstritten (Vorschläge zwischen 1501/02 bis 1505).

Ich darf nicht unterlassen hier zu erwähnen, daß, nachdem Raffael in Florenz die vielen Arbeiten trefflicher Meister gesehen hatte, seine Methode sich also veränderte und vervollkommnete, daß sie der frühern in keiner Weise mehr ähnlich war, ja es schien als rührten seine ersten Werke von einer andern in der Malerei minder geschickten Hand.

Ehe Raffael Perugia verließ, bat ihn Madonna Atalanta Baglioni für ihre Kapelle in der Kirche von S. Francesco eine Tafel zu malen: da er ihr aber in jener Zeit nicht zu Diensten stehen konnte, versprach er ihren Wunsch zuverlässig zu erfüllen, wenn er von Florenz zurückgekehrt sein würde, wohin seine Angelegenheiten ihn riefen. In Florenz angelangt lag er nun mit unendlichem Fleiße seinen Studien ob und verfertigte, seines Versprechens eingedenk einen Karton, um ihn in der genannten Kapelle zur Ausführung zu bringen, sobald es ihm passend scheine. Während er in dieser Stadt verweilte, lebte dort Agnolo Doni, der in andern Dingen genau war, für Werke der Malerei und Skulptur aber, die er sehr liebte, gerne Geld ausgab, wenn auch so sparsam als es gehen wollte. Dieser ließ von Raffael sein eigenes Bildnis nebst dem seiner Gemahlin in der Weise ausführen, wie man sie noch jetzt bei seinem Sohne Giovan Battista in dem Hause sieht, welches Agnolo in der Färberstraße zu Florenz an der Ecke der Alberti schön und bequem erbaut hat.[19]

Ein anderes Bild malte er für Domenico Canigiani. Man sieht darin die Madonna mit dem Christuskind auf

19 Die Datierung der Porträts (Florenz, Palazzo Pitti, Galleria Palatina) von Maddalena und Agnolo Doni, einem reichen Kaufmann, schwankt zwischen 1505 und 1506.

dem Schoß; es liebkost St. Johannes, den die heilige Elisabeth ihm zuführt. Elisabeth hält den Knaben und schaut mit sehr lebendigem Ausdruck nach Joseph, der beide Hände auf einen Stab gestützt das Haupt gegen sie neigt, als ob er voll Verwunderung sei und die Größe Gottes preise, daß eine so hochbejahrte Frau ein Söhnlein geboren habe; alle aber scheint es verwundern sich wie in so zartem Alter beide Knaben einander gegenseitig verehren und liebkosen. Jeder Farbenstrich in den Köpfen, Händen und Füßen ist wie mit Fleisch gemalt, und nicht wie bloß von einer Meisterhand gefärbt. Dies köstliche Bild ist jetzt im Besitz der Erben des genannten Domenico Canigiani, und wird von ihnen wert gehalten wie ein Werk Raffaels von Urbino es verdient.[20]

Dieser herrliche Maler studierte in Florenz die Arbeiten Masaccios und wurde durch die Leistungen Lionardos und Michel-Agnolos zu noch größerem Fleiß, das heißt zu noch höherer Vervollkommnung der Kunst und seiner Manier getrieben. Während seines Aufenthaltes in jener Stadt stand er in naher Freundschaft mit Fra Bartolommeo di S. Marco,[21] der ihm sehr wohl gefiel und dessen Manier in der Malerei er nachzuahmen suchte; dagegen lehrte er jenem guten Pater die Regeln der Perspektive, von denen derselbe bis dahin keine Kenntnis genommen hatte.

In der Zeit als dieser Umgang am häufigsten war, wurde Raffael nach Perugia zurückberufen und arbeitete dort vorerst in S. Francesco das Werk für die oben genannte Frau Atalanta Baglioni, ein Werk, zu dem er in

20 Die »Madonna aus dem Hause Canigiani« (München, Alte Pinakothek) wurde vom Kaufmann Domenico Canigiani wohl kurz nach dessen Heirat (1507) in Florenz in Auftrag gegeben.

21 Fra Bartolommeo betrieb im 1. Jahrzehnt des 16. Jh.s die führende Werkstatt in Florenz.

Florenz den Karton entworfen hatte. In diesem göttlichen Bilde ist ein Christus, der zu Grabe getragen wird, mit solcher Frische und Liebe ausgeführt, daß er jetzt erst gemalt zu sein scheint.[22] Raffael dachte sich als er dieses Werk schuf, den Schmerz welchen die nächsten und treuesten Angehörigen empfinden, die den Leichnam ihres geliebtesten Verwandten, auf dem in Wahrheit das Wohl und die Ehre einer ganzen Familie beruhte, zu Grabe tragen. Man sieht die Madonna die ohnmächtig niedersinkt, und die Köpfe aller Figuren in Tränen höchst anmutig gezeichnet; vornehmlich schön ist Johannes, er kreuzt die Hände und neigt das Haupt in einer Weise, welche das härteste Gemüt zu Mitleid bewegen müßte. Wahrlich wer den Fleiß, die Liebe, Kunst und Anmut in diesem Bilde betrachtet, der muß sich mit Recht verwundern, denn es versetzt jeden in Staunen durch den Ausdruck der Köpfe, durch die Schönheit der Gewänder, kurz durch die höchste Vollendung aller Teile.

Als diese Arbeit zu Ende gebracht und Raffael nach Florenz zurückgekehrt war, gaben ihm die Dei, Bürger jener Stadt, den Auftrag, eine Altartafel für ihre Kapelle in Santo Spirito zu malen. Den Entwurf hiezu führte er ziemlich weit und verfertigte gleichzeitig ein Bild, um es nach Siena zu schicken, ließ es jedoch dem Ridolfo Ghirlandajo, damit er ein blaues Gewand vollende, welches noch nicht fertig war, als Raffael Florenz verließ.[23]

22 Beim Auftrag für Atalanta Baglioni handelt es sich um die »Grablegung Borghese« (Rom, Galleria Borghese), die signiert und datiert ist: »RAPHAEL URBINAS MDVII«. Das Bild befand sich zunächst in S. Francesco al Prato in Perugia, von wo es Papst Paul V. für seinen Neffen Kardinal Scipione Borghese entfernen ließ.

23 Wahrscheinlich »La Belle Jardinière« (Paris, Louvre), für den sienesischen Edelmann Filippo Sergardi gemalt. Signiert »RAPHAELLO URB.« und datiert »MDVII«. Franz I. von Frankreich erwarb das Bild für seine Sammlung.

Sein Fortgehen war durch Bramante von Urbino veranlaßt, welcher damals im Dienste Papst Julius' II. stand. Er war mit Raffael entfernt verwandt, und sein Landsmann, deshalb schrieb er ihm: er hätte seinetwegen mit dem Papst unterhandelt, der einige Zimmer habe neu erbauen lassen, in denen er seine Stärke in der Kunst zeigen könne.[24] Dieser Vorschlag gefiel Raffael, er ließ demnach die Arbeiten in Florenz und die Tafel der Dei unvollendet, wie sie nach seinem Tode von Messer Baldassare aus Pescia in der Dechanei seiner Vaterstadt aufgestellt wurde, und begab sich nach Rom, wo er fand, daß ein großer Teil der Zimmer im Palaste schon gemalt war, andere noch von verschiedenen Meistern verziert wurden. In dem einen hatte Pietro della Francesca ein Bild vollendet und Luca von Cortona[25] die Malerei einer Wand ausgeführt; Don Pietro della Gatta,[26] Abt von S. Clemente zu Arezzo, hatte einiges begonnen, und man sah viele Gestalten von Bramantino aus Mailand, zum größten Teil nach der Natur gezeichnet, die als vorzüglich gerühmt wurden.

Raffael vom Papst Julius aufs huldvollste empfangen, begann im Saale der Segnatura ein Bild, worin er darstellte, wie die Theologen die Philosophie und Astrologie mit der Theologie zu vereinigen suchen, und worin alle Weltweisen abgebildet sind, wie sie in verschiedener Weise miteinander streiten.[27] An der Seite sieht man

24 Die Raumfolgen sind die »Stanzen«, die Privatgemächer von Julius II.

25 Luca Signorelli; es ist unklar, welches Wandgemälde Vasari hier meint, denn in Signorellis Vita ist keine Rede davon, und das Fresko in der Sixtinischen Kapelle ist das einzig erhaltene im Vatikan.

26 Richtig: Don Bartolommeo della Gatta.

27 Die »Schule von Athen« in der »Stanza della Segnatura« (ursprünglich die Bibliothek von Julius II., Benennung nach dem kirchlichen Tribunal »Signatura Gratiae«, das 1540 Papst Paul III. darin abhielt). Die erste Zahlung an Raffael erging am 13. Januar 1509. Die zweite Person von rechts in der unteren Reihe ist ein Selbstporträt Raffaels.

einige Astrologen, welche allerlei geometrische und astrologische Figuren und Zeichen auf ein paar Tafeln schreiben, und sie durch einige schöne Engel den Evangelisten senden, welche sie erklären. Diogenes mit seiner Schale liegt auf der Treppe, eine wohl ausgeführte in sich selbst versunkene Gestalt, wegen ihrer Schönheit und wegen des nachlässig übergeworfenen Gewandes sehr zu rühmen. Man sieht den Aristoteles und Plato, den einen mit dem »Timäus«, den andern mit der »Ethik« in der Hand und um sie her im Halbkreis eine Schule von Philosophen. Nicht zu beschreiben ist die Schönheit der Astrologen und Mathematiker, welche mit dem Zirkel eine Menge Figuren und Charaktere[28] auf die Tafeln zeichnen. Unter ihnen ist ein Jüngling von seltner Anmut und Schönheit, er breitet voll Staunen die Arme aus und senkt das Haupt; dies ist Friedrich II. Herzog von Mantua, der sich damals zu Rom aufhielt. In einer andern Figur die zur Erde gebogen mit dem Zirkel Linien zieht, sagt man sei der Baumeister Bramante so treu dargestellt, daß man ihn selbst lebend zu sehen glaube. Zur Seite einer Gestalt die den Rücken zuwendet und die Himmelskugel in der Hand hält, ist Zoroaster abgebildet; neben ihm steht Raffael der Meister des ganzen Werkes, der sich aus dem Spiegel gezeichnet hat – ein jugendlicher Kopf mit schwarzem Barett, der Ausdruck der Gesichtszüge sehr bescheiden, gefällig und lieblich. – Unendlich schön und herrlich sind die Köpfe und Gestalten der Evangelisten, man erkennt in ihnen, besonders in denen welche schreiben, das Prüfen und Nachdenken auf sehr natürliche Weise dargestellt. St. Matthäus[29] entnimmt die Zeichen von der Tafel wel-

28 Hier: Schriftzeichen.
29 Richtig: Pythagoras.

che ein Engel ihm vorhält, und schreibt sie in ein Buch nieder; hinter ihm sitzt ein alter Mann mit einem Blatt Papier auf dem Knie und schreibt nach was Matthäus auszeichnet; er beharrt aufmerksam in dieser unbequemen Stellung und streckt Kinn und Haupt vorwärts, gleich als ob er die Feder vergrößern und verlängern wolle. Nicht nur sind eine Menge solcher Einzelheiten wohl beachtet, sondern das ganze Bild ist mit so schöner Anordnung und Ebenmäßigkeit zusammengestellt, daß Raffael dadurch ein volles Zeugnis von sich gab und erkennen ließ, er wolle unbestreitbar vor allen welche den Pinsel führten das Feld behaupten. Außerdem schmückte er dies Werk durch eine schöne Perspektive und eine Menge Gestalten die in so zarter und weicher Manier ausgeführt sind, daß Papst Julius dadurch veranlaßt wurde alle Bilder andrer Meister, der ältern wie der neuern, abschlagen zu lassen, und Raffael allein vor allen welche sich bis dahin in diesen Dingen versucht hatten den Vorzug zu geben. Oberhalb des eben geschilderten Bildes war eine Arbeit von Giovan Antonio Sodoma von Vercelli, aber obgleich sie nach Anordnung des Papstes vernichtet werden sollte, beschloß Raffael doch von der Einteilung des Werkes sowohl als von den Grotesken Gebrauch zu machen, und zeichnete in vier Runde welche dort waren, in jeder eine Gestalt von der Bedeutung des Bildes, welches sich unmittelbar darunter befand. In dem ersten Rund oberhalb des Bildes, worin die Philosophie, Astrologie, Geometrie und Poesie dargestellt sind, die sich mit der Theologie vereinen, malte er eine weibliche Figur als Erkenntnis aller Dinge; sie sitzt auf einem Stuhl den zwei Statuen tragen, beide die Göttin Cybele darstellend, mit den vielen Brüsten wie die

Alten solche der alles ernährenden Diana gaben. Ihr Gewand besteht aus vier Farben die vier Elemente zu bezeichnen; vom Haupt herab ist die Farbe des Feuers, unter dem Gürtel die der Luft, vom Schoß bis zu den Knien reicht die Farbe der Erde und von da bis zu den Füßen die Farbe des Wassers, einige sehr schöne Kinder umgeben sie. In dem andern Rund gegen das Fenster nach Belvedere zu sieht man die Poesie in Gestalt der Polyhymnia dargestellt; sie ist mit Lorbeern gekrönt und hält eine antike Lyra in der einen Hand, ein Buch in der andern; ihre Füße sind übereinander geschlagen, ihr Angesicht strahlt von überirdischer Schönheit, und die Augen schauen nach oben. Neben ihr sind zwei Kinder voll Leben und Geist, so daß sie mit ihr wie mit den andern Figuren, bei denen man sie wiederum findet, sehr mannigfaltige Gruppen bilden. Auf dieser Seite malte er über dem genannten Fenster späterhin den Parnaß. In dem dritten Rund oberhalb des Bildes wo die heiligen Doktoren Messe lesen, ist die Theologie von Büchern und andern Gegenständen umgeben mit denselben Kindern, nicht minder schön als jene; und über dem Fenster nach dem Hofe zu stellte er in dem vierten Runde die Gerechtigkeit mit der Waage und dem emporgehobnen Schwerte dar; neben ihr sind noch einmal dieselben Kinder von seltner Schönheit, und man sieht auf der Wand darunter die Verleihung der bürgerlichen und kirchlichen Gesetze, wie an seinem Ort ausführlicher gesagt werden wird.

In den Zwickeln des Gewölbes brachte er vier Bilder an, mit höchstem Fleiß gezeichnet und gemalt, die Figuren jedoch nicht sehr groß. In dem einen zunächst der Theologie stellte er den Sündenfall Adams dar, und schilderte das Essen des Apfels auf sehr liebliche Weise; in dem zweiten oberhalb der Astrologie sieht man diese selbst, wie sie Planeten und Fixsterne an die ihnen angewiesenen Stellen setzt. Das dritte gehört zu der Wand vom Parnaß, und man sieht darin den an einen Baum gebundenen Marsyas, wie ihn Apollo schinden läßt; im vierten zunächst dem Bild wo die Kirchengesetze gegeben werden, ist das Urteil Salomos der das Kind teilen lassen will. Alle vier Bilder sind voll Sinn und lebendiger Handlung, sehr gut gezeichnet und höchst lieblich gemalt.

Nachdem ich nunmehr gesagt habe, wie Raffael Wölbung und Decke jenes Zimmers verzierte, bleibt noch zu erzählen, was er für eine Wand unterhalb der oben genannten Gegenstände darstellte.

Auf der Wand gegen Belvedere, wo man den Parnaß und die Quelle des Helikon sieht, malte er über den Berg umher einen schattigen Lorbeerhain, das Grün der Bäume so herrlich, daß man fast glaubt, ein leiser Wind bewege die Blätter; eine Menge nackter Liebesgötter, überaus schön und anmutig schweben in der Luft, pflükken Lorbeerzweige, flechten Kränze und streuen sie auf dem Berge aus.[30] Dort scheint fürwahr der Hauch der Gottheit zu wehen, und den Gestalten wie der Malerei eine edle Wirkung zu verleihen, denn wer dies Bild aufmerksam betrachtet, muß erstaunen, wie ein sterblicher Geist durch das einfache Mittel unvollkommner Farben, mit Hülfe trefflicher Zeichnung gemalte Gegenstände als

30 Ein Gemälde mit diesem Thema war passend, da man aus dem Fenster dieser Raumseite auf den »Mons Vaticanum« blickt, der in der Antike den Musen geweiht war. Der »Parnaß« ist früher als die »Schule von Athen« zu datieren.

wirklich erscheinen lassen könne. Für lebend hält man die Dichter, welche auf dem Berge verteilt sind; die einen stehend, andere sitzend, schreibend, sprechend, singend und miteinander redend, zu sechs, zu vier oder wie ihm gefiel sie zu gruppieren. Alle ältern und neuern Dichter bis auf seine Zeit sind nach wirklichen Abbildungen, nach Statuen, Medaillen und alten Bildern, mehrere auch von ihm selbst nach dem Leben gezeichnet. Man sieht den Ovid, Virgil, Ennius, Tibull, Catull, Properz und Homer, der blind mit erhobenem Haupte seine Gesänge vorträgt; ihm zu Füßen sitzt ein Jüngling welcher sie aufzeichnet. Die neun Musen und Apoll bilden eine gesonderte Gruppe und sind so göttlich, daß sie Leben und Lieblichkeit atmen. Dort ist die gelehrte Sappho, der göttliche Dante, der anmutige Petrarca und der zärtliche Boccaccio, alle der Natur völlig getreu. Auch den Tebaldeo sieht man nebst einer unendlichen Menge neuerer Dichter, und das ganze Bild ist höchst anmutig erfunden und zart und fleißig vollendet.

Auf der folgenden Wand ist der Himmel dargestellt.[31] Christus, die Madonna, St. Johannes der Täufer, die Apostel, Evangelisten und Märtyrer thronen auf Wolken, und Gott Vater gießt über alle den Heiligen Geist aus; ganz besonders jedoch über eine unendliche Zahl Heiliger, welche unten die Messe schreiben, und über die Hostie die auf dem Altar steht, disputieren: man sieht unter ihnen die vier Kirchenväter von vielen Heiligen umgeben; dort ist Dominicus, Franciscus, Thomas von Acquino, Bonaventura, Scotus, Nicolaus von Lira, Dante, Fra Girolamo Savonarola aus Ferrara und alle christlichen Theologen, viele davon nach der Natur ge-

31 Die »Disputa del Sacramento« entstand wohl als erstes Bild 1508.

zeichnet; in der Luft schweben vier Kinder und halten die aufgeschlagenen Evangelien; dies sind Gestalten, die kein Maler anmutiger und vollkommner ausführen könnte. Die Heiligen sitzen in einem Kreise in der Luft und erscheinen durch die schönen Farben wie lebend, durch die vollkommen ausgeführten Verkürzungen wie erhoben; die Gewänder haben den schönsten Faltenwurf, und der Ausdruck der Köpfe ist mehr göttlich als menschlich. Das Antlitz Christi spricht alle Milde und Barmherzigkeit aus, welche ein Bild sterblichen Augen zeigen kann. Raffael besaß die Gabe den Angesichtern besondere Zartheit und Lieblichkeit zu geben, wie man auch an der Madonna sieht, welche die Hände über der Brust kreuzt, den Sohn mit einem Blick betrachtet, daß man überzeugt ist, er könne ihrer Fürbitte seine Gnade nicht versagen. Zugleich beobachtete er überall eine edle Würde; in den Zügen der heiligen Patriarchen erkennt man ihr hohes Alter, in den Aposteln ihre Einfalt, und in den Märtyrern ihren Glauben. Mehr Kunst noch und Geist bewies er bei den heiligen Gelehrten der Kirche; zu sechs, zu drei und zu zwei streitend sind sie durch das Bild verteilt, ihre Züge sprechen Neugier aus und ein unruhiges Streben, Gewißheit über das zu finden worüber sie zweifeln; dies zeigen die streitenden Bewegungen der Hände und des Körpers, das gespannte Ohr, das Zusammenziehen der Augenbrauen, und das völlig verschiedene mannigfaltige und eigentümliche Staunen. Ausgenommen hievon sind die vier Kirchenlehrer; vom Heiligen Geist erleuchtet lösen und erklären sie vermittelst der Heiligen Schrift jede Schwierigkeit der Evangelien, welche von Kindern die in der Luft schweben, in den Händen getragen werden.

Auf der Wand endlich wo das Fenster nach dem Hof ist, malte er an einer Seite Justinian, der den Doktoren die Gesetze gibt, sie zu verbessern; oberhalb des Fensters die Mäßigkeit, Stärke und Klugheit, und an der andern Seite den Papst der die kanonischen Dekretalen verleiht. In der Gestalt dieses Papstes ist Julius II. nach dem Leben dargestellt, neben ihm der Kardinal Johann von Medici, nachmals Papst Leo; der Kardinal Antonio di Monte und der Kardinal Alessandro Farnese, nachmals Papst Paul III. nebst andern Bildnissen.

Der Papst war durch die Arbeiten Raffaels sehr zufrieden gestellt, und damit die unten um die Wände laufenden Vertäfelungen der Malerei würdig sein möchten, ließ er aus Monte Oliveto di Chiusuri, einem Kloster im Gebiet von Siena, den Fra Giovanni von Verona kommen, der damals in perspektivischen Vorstellungen von eingelegter Holzarbeit berühmt war. Dieser verfertigte nicht nur die Vertäfelungen ringsumher, sondern auch sehr schöne Türen und Sitze mit perspektivischen Verzierungen, wodurch er sich beim Papst viele Gunst und Belohnung erwarb. Sicher war kein anderer in Zeichnung und Ausführung solcher Arbeiten jemals vorzüglicher als Fra Giovanni; Zeugnis hievon gibt noch jetzt in Verona seiner Vaterstadt die sehr schöne Sakristei von Santa Maria in Organo, der Chor von Monte Oliveto zu Chiusuri und von S. Benedetto zu Siena, die Sakristei von Monte Oliveto zu Neapel, und an demselben Ort der Chor der Kapelle des h. Paul von Tolosa. Fra Giovanni verdiente daher von seinem Orden in hoher Achtung und großen Ehren gehalten zu werden, in dessen Dienst er 1537 achtundsiebenzig Jahre alt starb. Ich wollte seiner gedenken weil er fürwahr ein trefflicher Meister gewesen ist, und durch seine ruhmwürdige Kunst Veranlassung gegeben hat, daß nach ihm viel herrliche Werke dieser Art gemacht worden sind, wie ich an seinem Ort sagen werde.

Doch wir wollen zu Raffael zurückkehren, sein Talent in der Kunst wurde immer mehr entfaltet, und er mußte in Auftrag des Papstes auch das zweite Zimmer zunächst dem großen Saale verzieren. In jener Zeit malte er das Bildnis Papst Julius' II. in Öl so treu und ähnlich, daß man es fast mit Zagen betrachtete, als ob es wirklich lebendig wäre; dies wird heutigen Tages in Santa Maria del Popolo aufbewahrt,[32] zugleich mit einer sehr schönen Madonna von demselben Meister, in derselben Zeit gemalt, man sieht darin die Geburt Christi;[33] die Madonna bedeckt mit ihrem Schleier den Sohn, dessen Gestalt seltene Schönheit schmückt, ja Haupt und Körper sind so herrlich, daß man fürwahr den Gottgeborenen in ihm erkennt. Nicht minder vollkommen ist Haupt und Angesicht der Madonna, über welches Anmut, Freude und Frömmigkeit verbreitet sind. Joseph, beide Hände auf einen Stab gestützt, betrachtet mit der Aufmerksamkeit und Bewunderung eines heiligen Greises den König und die Königin des Himmels. Beide oben genannte Bilder werden an bedeutenden Festtagen vorgezeigt.

Raffael hatte in Rom großen Ruhm erlangt, aber obgleich er eine anmutige Manier besaß, welche jedermann wohlgefiel, und unaufhörlich die vielen Kunstwerke des Altertums die ihm dort vor Augen waren studierte, so

32 Von diesem Sitzporträt von Julius II. (entstanden 1511/12) existieren mehrere Varianten bzw. Kopien. Zumeist wird der Version in London, National Gallery, gegenüber der florentinischen Fassung, Uffizien, der Vorzug als Original gegeben. Raffael schuf damit den neuen Typus des päpstlichen Staatsporträts.

33 Die »Madonna di Loreto« (1511/12, Chantilly, Musée Condé).

hatte doch bis dahin seinen Gestalten eine gewisse Größe und Majestät gefehlt, welche er ihnen von nun an erteilte. – Michel Agnolo nämlich hatte wie in seiner Lebensbeschreibung erzählt werden wird, zu jener Zeit in der päpstlichen Kapelle Spektakel gemacht und den Heiligen Vater in Schrecken gesetzt, und deshalb nach Florenz fliehen müssen; unterdessen hatte Bramante die Schlüssel zu der Kapelle, und ließ nun den Raffael seinen Freund die Arbeiten Michel Agnolos sehen, damit er von dessen Verfahrungsart Nutzen ziehen könne.[34] Hiedurch veranlaßt, malte Raffael in S. Agostino zu Rom den Propheten Jesaias über der heiligen Anna von Andrea Sansovino noch einmal ganz neu, obwohl er ihn schon vollendet hatte; die Anschauung der Gestalten Michel Agnolos brachte ihn dahin, seinem Werke eine bedeutendere Größe und mehr Würde zu verleihen, Michel Agnolo aber, der nachmals die Arbeit Raffaels sah, dachte und nicht mit Unrecht, Bramante habe ihm dies Übel zugefügt, um Raffael Ruhm und Nutzen zu erwerben.[35]

Bald nachher gab Agostino Chisi,[36] ein reicher Sanesischer Handelsmann und Verehrer vorzüglicher Menschen, Raffael den Auftrag, eine Kapelle zu verzieren, und zwar weil Raffael kurz zuvor in einer Loge seines

34 Das Gerüst wurde zu Mariae Himmelfahrt (15. August) 1511 abgebaut, wonach nicht nur Raffael die Gelegenheit hatte, die bisher gemalten Teile zu sehen.

35 Der Auftrag für das Fresko des »Jesaias« in S. Agostino, Rom, wo es sich am der Familienkapelle zugehörigen Mittelschiffspfeiler befindet, kam von Johannes Goritz von Luxemburg. Obwohl die Kapelle am 26. Juli 1512 geweiht wurde, kann angenommen werden, daß das Fresko erst 1513 ausgeführt worden ist, da es einen unmittelbaren Reflex auf Figuren der Sixtinischen Decke Michelangelos (Jonas), die erst zu diesem Zeitpunkt zu sehen waren, darstellt.

36 Richtig: Chigi.

Palastes, heutigen Tages die Chisi in Trastevere genannt, nach höchst anmutiger Manier eine Galatea von Delphinen in einem Wagen auf dem Meer gezogen und von Tritonen und Meergöttern umgeben gemalt hatte.[37] Das Wohlgefallen an diesem Werk veranlaßte Agostino, ihm die Ausschmückung der Kapelle rechter Hand beim Haupteingang der Kirche von Santa Maria della Pace zu übergeben;[38] er entwarf den Karton dazu und malte sie in Fresko nach seiner neuen etwas reichern und größern Manier als die frühere gewesen war. Hier stellte Raffael einige Sibyllen und Propheten dar, ehe noch die Kapelle Michel-Agnolos dem Publikum aufgedeckt wurde, obgleich er sie schon gesehen hatte; diese gelten für seine beste Arbeit, für die schönste unter so vielen schönen, denn in den Frauen und Kindern dieses Bildes sieht man die vollste Lebendigkeit und ein vortreffliches Kolorit, und dies Werk erwarb ihm im Leben und nach dem Tod hohen Ruhm, weil man es für das seltenste und trefflichste erkannte, das Raffael sein ganzes Leben hindurch gemacht hatte.

Auf Bitten eines Kämmerers Papst Julius' des II. malte Raffael die Tafel für den Hauptaltar von Ara Celi;[39] er

37 Das Fresko der »Galatea« im von Peruzzi erbauten Palast des Agostino Chigi in Trastevere (später im Besitz der Farnese, daher »Farnesina«) wurde 1511 gemalt.

38 Agostino Chigi erhielt die Kapelle in S. Maria della Pace 1507 von Papst Julius II. Das Fresko der Propheten und Sibyllen wurde zwischen 1512 und 1514 ausgeführt, wobei Raffael die Kartons fertigte, die Ausführung jedoch nur zum Teil selbst übernahm, da in den Quellen auch Mitarbeiter genannt werden.

39 Kämmerer war Sigismondo Conti aus Foligno, daher auch »Madonna di Foligno« (1511/12, Rom, Pinacoteca Vaticana). Er starb am 18. Februar 1512 und wurde in S. Maria in Aracoeli, Rom, beigesetzt. Das Altarbild Raffaels zierte den Kapellenaltar und verblieb dort bis 1565, als es nach Foligno ins »Monastero delle Contesse« überführt wurde. Von den Franzosen unter Napoleon für Paris requiriert, kam es durch die von Canova geleitete Rückgabekommission 1816 in den Vatikan.

stellte darin die Madonna in den Wolken dar, und darunter in einer wunderschönen Landschaft den h. Johannes, Franciscus und Hieronymus, letzteren als Kardinal. In der Madonna ist eine Demut und Sittsamkeit, als ob sie fürwahr die Mutter Gottes sei, das Kind spielt in anmutiger Stellung mit ihrem Mantel, und die Gestalt St. Johannes' des Täufers läßt die Buße des Fastens gewahren; aus seinem Angesichte spricht Offenheit und fester Mut, wie solche denen eigen sind, welche fern von der Welt sie verachten, und im Verkehr mit Menschen die Lüge hassen und die Wahrheit verkünden. Der h. Hieronymus richtet Haupt und Blicke zu der Madonna empor, so in Betrachtung verloren, daß man glaubt in ihm alle Kenntnis und Gelehrsamkeit zu erkennen, welche seine Schriften auszeichnen. Mit einer Bewegung beider Hände befiehlt er dem Schutz der Madonna den Kämmerer, der sehr täuschend nach dem Leben dargestellt ist. Nicht weniger lebendig ist der heil. Franciscus an der Erde kniend, den einen Arm nach oben gestreckt, das Haupt nach der Madonna in die Höhe gewendet, scheint er von heiliger Liebe zu glühen; Linien und Farbe seines Angesichtes zeigen, daß er in Hingebung vergeht und Stärkung und Leben von den sanften schönen Blicken der Mutter und von der Herrlichkeit des Sohnes empfängt. In der Mitte des Bildes unterhalb der Madonna steht ein Kind, das Haupt zu ihr erhoben eine Schrifttafel in Händen; der Kopf sowohl als die Gestalt ist von so wunderbarer Schönheit, daß man nichts Anmutigeres sehen kann, und nicht minder ist die Landschaft im Hintergrund in höchster Vollkommenheit ausgeführt.

Raffael fuhr fort in den Zimmern des päpstlichen Palastes zu arbeiten, und malte dort das Wunder des Sakraments am Leintüchlein zu Orvieto oder Bolsena wie man es nennen mag.[40] In diesem Bilde sieht man den Priester wie er Messe liest, und von Scham erglüht, als um seines Unglaubens willen die Hostie auf dem Leintüchlein blutet; mit verstörten Augen durch den Anblick seiner Zuhörer der Fassung beraubt, hat er das Ansehen eines schwankenden unsichern Menschen, und man glaubt seinen Schrecken, fast das Zittern der Hände zu gewahren, welches in solchem Zustand erfolgt. Umher zeichnete Raffael eine Menge verschiedner Gestalten; einige bedienen die Messe, andere knien auf einer Treppe in mannigfaltig schönen Stellungen; die Neuheit des Ereignisses hat sie erschreckt, und man erkennt in vielen, in Männern sowohl als in Frauen, das Verlangen sich für schuldig zu erklären. Am Fuß des Bildes sitzt eine Frau an der Erde, die ein Kind auf dem Schoße hält; sie horcht mit gespannten Zügen auf die Erzählung vom Begegnis des Priesters, die eine andere ihr zuflüstert, und wendet sich verwundert; ihre Bewegung ist voll weiblicher Grazie und von einer höchst ausdrucksvollen Lebendigkeit. An der andern Seite sieht man den Papst Julius, der die Messe hört, ein merkwürdiger Gedanke; auch zeichnete er dort den Kardinal [von] St. Giorgio[41] und eine Menge

40 Die »Messe von Bolsena« in der »Stanza di Eliodoro« im Vatikan, 1512.

41 Kardinal Raffaello Riario. Er war bereits als Knabe von Sixtus IV. zum Kardinal ernannt worden. In dieser Eigenschaft war er als 16jähriger in die Pazzi-Verschwörung 1478 gegen die Medici verstrickt, da die Attentäter seinen Besuch in Florenz und das für ihn abgehaltene Hochamt in S. Lorenzo für einen Anschlag auf Lorenzo und Giuliano de' Medici mißbrauchten, wobei Giuliano de' Medici erstochen wurde und Lorenzo nur knapp entkam. 1513 schließlich war Kardinal Riario nach dem Tod Julius' II. ein Kandidat für den Papstthron, den dann aber Giovanni de' Medici, ein Sohn Lorenzos, als Leo X. bestieg. Riarios Porträt in der »Messe von Bolsena« erklärt sich aus der engen Verbindung mit der Familie Julius' II. (della Rovere).

anderer Personen nach der Natur. Die Öffnung des Fensters benutzte er um eine stufenförmige Erhöhung vorzustellen, welche das Bild zu einem Ganzen macht, ja es scheint als ob der Zwischenraum des Fensters gar nicht fehlen dürfte, und man kann hier wie überall mit Recht sagen, daß kein Maler in Erfindung und Zusammenstellung aller Arten von Bildern mehr Geschick, Leichtigkeit und Trefflichkeit kund gegeben hat als Raffael. Dies zeigte er an demselben Ort in einem andern dem eben genannten gegenüber stehenden Gemälde, wie St. Petrus von Herodes gefangen gesetzt, von Kriegern bewacht wird[42] – ein Bild, worin die Architektur und einfache Zeichnung des Kerkers so sinnvoll geordnet ist, daß fürwahr im Vergleich dagegen in den Arbeiten andrer Künstler ebenso viel Verwirrung herrscht als in der seinigen Schönheit. Er suchte stets die Begebenheiten treu darzustellen wie sie geschrieben sind, und ausgezeichnete und wohlgefällige Dinge in seinen Werken anzubringen. Hier zeigte er das Grauen des Kerkers; mit Ketten beschwert sieht man den heiligen Greis zwischen zwei Kriegern; man gewahrt den tiefen Schlaf in welchem die Wachen liegen; das strahlende Licht des Engels erhellt die dunkle Nacht, läßt alle Einzelheiten des Kerkers unterscheiden und glänzt auf den Waffen der Krieger wider, so daß man ihren Schein in der Wirklichkeit zu sehen glaubt. Nicht geringere Kunst und Erfindung bewies er in einem andern Teile desselben Bildes: die Ketten St. Peters sind gefallen, vom Engel geleitet tritt er aus dem Kerker, und man erkennt in seinem Angesicht, daß er zu träumen wähnt; einige gewaffnete Krieger au-

42 Die »Befreiung Petri aus dem Gefängnis« (vgl. Apg. 12,1–9), 1514, Stanza di Eliodoro, laut Inschrift im zweiten Amtsjahr von Leo X. gemalt.

ßerhalb des Gefängnisses hören den Lärm der eisernen Pforte, eine Schildwache mit einer Fackel in der Hand weckt die schlafenden Gefährten, das Licht der Fackel glänzt auf den Waffen, und wo dies nicht hinfällt, werden die Gegenstände vom Mond erleuchtet. Raffael brachte dies sinnig erdachte Bild oberhalb des Fensters auf einer dunkeln Wand an; betrachtest du die Malerei, so fällt dir das Tageslicht in die Augen, und steht in schönem Gegensatz zu den verschiedenen Lichtern der Nacht; du glaubst den Rauch der Fackel, das Leuchten des Engels und die Dämmerung der Nacht nicht gemalt, sondern in Wahrheit zu schauen, mit solcher Deutlichkeit wußte er alle diese schwierigen Erfindungen darzustellen; in den Waffen sieht man den Schattenwurf, den Widerschein und den Dampf der Lichter mit trüben Tönen so herrlich gemalt, daß Raffael fürwahr der Lehrmeister der andern Künstler hierin genannt werden kann, und von allen Bildern, welche die Nacht treu nachahmen, gilt dies bei jedermann für das herrlichste und göttlichste.

Auf einer der nicht unterbrochenen Wände stellte er den Gottesdienst der Juden dar, die Bundeslade, den Kandelaber und Papst Julius, der die Habgier aus dem Tempel jagt – ein Werk von nicht minderer Trefflichkeit als das oben genannte Nachtstück. Einige Sesselträger welche darauf vorgestellt, sind Bildnisse damals lebender Personen, sie tragen auf einem Tragsessel Papst Julius II., der wahrhaft wie lebendig ist. Männer und Frauen aus dem Volke weichen zurück, um Se. Heiligkeit vorüberziehen zu lassen; an der andern Seite stürzt ein Gewaffneter zu Pferd hervor, begleitet von zwei Gestalten zu Fuß; mit wilder Gebärde jagt er den stolzen Heliodor aus dem Tempel, der auf Befehl des Antiochus die hier niedergelegten Güter der Witwen und Waisen rauben will.[43] Schon sieht man Waren und Schätze forttragen, der Schreck vor diesem wunderbaren Ereignis jedoch zwingt den Heliodor sie wiederum zu lassen, denn er wird von den drei Dämonen hart gedrängt, welche als eine Vision nur ihm allein sichtbar sind. Furcht ergreift seine Leute, die entwendeten Reichtümer fallen zur Erde, und mit ihnen stürzen auch die so sie tragen, übereinander. Getrennt von ihnen sieht man den Hohenpriester Onias im priesterlichen Gewande, er hebt Augen und Hände gen Himmel und betet andächtig, betrübt durch das Mitleid für die Armen, deren Besitztum entwendet wird, und erfreut über den Beistand des Himmels der Hülfe bringt. Ein glücklicher Gedanke Raffaels war es, daß er mehrere Gestalten zeichnete, welche die Postamente des Gebäudes erstiegen haben; sie halten die Säulen umfaßt und schauen in dieser unbequemen Stellung nach dem was sich begibt, und das Volk, verschiedenartig gruppiert, harrt voll Staunen des Ausganges der wunderbaren Begebenheit. Dies ganze Werk ist in allen Teilen so köstlich, daß selbst die Kartons sehr hoch gehalten werden. Herr Francesco Masini aus Cesena, von Kindheit an mit einem seltnen Trieb zur Kunst begabt, so daß er ohne Hülfe eines Lehrers sich mit Zeichnen und Malen beschäftigte und Bilder ausführt, welche Kenner sehr rühmen, besitzt unter vielen Zeichnungen und einigen antiken Marmorbasreliefs mehrere Stücke des oben genannten Kartons, die er in so hohen Ehren hält als sie es verdienen. Auch will ich nicht verschweigen, daß Herr Niccolo Masini, dem ich diese Notizen

43 Die »Vertreibung des Heliodor aus dem Tempel«; vgl. 2. Makk. 3.

danke, unsere Kunst in Wahrheit ehrt, gleichwie er in allen Dingen sehr vorzüglich ist.

Doch wir wollen zu Raffael zurückkehren; er malte in der Wölbung des oben genannten Zimmers vier Bilder: in dem ersten Gott Vater, der Abraham erscheint und ihm eine große Nachkommenschaft verkündet; im zweiten die Opferung Isaaks, im dritten Jakobs Himmelsleiter, und im vierten Moses vor dem brennenden Busch, alle mit ebenso viel Kunst, Erfindung, Zeichnung und Anmut ausgeführt, wie seine übrigen Arbeiten.

In der Zeit, als das Glück diesen Künstler so Wunderbares leisten ließ, starb durch Neid des Schicksals, Julius II.,[44] der der Kunst hülfreich war und alles Gute liebte. Ihm folgte Leo X., er verlangte das begonnene Werk fortgesetzt zu sehen, dadurch wurde Raffaels Talent bis zum Himmel erhoben, und brachte ihm reichen Gewinn, denn er hatte einen mächtigen Fürsten gefunden, dem als Erbgut seines Hauses Liebe zur Kunst eigen war.

Raffael ließ es sich daher angelegen sein, die Malereien des obigen Zimmers weiterzuführen, und stellte auf der andern Wand Attilas Ankunft in Rom dar;[45] Papst Leo III. empfängt ihn am Fuß des Monte Mario und scheucht ihn durch die Kraft seines Segens zurück. In diesem Bilde zeigte Raffael die beiden Apostel St. Petrus und Paulus mit gezückten Schwertern, zur Verteidigung der Kirche in der Luft schwebend. Zwar meldet die Geschichte Leos des III. nichts von diesem Ereignis, Raf-

44 Julius II. starb am 13. Februar 1513.

45 Erste Entwürfe noch 1512, zunächst mit einem versteckten Porträt Julius' II. als Leo III., dann Ausführung 1513/14 mit den Porträtzügen von Leo X.

fael jedoch wollte es also darstellen, wie häufig die Malerei und Dichtkunst sich solche Freiheiten erlauben, um ihre Werke zu schmücken, ohne sich jedoch über Gebühr von ihrem ursprünglichen Gedanken zu entfernen. In den beiden Aposteln erkennt man die Kühnheit und den heiligen Eifer, welchen die göttliche Gerechtigkeit zum Schutz ihrer heiligen Religion sehr oft über die Züge ihrer Verteidiger zu verbreiten pflegt. Die Wirkung davon zeigt sich in Attila, er reitet auf einem wunderschönen schwarzen Pferde mit weißen Hufen und einem Stern auf der Stirne, seine Gebärde ist schreckhaft, das Haupt nach oben gewendet, der Körper zur Flucht gekehrt.

Unter andern trefflichen Pferden ist ein gefleckter spanischer Klepper von besonderer Schönheit, ihn reitet eine Gestalt, deren ganzer Körper mit einem dicht anschließenden Panzer scheinbar von Fischhaut bekleidet ist; sie ist von der Säule Trajans entnommen, wo die fremden Völker solchen Waffenschmuck tragen; wie man glaubt, wurde er aus Krokodilhäuten verfertigt. Den Monte Mario sieht man in Flammen, zum Zeichen, daß beim Abzuge der Krieger stets alles dem Feuer zur Beute wird. Einige Kolbenträger des Papstes samt ihren Pferden sind sehr treu nach der Natur dargestellt, ebenso der Hof der Kardinäle und die Reitknechte, welche den Zelter Leos des X. führen; dieser im päpstlichen Ornat ist nicht minder gut wie alle übrigen Gestalten nach dem Leben gezeichnet; ihn geleiten viele Hofleute, ein vergnüglicher Anblick, für dies Bild sehr geeignet und nützlich für unsere Kunst, vornehmlich für solche die in derlei Dingen arm sind.

In derselben Zeit verfertigte Raffael für Neapel eine Tafel, welche in S. Domenico in der Kapelle des Kruzifixes, das zu St. Thomas von Acquino geredet hatte, aufgestellt ward; man sieht darin die heilige Jungfrau, den h. Hieronymus als Kardinal gekleidet, und den Engel Raffael, der den jungen Tobias begleitet.[46] Für Leonello da Carpi, Herrn von Meldola, der jetzt noch in einem Alter von einigen und neunzig Jahren lebt, malte er ein Bild von wunderbarem Kolorit und seltner Schönheit, mit so viel Kraft und so reizender Anmut ausgeführt, daß ich nicht glaube es lasse sich etwas Besseres der Art machen; in den Zügen der Jungfrau sieht man eine Göttlichkeit, und in ihrer Stellung Demut, wie man es nicht herrlicher denken kann. Er stellte sie dar wie sie mit gefalteten Händen ihren Sohn anbetet der auf ihrem Schoße sitzt, und den kleinen Johannes liebkost, der es zugleich mit Elisabeth und Joseph anbetet. Dies Bild war vordem bei dem hochwürdigen Kardinal von Carpi, Sohn des genannten Leonello, einem großen Verehrer unsrer Kunst, und muß nunmehr bei seinen Erben sein.[47]

Raffael stand in Gnaden bei Lorenzo Pucci, Kardinal von Santi quattro, der zum obersten Pönitentiar ernannt worden war, und mußte in seinem Auftrag für S. Giovanni in Monte zu Bologna ein Bild verfertigen, welches heutigen Tages in der Kapelle aufbewahrt wird, worin der Leichnam der glückseligen Elena dall'Olio ruht. In diesem Werke zeigte sich, was die Anmut in der zarten

46 Die »Madonna del pesce« (Madrid, Prado), zumeist 1512 datiert, wurde 1638 aus S. Domenico in Neapel an den Herzog von Medina veräußert, der das Bild 1644 in Spanien an Philipp IV. für den Escorial verkaufte.

47 Die Datierungen der »Madonna der göttlichen Liebe« (Neapel, Galleria Nazionale di Capodimonte) schwanken zwischen 1515 und 1518. Heute wird das Neapler Bild allgemein als Schülerkopie angesehen, eventuell von Giovanni Francesco Penni oder Giulio Romano.

Hand Raffaels vereinigt mit der Kunst hervorzubringen vermöge. Die heilige Cäcilia, durch einen Engelchor im Himmel geblendet, horcht auf den überirdischen Klang in Harmonie verloren, und man erkennt in ihrem Angesicht jenes Außersichsein, welches man in den Zügen derer bemerkt, die in Verzückung sind.[48] An der Erde verstreut liegen musikalische Instrumente, so schön daß man sie in der Wirklichkeit und nicht gemalt zu sehen glaubt. Von gleicher Vollkommenheit sind einige Schleier und Gewänder von Gold und Seide, welche sie umgeben, und bewundernswert künstlich ist der Gürtel den sie trägt. Bei ihr steht St. Paulus, den Arm auf das bloße Schwert gestützt, das Haupt auf der Hand ruhend; man erkennt in ihm seine beschauende Gelehrsamkeit und seinen Stolz in Würde verwandelt; er trägt einen einfachen roten Mantel, darunter ein grünes Untergewand nach Art der Apostel, seine Füße sind unbekleidet. Maria Magdalena hält in der Hand eine Vase von sehr feinem Stein, die sie aufs zierlichste stützt; sie wendet das Haupt und scheint fröhlich über ihre Bekehrung, wie man es nicht schöner darstellen könnte. Von gleicher Trefflichkeit sind die Köpfe des heiligen Augustin und des Evangelisten Johannes. – In Wahrheit kann man andere Gemälde Gemälde, die Werke Raffaels aber Leben nennen, denn das Fleisch bebt, man sieht das Atmen, die Pulse schlagen in seinen Gestalten, und man erkennt in ihnen lebendiges Leben. Sein Ruf stieg durch dies neue Werk immer höher und er wurde durch viele Verse in lateinischer und italienischer Sprache verherrlicht, von

48 Das Gemälde der »Heiligen Cäcilie« (1514–16, Bologna, Pinacoteca Comunale) wurde für die Kapelle S. Giovanni in Monte Uliveto, Bologna, von Elena Duglioli dall'Olio bestellt.

denen ich nur einen hersetzen will, um nicht weitläufiger zu werden als meine Absicht ist:

Pingant sola alii, referantque coloribus ora;
Caeciliae os Raphael atque animum explicuit.[49]

Nach jener Zeit malte er ein kleines Bild, welches sich heutigen Tages zu Bologna im Hause des Grafen Vincenzio Ercolani befindet. Man sieht darauf einen Christus, der dem Jupiter ähnlich in Wolken schwebt, um ihn her sind die vier Evangelisten wie Ezechiel sie schildert: der eine als Mensch, der andere als Löwe, dieser als Adler und jener als Stier; eine kleine Landschaft unten stellt die Erde dar, und dies Bild ist in seiner Kleinheit nicht minder herrlich wie andere Arbeiten desselben Meisters in ihrer Größe.[50] Nach Verona sandte er den Grafen von Canossa ein großes Bild von nicht geringer Trefflichkeit, eine Geburt Christi; sehr gerühmt wird darin das schöne Morgenrot und die Gestalt der heiligen Anna, so wie das ganze Werk, welches man nicht besser preisen kann, als wenn man sagt, es sei von der Hand Raffaels von Urbino; die Grafen hielten es nach Verdienst in hohen Ehren und wollten es nie veräußern, wie große Summen ihnen auch von verschiedenen Fürsten dafür geboten wurden.[51] – Dem Bindo Altoviti als er noch jung war, verfertigte er sein Bildnis, welches die größte Bewunderung verdiente, und ebenso ein Gemälde der Madonna, welches derselbe nach Florenz schickte; es wird heutigen Ta-

49 Die anderen malen und geben die Gesichter nur mit Farben wieder; / Raffael hat das Gesicht und die Seele Cäciliens geschildert.
50 »Vision des Ezechiel« (um 1518, Florenz, Palazzo Pitti, Galleria Palatina).
51 Möglicherweise handelt es sich hier um das Gemälde »La Perla« (Madrid, Prado), das in seiner Zuschreibung umstritten ist. Neuere Untersuchungen machen eine Autorschaft Giulio Romanos wahrscheinlich, vielleicht nach einem Vorbild Raffaels.

ges im Palast des Herzogs Cosimo aufbewahrt, in der Kapelle der neuen Zimmer die ich eingerichtet und gemalt habe, wo es als Altarbild dient.[52] Man sieht darin die heilige Anna in hohem Alter sitzend dargestellt: sie reicht der Madonna den Sohn hin, der von so großer Schönheit im Nackten des Körpers wie in den Zügen des Angesichts ist, daß sein Lächeln jeden zur Freude bewegt, der ihn anschaut; in der Madonna zeigte Raffael was man im Ausdruck einer Jungfrau an Schönheit zu leisten vermag, deren Augen Bescheidenheit, deren Stirne Ehrbarkeit, deren Nase Anmut, deren Mund Tugend begleitet, und ihr Gewand zeigt unnennbare Einfalt und Sittsamkeit, so daß ich fürwahr glaube, man könne in dieser Art nichts Schöneres sehen. Auch den kleinen Johannes sieht man nackt und sitzend, und eine dritte Heilige die nicht minder schön ist. Den Hintergrund macht ein Gebäude mit einem Leinwandfenster, durch welches Licht in das Zimmer fällt, worin jene Personen sich befinden.

Zu Rom malte er in einem Bilde von ziemlicher Größe den Papst Leo, den Kardinal Giulio de' Medici und den Kardinal de' Rossi, worin die Gestalten wie rund und erhoben erscheinen.[53] Man sieht die Fasern des Sammets, der Damast welcher den Papst umkleidet, rauscht und glänzt, die Haare des Pelzfutters sind weich und natürlich, und Gold und Seide der Wirklichkeit gleich. Ein Per-

52 Das Porträt des Bindo Altoviti entstand 1512–15 (Washington, National Gallery, Kress Collection). Die Datierungen der »Madonna dell'impannata« (Florenz, Palazzo Pitti, Galleria Palatina) schwanken zwischen 1511 und 1516.

53 Das Porträt »Leo X. mit zwei Nepoten« (1517/18, Florenz, Palazzo Pitti, Galleria Palatina) zeigt Kardinal Giulio de' Medici (Papst Klemens VII. ab 1523; illegitimer Sohn von Giuliano de' Medici, dem Bruder Lorenzos des Prächtigen) rechts und Kardinal Lorenzo de' Rossi (Kardinal ab 1517, Sohn einer Schwester von Lorenzo dem Prächtigen) links.

gamentbuch mit Miniaturen verziert, ist täuschender als die Wirklichkeit, und eine silberne Glocke so schön, daß man keine Worte findet es auszudrücken. Unter andern ist am päpstlichen Stuhle eine Kugel von hell poliertem Golde, worin die Fenster, der Rücken des Papstes und die Umgebungen des Zimmers sich deutlich abspiegeln, und alle diese Dinge sind mit einem Fleiß ausgeführt, daß sicherlich zu glauben steht, Besseres habe kein Meister vollführt und werde keiner vollführen. Dies Werk gab dem Papst Veranlassung Raffael reichlich zu belohnen, und es findet sich noch heute zu Florenz in der Garderobe des Herzogs. Ebenso malte er die Bildnisse der Herzoge Lorenzo und Giuliano mit jener Vollkommenheit in Kolorit und Anmut, welche ihm nur eigen war; beide sind jetzt im Besitz der Erben Ottavianos von Medici zu Florenz.[54]

Der Ruhm Raffaels und die Belohnungen welche er empfing, stiegen immer mehr, daher ließ er zu seinem Gedächtnis in Borgo nuovo zu Rom einen Palast erbauen, welchen Bramante mit Stukkatur verzieren ließ.[55] Hiedurch und durch viele andere Arbeiten war der Ruf seines Namens bis nach Frankreich und Flandern gedrungen; Albrecht Dürer aus Deutschland, ein bewundernswerter Maler, der vorzügliche Kupferstiche verfertigte, hörte von seiner Trefflichkeit und schickte ihm als Tribut seiner Huldigung einen Kopf, sein eigenes Bildnis, mit Wasserfarbe auf ganz feiner Leinwand ausgeführt, so daß es sich auf beiden Seiten zeigte; die Lichter waren durchschimmernd, nicht mit Weiß aufgesetzt,

54 Beide Porträts sind nicht mehr nachweisbar.

55 Das sog. Haus Raffaels war der Palazzo Caprini, gebaut nach Plänen von Bramante zwischen 1500 und 1510. Raffael erwarb den Palazzo am 7. Oktober 1517. Zur Platzbeschaffung für Neubaumaßnahmen beim Papstpalast wurde er unter Papst Alexander VII. (1655–67) abgerissen.

sondern auf der Leinwand ausgespart, alles übrige mit Aquarellfarben gemalt und schattiert. Raffael verwunderte sich sehr darüber, und sandte Dürer eine Menge Blätter von seiner Hand gezeichnet, welche dieser ungemein wert hielt.[56] Der oben genannte Kopf des deutschen Künstlers aber befand sich zu Mantua unter den Besitztümern von Giulio Romano, dem Erben Raffaels.[57]

Da Raffael hiebei gesehen hatte wie Albrecht Dürer bei seinen Kupferstichen zu Werke ging, so wünschte er ebenfalls zu zeigen was er in dieser Kunst vermöge, deshalb ließ er den Marco Antonio aus Bologna[58] vielfache Übungen in dieser Kunst anstellen, und da sie demselben trefflich gelangen, ließ er ihn seine ersten Sachen drucken, nämlich: das Blatt mit dem Kindermord, das Abendmahl, den Neptun und die heilige Cäcilia welche in Öl gesotten wird. Marc Antonio verfertigte außerdem noch eine Anzahl Kupferstiche für Raffael, und dieser gab sie nachmals dem Baviera seinem Malerjungen, welcher für ein Mädchen Sorge trug, das Raffael bis an sein Lebensende liebte. Von ihr malte er ein Bild von großer Schönheit und Lebendigkeit, das jetzt der liebenswürdige Matteo Botti in Florenz besitzt,[59] ein Kaufmann jener Stadt und Begünstigter aller vorzüglichen Menschen, besonders der Maler; er achtet jenes Werk gleich einer

56 Ein Blatt von Raffael in der Wiener Albertina bezeugt noch den brieflichen Kontakt der Künstler. Darauf hat Dürer vermerkt: »1515. Raffahell de Vrbin, der so hoch peim pobst geacht ist gewest, der hat dyse nackette bild gemacht vnd hat sy dem Albrecht Dürer gen Nornberg geschickt, im sein hand zw weisen.« Diese Beischrift stammt möglicherweise aus der Zeit nach dem Tod Raffaels, da Dürer in der Vergangenheit schreibt.

57 Giulio Romano, Meisterschüler Raffaels, führte nach dessen Tod zunächst die Werkstatt weiter, bis er 1523 einem Ruf nach Mantua als Hofkünstler folgte.

58 Marcantonio Raimondi.

59 Das Frauenbildnis »La Velata« (Florenz, Palazzo Pitti, Galleria Palatina) wird kontrovers zwischen 1512 und 1516 datiert.

Reliquie aus Liebe zur Kunst und vornehmlich zu Raffael. Nicht minder als von ihm werden Künstler und Kunstwerke von seinem Bruder Simon Botti geschätzt; wir alle achten ihn für einen der liebevollsten Wohltäter unseres Berufes, und besonders liebe ich ihn als den besten und treusten Freund welchen man durch lange Erfahrung schätzen gelernt, nicht zu gedenken, daß er in Dingen der Kunst ein sehr richtiges Urteil besitzt.

Doch wir wollen zu den Kupferstichen zurückkehren. Die Gunst welche Raffael dem Baviera erwies, war Ursache daß sich nachher Marco von Ravenna[60] und viele andere in demselben Kunstzweig hervortaten, und die früher so geringe Anzahl von Kupferstichen sich zu der Menge steigerte, in welcher wir sie nunmehr sehen. Hugo von Carpi, dessen erfindungsreicher Sinn sich auf geistreiche und wunderbare Dinge wandte, erfand die Holzschnitte, bei denen man vermittelst dreier Stöcke den Mittelton und Licht und Schatten geben, und Zeichnungen in Hell und Dunkel nachahmen kann; eine gewiß seltsame Erfindung die sich sehr verbreitete, wie in der Lebensbeschreibung des Marc Antonio aus Bologna genauer erzählt werden wird.

Raffael malte darauf eine Tafel für das den Olivetanermönchen gehörige Kloster Santa Maria dello Spasmo zu Palermo, und stellte darauf Christus dar, der sein Kreuz trägt;[61] dies Werk ist als bewundernswert anerkannt:

60 Ugo da Carpi. Er arbeitet spätestens seit 1516, als er vom venezianischen Senat eine Konzession erhält, in der Technik des Helldunkel-Holzschnittes (»chiaroscuro«). Allerdings wenden auch schon deutsche Künstler (Lucas Cranach d. Ä., Hans Burgkmair, Hans Baldung Grien) zu Beginn des 16. Jh.s sowie der Niederländer Jost de Negker 1508 diese Technik an.

61 Richtig: S. Maria dello Spasimo di Palermo. Diese »Kreuztragung Christi« (Madrid, Prado), genannt »Lo Spasimo di Sicilia«, ist signiert »RAPHAEL URBINAS« und kann in das Jahr 1515 datiert werden.

man sieht die Bosheit der Kreuzigenden, die voll Wut den Heiland zum Kalvarienberge führen. Christus, von den Qualen des nahenden Todes bedrängt und unter der Last des Kreuzes erliegend, ist zur Erde gesunken; mit Schweiß und Blut bedeckt wendet er sich nach den Marien die bitterlich weinen; unter ihnen ist die heilige Veronica, voll tiefen Mitleides streckt sie die Arme aus und reicht dem Heiland ein Tuch, während Kriegsleute zu Roß und zu Fuß mit den Standarten der Gerechtigkeit in Händen, sich in mannigfaltig schönen Stellungen aus dem Tor von Jerusalem drängen.

Dies schöne Bild lief Gefahr zu Grunde zu gehen, ehe es den Ort seiner Bestimmung erreichte. Es war eingeschifft wie man sich erzählt, um nach Palermo gebracht zu werden, das Fahrzeug jedoch, welches es übers Meer trug, zerschellte an einer Klippe, so daß Menschen und Waren untergingen, jenes Bild allein ausgenommen; es trieb in dem Kasten worin es verpackt war in den Meerbusen von Genua, wurde dort aufgefischt, ans Land gebracht und sicher aufbewahrt, als man sah, welch göttliches Werk es sei. Völlig unversehrt war es ganz ohne Makel geblieben, denn selbst Stürme und Wogen hatten Achtung vor solch herrlichem Bilde. Der Ruf davon verbreitete sich und die Mönche denen es zugehörte, suchten es wieder zu bekommen; mit Mühe gelang ihnen dies durch Hülfe des Papstes, und sie gaben denen welche es gerettet hatten reiche Belohnung. Aufs neue eingeschifft gelangte es nach Sizilien und wurde in Palermo aufgestellt, woselbst es berühmter ist als der feuerspeiende Berg.

Während Raffael diese Arbeiten vollführte welche er nicht abweisen konnte, weil er von bedeutenden Personen Auftrag dazu hatte, und sie auch um seines eigenen Interesses willen nicht ausschlagen mochte, unterließ er nicht, die begonnenen Ausschmückungen der päpstlichen Zimmer und Säle fortzusetzen. Er hielt dort beständig Leute die nach seinen Zeichnungen das Werk förderten, sah fortwährend jedes Einzelne nach und legte überall die letzte Hand an, um eine so große Verpflichtung nach Möglichkeit zu erfüllen. So konnte er nach kurzer Zeit das Zimmer des Torre Borgia aufdekken;[62] er hatte darin auf jeder Wand ein Bild gemalt, zwei über den Fenstern und zwei auf den beiden freien Wänden. Auf der einen ist der Brand des Borgo vecchio zu Rom, der nicht zu löschen war, bis Leo IV. sich nach der Loge des Palastes begab und durch seinen Segen das Feuer völlig dämpfte. Man sieht hier vielfältige Gefahren dargestellt; an einer Seite sind Frauen mit Krügen in Händen und auf dem Haupt worin sie Wasser zutragen; ihr Haar und ihre Gewänder flattern wild, vom Zugwind gejagt, andere suchen Wasser ins Feuer zu schütten, und vermögen durch den Rauch erblindet sich selbst nicht zu erkennen. An der andern Seite ist eine Gruppe wie die, welche Virgil schildert, als Anchises durch Aeneas gerettet wird. Ein Greis, durch Krankheit und Glut der Flammen erschöpft, wird von einem jungen Mann auf dem Rücken getragen, dessen Gestalt Mut und Stärke kund gibt; alle seine Glieder sind angespannt von der Last des Alten gedrückt, der den Körper schlaff hän-

62 Die »Stanza di Torre Borgia«, heute nach dem Hauptbild von 1514–17 »Stanza dell'Incendio del Borgo« (nach dem *Liber Pontificalis* der Borgo-Brand von 847 n. Chr.) genannt, war der Aufenthaltsraum der päpstlichen Diener, bis Leo X. ihn zum persönlichen Speisesaal umfunktionierte. Von Raffael ausgeführt ist nur dieses Fresko, während die anderen Wände von Mitarbeitern stammen.

gen läßt; ihnen folgt eine alte Frau barfuß mit losem Gewande dem Feuer entfliehend, und ihnen voraus tritt ein nackender Knabe. Von der Höhe eines verfallenen Gebäudes beugt eine Frau sich herab, nackend mit zerzausten Haaren ein Wickelkind in Händen, sie will es einem der Ihrigen zuwerfen, der sich aus den Flammen gerettet hat; er steht auf der Straße auf den Fußspitzen erhoben, die Arme ausgestreckt damit er es empfange. Man erkennt in der Mutter nicht weniger die Angst um die Rettung des Kindes, als wie sie selbst in dem glühenden Feuer leidet, das sie zu ersticken droht, und ebenso gewahrt man in dem der das Kind aufnimmt, wie er sich um das Kind sowohl als wegen der eigenen Todesgefahr ängstigt. Nicht schildern läßt sich, welche Einbildungskraft dieser sinnreiche bewundernswürdige Künstler bei einer Mutter kund gab, die barfuß ohne Gürtel, die losen Gewänder zum Teil in der Hand, mit flatternden Haaren ihre Kinder scheltend vor sich her jagt, damit sie den einstürzenden Gebäuden und den Flammen entfliehen. Außerdem sieht man noch einige Frauen die auf den Knien liegen und den Papst anzuflehen scheinen, daß er helfe die Feuersbrunst zu dämpfen.

Das zweite Bild stellt eine andere Begebenheit aus dem Leben Leos des IV. dar, man sieht darin den Hafen von Ostia von einer türkischen Flotte belagert;[63] sie war gekommen, den Papst gefangen zu nehmen und wird von den Christen im Meer bekämpft; schon sind eine Menge Gefangner nach dem Hafen gebracht; sie steigen aus einer Barke, von den Soldaten am Bart gerissen; ihre

63 Raffael hat zur »Schlacht von Ostia« 848 n. Chr. (*Liber Pontificalis*) wohl nur Entwürfe geliefert. Die Ausführung wurde von Mitarbeitern vorgenommen.

Gesichtszüge sind schön, die Stellungen wild, mit den mannigfaltigsten Schifferkleidungen angetan, werden sie vor den Papst gebracht, der als Leo X. dargestellt ist. Im völligen Ornat thront er zwischen dem Kardinal Santa Maria in Portico, Bernardo Divizio da Bibbiena und dem Kardinal Giulio von Medici, der nachmals Papst Clemens wurde. Unmöglich läßt sich einzeln schildern, mit welcher Überlegung der erfindungsreiche Künstler die Züge der Gefangenen zeichnete; das Wort mangelt, und doch erkennt man in ihren Mienen Schmerz, Furcht und Tod.

In den beiden andern Bildern ist erstlich Leo X., der den allerchristlichsten König Franz I. von Frankreich salbt.[64] Mit dem päpstlichen Ornat bekleidet liest er Messe, segnet das Öl ihn zu salben, und segnet die königliche Krone; eine Menge Kardinäle und Bischöfe in ihren Festgewändern leisten bei der Messe Dienst, sie sind nach der Natur gezeichnet, so wie viele Gesandte und andere Personen, und man sieht einige Gestalten in französischer Tracht, wie sie damals üblich war. Das andere Bild stellt die Krönung des eben genannten Königs dar,[65] der Papst und Franz der Erste sind darin nach dem Leben gezeichnet, dieser gewaffnet, jener im päpstlichen Ornat. Kardinäle, Bischöfe, Kammerherren, Schildträger und Diener in ihren Prunkgewändern nach der Natur abgebildet, sitzen geordnet in der Kapelle umher wie es Brauch war, darunter Gianozzo Pandolfini, Bischof von Troja,[66]

64 Irrtum Vasaris, denn es handelt sich um die Krönung Karls des Großen durch Papst Leo III. Allerdings wurde die Gestalt Karls des Großen mit den Porträtzügen von Franz I. von Frankreich versehen.

65 Der »Schwur Leos III. gegenüber Karl dem Großen« (*Liber Pontificalis*); Ausführung durch die Werkstatt.

66 Pandolfini, Bischof von Troia (Apulien) 1484–1514, ließ von Raffael in Florenz auch den Palazzo Pandolfini (Via S. Gallo) erbauen.

ein sehr vertrauter Freund Raffaels, nebst vielen andern berühmten Personen damaliger Zeit. Neben dem König kniet ein Kind und hält die Krone, dies ist Hippolit von Medici, der nachmals Kardinal und Vizekanzler, ein sehr berühmter Mann und ein Freund, nicht nur der Malerei sondern aller Künste wurde. Sein Andenken wird von mir heilig gehalten, denn ich danke ihm meine ersten Anfänge in der Kunst, wie sie auch gewesen sein mögen.

Es ist unmöglich alle Kleinigkeiten in Raffaels Werken zu beschreiben, wo jeder Gegenstand in seinem Stillschweigen zu reden scheint; doch muß ich noch anführen, daß unterhalb der genannten Bilder sich Postamente befinden mit verschiedenen Verteidigern und Wiederherstellern der Kirche von allerlei Hermen eingeschlossen, und in einer Weise ausgeführt, daß sich überall Geist, Wärme und Überlegung kund gibt, und man überall eine Übereinstimmung des Kolorits findet, wie sie nicht besser gedacht werden kann. Die Decke des Zimmers hatte Raffaels Lehrer, Pietro Perugino gemalt, und Raffael wollte sie nicht zerstören, als Andenken an einen Meister den er liebte und dessen Unterricht ihn zuerst der Stufe entgegengeführt hatte, die er in der Kunst einnahm.

Raffaels künstlerischer Geist war so umfassend, daß er in ganz Italien, zu Pozzuolo, ja sogar in Griechenland Zeichner hielt, und er ließ nicht nach, sich alles zu verschaffen, was der Kunst zum Nutzen gereichen konnte. Im Verfolg seiner Arbeiten im Vatikan verzierte er einen Saal, woselbst verschiedene Apostel und andere Heilige in Tabernakel in grüner Erde gemalt waren; dort ließ er durch seinen Schüler Giovanni aus Udine, der in Nachbildung von Tieren nicht seinesgleichen hatte, alle fremden Tiere anbringen, welche Papst Leo besaß, das Chamäleon, das Zibet, Affen, Papageien, Löwen, Elefanten und andere fremdartige Bestien.[67] Raffael verzierte den päpstlichen Palast auch mit Grotesken und mannigfaltigen Fußböden, und verfertigte daselbst die Zeichnung zu den päpstlichen Treppen und zu den Logen, welche von dem Baumeister Bramante angefangen, nach seinem Tod aber unvollendet liegen geblieben waren; sie wurden nach der neuen Zeichnung und Architektur Raffaels weitergeführt, der ein Holzmodell dazu verfertigte, reicher und schöner als jenes von Bramante.[68]

Und da nun Papst Leo seine Größe, Freigebigkeit und Herrlichkeit zeigen wollte, verfertigte Raffael die Zeichnungen zu den Stukkaturverzierungen, zu den Bildern die dazwischen gemalt, und zu den verschiedenen Abteilungen welche überall angebracht werden sollten. Den Giovanni von Udine setzte er über die Arbeit der Stukkaturen und Grotesken, und den Giulio Romano über die der Figuren, obwohl dieser wenig daran tat, daher malten Giovan Francesco,[69] der Bologna,[70] Perino del Vaga, Pellegrino von Modena, Vincenzio von St. Gimignano, Polidoro von Caravaggio und viele andere daselbst Bilder, Figuren und sonstige Gegenstände, und Raffael ließ alles

67 Heute die sogenannte Sala dei Palafrenieri. Ursprünglich von Mitarbeitern Raffaels ausgeführt, wurde der Saal unter Paul IV. umgestaltet. Taddeo und Federico Zuccaro haben später die Fresken stark nachgebessert und teilweise neu gemalt.

68 Raffaels »Loggien« im Trakt von Nikolaus III. im Vatikanspalast; Bramante entwarf die Architektur der unteren beiden Geschosse, Raffael das dritte Geschoß. Die »Loggien« waren ursprünglich zur Aufnahme der Skulpturensammlung Leos X. bestimmt. Von Raffael stammen die Entwürfe für die Wanddekoration (ab 1515), während die Ausführung die Werkstatt bis 1519 durchführte.

69 Giovanni Francesco Penni.

70 Bartolommeo Ramenghi.

mit solcher Vollkommenheit ausführen, daß er sogar das Estrich aus Florenz von Luca della Robbia[71] kommen ließ. Sicherlich kann man in Malerei, Stukkatur, Architektur und schöner Erfindung kein herrlicheres Werk vollführen noch ersinnen. Seine Schönheit war Ursache, daß Raffael zum Aufseher über alle Malereien und Bauten im Palast gesetzt wurde. Man erzählt: seine Gefälligkeit sei so groß gewesen, daß er zur Bequemlichkeit seiner Freunde den Maurern gestattete, die Mauern nicht ganz fest und ohne Unterbrechung zu bauen, und einige Öffnungen und Räume unten über den alten Zimmern unausgefüllt zu lassen, um dort Fässer, Rinnen und Holz unterzubringen, durch diese Löcher jedoch wurde das Fundament des Gebäudes geschwächt, alles begann zu reißen, und man sah sich gezwungen, sie später auszufüllen. An allen Türen und sonstigen Holzverkleidungen wurden Schnitzarbeiten angebracht, die Gian Barile mit Zierlichkeit und Geschmack vollendete.

Raffael verfertigte die Architekturzeichnungen zu der Vigne des Papstes,[72] zu mehreren Häusern im Borgo, und vorzüglich zu dem schönen Palaste des Messer Giovan Battista dall'Aquila.[73] Einen andern Palast zeichnete er für den Bischof von Troja, der ihn zu Florenz in der Via S. Gallo erbauen ließ.

71 Entweder meint Vasari den Florentiner Terrakottakünstler Andrea della Robbia oder dessen Sohn Luca (di Andrea) della Robbia.

72 Es handelt sich um die Villa Madama auf dem Monte Mario in Rom (Planungen ab 1516, Planänderungen 1519, Modifikationen 1520 durch Giulio Romano; bis zum Tod Leos X. 1521 war der Bau in den Hauptteilen fertig), die nicht mehr dem Entwurf Raffaels entspricht, da sie 1913 einschneidende Veränderungen erfuhr.

73 Es ist nicht geklärt, für welche Straßenhäuser Raffael Entwürfe lieferte. Der Palast des päpstlichen Kämmerers Giovanbattista Branconio dell'Aquila, für den Raffael die Pläne 1518 lieferte, ist durch den Bau von Berninis Kolonnaden (1656–67) des Petersplatzes zerstört worden.

Für die schwarzen Brüder von S. Sisto zu Piacenza malte er ein Bild zu ihrem Hauptaltar, man sieht darin die Madonna, den h. Sixtus und die h. Barbara, ein fürwahr seltnes und wunderbares Werk.[74] Mehrere Bilder sandte er nach Frankreich, darunter eines an den König, worin der heilige Michael mit dem Teufel kämpft;[75] dies gilt für bewundernswert: ein ausgebrannter Fels stellt den Mittelpunkt der Erde dar, aus seinen Spalten dringen einzelne Feuer- und Schwefelflammen hervor; Lucifer, an den Gliedern verbrannt und versengt, die Farbe der Haut verschiedenartig, zeigt alle Wut welche giftige und aufschwellende Bosheit dem Unterdrücker der Größe entgegensetzen, der sie des Reiches beraubt und ihnen nicht Friede, sondern dauernde Strafe bringt. Im Gegensatz zu ihm steht der heilige Michael, sein Angesicht schmückt überirdische Schönheit, seine Waffen sind von Gold und Eisen, und dennoch erkennt man in ihm Tapferkeit, Kraft und Schrecknis; er hat Lucifer zu Boden gestürzt und zwingt ihn auf dem Rücken zu liegen, den Wurfspieß gegen ihn erhebend; kurz dies Werk war so herrlich, daß Raffael nach Verdienst vom König große Belohnung empfing. Er malte die Beatrice von Ferrara und andre Frauen, vorzüglich seine Geliebte und unendlich viele andre.[76] Sein Gemüt war sehr zur Zärtlichkeit

74 Es handelt sich hier um die »Sixtinische Madonna« (1512/13, Dresden, Gemäldegalerie Alte Meister).

75 Das Gemälde »Der heilige Michael stürzt Luzifer« (1518, Paris, Louvre) ist signiert und datiert »RAPHAEL URBINAS PINGEBAT MDXVIII« und stammt aus der Sammlung von Franz I.

76 Das Porträt einer Beatrice aus Ferrara konnte bislang nicht nachgewiesen werden. Die Anspielung auf Raffaels Geliebte, um die sich viele Legenden ranken, bezieht sich wahrscheinlich auf das Aktporträt »La Fornarina« (1518/19, Rom, Galleria Nazionale d'Arte Antico im Palazzo Barberini). Entgegen Vasaris Bericht hat Raffael vergleichsweise wenige Porträts gemalt.

geneigt und den Frauen ergeben, deshalb war er stets bereit ihnen zu dienen. So genoß er unaufhörlich der Freuden der sinnlichen Liebe, und wurde darin vielleicht mehr als billig von seinen Freunden geschont und begünstigt. – Agostin Chigi ließ von ihm das erste Geschoß seines Palastes malen, Raffael aber konnte nicht viel bei der Arbeit bleiben, aus Sehnsucht nach seiner Geliebten; darüber geriet Agostino so in Verzweiflung, daß er durch Zureden andrer wie sein selbst mit vieler Mühe endlich dahin gelangte, jenes Mädchen nach seinem Hause zu bringen, wo sie stets neben dem Zimmer verweilte in welchem Raffael arbeitete, dadurch allein wurde das Werk endlich zum Schluß gebracht. Raffael zeichnete dazu alle Kartons und malte viele Figuren mit eigner Hand in Fresko.[77] An der Wölbung ist der Götterrat im Himmel dargestellt, und man sieht hier viele Gewänder und Umrisse, den Werken des Altertums nachgebildet, und sehr anmutig und bestimmt gezeichnet. Nicht minder schön ist die Hochzeit der Psyche, Jupiter wird von Ganymed bedient, und die Grazien streuen Blumen über die Tafel. An den Zwickeln des Gewölbes sind eine Menge Bilder, in dem einen schwebt Mercur mit der Flöte, so schön, daß er fürwahr vom Himmel zu kommen scheint; in einem andern ist Jupiter voll erhabner Würde, und neben ihm Ganymed, den er küßt. Tiefer unten sieht man den Wagen der Venus und die Grazien mit Mercur, welche Psyche zum Himmel emporheben, auf den übrigen Zwickeln sind andere poetische Darstellungen, und in den Feldern der Wölbung

77 Es handelt sich hier um die Ausschmückung der Villa Farnesina für Raffaels Freund und Mäzen Agostino Chigi. Raffael lieferte für die Gartensäle die Entwürfe, die Ausführung wurde jedoch überwiegend von der Werkstatt unter Leitung von Giulio Romano geleistet. Vasaris Beschreibung ist lückenhaft und teilweise inkorrekt.

oberhalb derselben eine Menge schöner Kinder verkürzt gezeichnet; sie schweben in der Luft mit den Attributen der Götter beladen, mit den Blitzen Jupiters, dem Helm, Schwert und Schilde des Mars, den Hämmern Vulcans, mit Hercules' Keule und Löwenhaut, mit dem Schlangenstab Mercurs, der Schalmeie Pans und dem Feldgeräte des Vertumnus, alle von passenden Tieren begleitet; kurz Malerei und Erfindung sind hier von seltner Herrlichkeit. Zudem ließ er durch Giovanni von Udine alle diese Bilder mit Gewinden von den verschiedenartigsten Blumen, Blättern und Früchten umschließen, die nicht schöner sein könnten.

Raffael verfertigte die Zeichnung zu den Ställen der Chigi und den Riß zu der Kapelle des oben genannten Agostino in der Kirche Sta Maria del Popolo;[78] er malte sie aus und traf Anordnung ein bewunderungswürdiges Grabmal daselbst zu errichten; zwei Figuren ließ er dazu von dem florentinischen Bildhauer Lorenzetto arbeiten, sie befinden sich noch jetzt zu Rom in seinem Hause am Macello de' Corvi; denn der Tod Raffaels und das darauf folgende Ableben Agostinos waren Ursache, daß jene Arbeit dem Venezianer Sebastian übertragen wurde.[79]

Raffael war zu solchem Ruhme gelangt, daß Leo X. befahl, er solle den großen Saal malen, in welchem die Siege Constantins dargestellt sind, und er begann das Werk.[80] Zudem kam dem Papste Verlangen reiche Tape-

78 Die Ställe der Chigi sind zerstört. Raffael hat die Cappella Chigi in S. Maria del Popolo in Rom nicht ausgemalt, sondern lieferte die Entwürfe für die Architektur, die zwei Statuen und das Kuppelmosaik.

79 Der Venezianer Sebastiano del Piombo war Parteigänger Michelangelos und künstlerisch ein Hauptrivale Raffaels in Rom. Er lieferte das Altarbild für die Chigi-Kapelle in S. Maria del Popolo in Rom.

80 Die »Sala di Costantino« wird heute in Entwurf und Ausführung der Werkstatt unter der Leitung Giulio Romanos zugeschrieben.

ten von Gold und Seide weben zu lassen, hiezu verfertigte Raffael mit eigner Hand farbige Kartons, genau in der Form und Größe wie sie gewirkt werden sollten; man schickte sie nach Flandern, und als die Tapeten vollendet waren, kamen sie nach Rom, ein wunderbares erstaunenswürdiges Werk, denn man begreift nicht wie es möglich war, Haare und Bärte so zu weben, durch Ineinanderschlagen der Fäden dem Fleische Weichheit zu verleihen, und achtet sicher das Ganze eher für ein Wunder als für ein Kunstwerk menschlicher Hand. Wasser, Tiere und Gebäude sind mit einer Vollkommenheit ausgeführt, daß sie nicht wie gewebt, sondern wie mit dem Pinsel gemalt erscheinen. Der Preis welcher dafür gezahlt wurde, betrug siebzigtausend Scudi, und sie werden noch jetzt in der päpstlichen Kapelle aufbewahrt.[81] – Für den Kardinal Colonna malte Raffael auf Leinwand einen St. Johannes, es war ein schönes Werk, und dem Kardinal ungemein wert; als dieser jedoch von einer Krankheit befallen wurde, und Messer Jacopo da Carpi, der Arzt welcher ihn herstellte, als Belohnung seiner Kunst das Bild Raffaels verlangte, willfahrte der Kardinal seinem Wunsch und beraubte sich selbst, um der großen Verbindlichkeit willen die er jenem zu haben glaubte; es ist nunmehr in Florenz im Besitz des Francesco Benintendi.[82]

81 Raffael fertigte für die Folge der zehn Wandteppiche (Rom, Pinacoteca Vaticana) mit Szenen aus dem Leben der Heiligen Petrus (vier) und Paulus (sechs) die Kartons von Winter 1514/15 bis 1516 (sieben davon heute in London, Victoria and Albert Museum, die anderen drei verloren). Ausgeführt wurden die Wandteppiche von Pieter van Aelst in Brüssel.

82 Kardinal Pompeo Colonna bestellte das Gemälde »Johannes der Täufer in der Wüste« (Florenz, Uffizien) wohl nach seiner Kardinalsernennung 1517. Aus dem Besitz des Florentiners Francesco Benintendi kam das Bild 1589 in die Sammlung der Medici.

Für den Kardinal und Vizekanzler Giulio von Medici malte Raffael ein Bild von der Verklärung des Heilands;[83] es sollte nach Frankreich kommen und mit eigner Hand fortwährend daran beschäftigt, gab er ihm die letzte Vollendung. Man sah darauf Christus der auf dem Berge Tabor verklärt wird, die Apostel harren sein am Fuß des Felsens, und zu ihnen wird ein besessener Knabe gebracht, damit Christus vom Berg herabsteigend ihn befreie. Der Knabe in verrenkter Stellung, streckt schreiend die Glieder, seine verdrehten Augen zeigen, wie das Fleisch leidet, wie Adern und Pulse von dem bösen Geist gepeinigt sind, seine bleiche Farbe und seine gewaltsame Stellung verraten seine Furcht. Ihn hält ein alter Mann, die Augen weit aufgerissen, den Stern in der Mitte, Stirn und Braunen gefaltet, so daß er Kraft und Angst zugleich zeigt. Er schaut die Apostel fest an und scheint bei ihrem Anblick sich selbst zu ermutigen. Eine Frau, die Hauptfigur des Bildes, kniet im Vordergrund vor jenen beiden, sie wendet das Haupt nach den Aposteln und zeigt mit einer Bewegung des Armes auf den Besessenen, sein Elend kund zu tun. Die Apostel, teils aufrecht stehend, teils sitzend und kniend, zeigen lebhaftes Mitleid mit diesem großen Unglück. In der Tat zeichnete Raffael in diesem Bilde Gestalten und Köpfe von so seltner Schönheit, so neu, mannigfaltig und herrlich, daß alle Künstler in dem Urteil übereinstimmen: unter den vielen Werken die er ausführte, sei dies das

83 Raffaels »Transfiguration« (1518–20, Rom, Pinacoteca Vaticana) wurde von Giulio de' Medici 1516 für die Kathedrale von Narbonne, Sitz seines Episkopats, bestellt. Raffael stellte das Gemälde noch kurz vor seinem Tod fertig. Anstatt der »Transfiguration«, die in Rom verblieb, wurde das Konkurrenzbild von Sebastiano del Piombo, eine Darstellung der Auferwekkung des Lazarus, nach Narbonne geschickt.

rühmlichste, das schönste, das göttlichste. Wer erkennen will, wie man Christus zur Gottheit verklärt darstellen könne, der komme und schaue ihn in diesem Bilde. Er ist verkürzt gezeichnet, und schwebt in glänzender Luft über dem Berge zwischen Moses und Elias, die erleuchtet von ungewohnter Klarheit in seinem Licht zum Leben erwachen. Petrus, Jacobus und Johannes liegen zur Erde gebeugt, in verschiedenen schönen Stellungen, der eine legt das Haupt auf den Boden, der andere hält die Hand vor die Augen zum Schutz gegen die Strahlen und den blendenden Glanz des Erlösers; dieser von einem schneeweißen Gewande umgeben, die Arme ausgebreitet, das Haupt nach oben gewendet, scheint das Dasein und die Gottheit der drei Personen darzutun, die in Eins verbunden sind durch die Vollkommenheit von Raffaels Kunst. Es ist als habe dieser seltne Geist alle Kraft aufgeboten die er besaß, um in dem Angesicht des Heilandes die Macht und Gewalt der Kunst zu offenbaren, denn nachdem er es vollendet hatte, als das letzte was zu vollbringen ihm oblag, rührte er keinen Pinsel mehr an, und überraschte ihn der Tod.

Nachdem ich von den Werken dieses herrlichen Künstlers erzählt habe, soll es mir nicht zu viel Mühe sein, zum Gewinn der Meister unseres Berufes etwas über die Methode Raffaels zu sagen, bevor ich mehrere Einzelheiten seines Lebens und Todes mitteile. Er hatte in der Kindheit die Manier seines Lehrers Pietro Perugino nachgeahmt, sie in Zeichnung, Kolorit und Erfindung um vieles vervollkommnet und glaubte genug getan zu haben; als er jedoch älter wurde, erkannte er, daß er der Wahrheit allzuferne geblieben sei; als er die Werke Lionardos sah, der im Ausdruck der männlichen wie der weiblichen Köpfe nicht seinesgleichen hatte, der in Bewegung und Anmut der Gestalten alle andern Maler übertraf, geriet er in Erstaunen und Bewunderung, und fing an die Manier dieses Meisters zu studieren, da sie ihm besser gefiel als irgend sonst eine die er je gesehen hatte. Mit großer Mühe nur machte er sich allmählich von der Methode Pietros frei, und suchte so sehr als möglich den Lionardo nachzuahmen. Wieviel Fleiß und Studium er indes auch aufwandte, konnte er doch in einigen Schwierigkeiten diesen Meister niemals übertreffen. Vielen scheint zwar, er sei in Zartheit und einer gewissen natürlichen Leichtigkeit vorzüglicher gewesen, keineswegs überlegen aber war er ihm in einer gewissen kraftvollen Grundlage der Entwürfe und Größe der Ausführung, worin wenige dem Lionardo gleichgekommen sind; mehr als irgend ein andrer Maler jedoch hat Raffael sich ihm genähert, besonders in der Lieblichkeit der Farben. Ein großes Hindernis, was ihm viele Mühe bereitete, war diesem Künstler die Manier Pietros, welche er in frühster Jugend annahm, und sehr leicht annahm, weil sie klein, trocken und in der Zeichnung mangelhaft war; er konnte sie nicht vergessen und lernte daher mit vieler Anstrengung die Schönheit nackender Körper und richtiger Verkürzungen nach dem Karton Michel Agnolos im Ratssaale zu Florenz. Ein anderer dem der Mut gesunken wäre, in der Meinung er habe seine Zeit bis dahin verloren, würde, wenn auch mit herrlichem Geist begabt, doch nimmer vollbracht haben, was Raffael leistete, der die Manier Pietros von sich warf, um die in allen Teilen so schwierige des Michel Agnolo sich anzueignen, und fast vom Meister noch einmal zum Schüler wurde. Ein Mann schon, zwang er sich, durch unglaubliches Studium in wenigen Monaten zu lernen, was ein zarteres für Aneignung aller Dinge empfänglicheres Alter und einen Zeitraum von vielen Jahren bedurft hätte. Fürwahr, wer nicht zeitig einen guten Grund legt, frühe schon die Manier lernt, der er folgen will und allmählich durch Erfahrung die Schwierigkeiten der Kunst sich erleichtert, indem er das Einzelne zu verstehen und die Ausübung zu bringen sucht, der wird fast niemals vollkommen werden, und wird er es, so erreicht er es nur durch mehr Zeit und weit größere Anstrengung.

Als Raffael den Entschluß faßte seine Manier zu verändern und zu verbessern, hatte er noch nie nackte Körper mit dem Studium ausgeführt, welches dabei nottut, er zeichnete sie nur nach der Natur in der Weise, wie es von Pietro seinem Meister geschehen war, und half ihnen durch die Anmut auf, welche die Natur ihm verliehen hatte. Von nun an jedoch ergab er sich dem Studium nackter Gestalten und suchte anatomisch die Muskeln aufzufinden an toten geschundenen Körpern sowohl wie an lebenden, wo sie sich durch die überdekkende Haut nicht so deutlich als bei jenen unterscheiden lassen; hiedurch sah er wie die Muskeln in ihrer Verbindung Fülle und Weichheit bekommen, und wie man durch Wenden der Ansichten gewissen Verdrehungen Anmut geben könne, sah die Wirkung des Anschwellens, des Senkens und Erhebens einzelner Glieder oder des ganzen Körpers, die Verkettungen der Knochen, der Nerven und Adern, und wurde in allen Teilen so vorzüglich, wie man es von einem vollkommnen Maler verlangt. Bei alledem erkannte er: es sei ihm nicht möglich, Michel Agnolo, einen Mann von seltner Einsicht hierin zu erreichen, doch wußte er auch, die Kunst der Malerei bestehe nicht einzig darin nackte Körper darzustellen, sondern sie beherrsche ein weites Feld, und man könne unter die vollkommenen Meister auch denjenigen zählen, welcher seine Erfindungen und Gedanken gut und mit Leichtigkeit auszudrücken vermöge, seine Bilder nicht durch zu viel überlade noch durch zu wenig dürftig erscheinen lasse, sondern vielmehr nach schöner Anordnung zusammenstelle und verteile. Hiezu gehört, wie Raffael richtig überzeugt war, daß man die Kunst durch mannigfaltige und ungewöhnliche Perspektive der Gebäude und Landschaften, und durch anmutige Bekleidung der Figuren bereichern, daß man die Gestalten bisweilen ins Dunkel sich verlieren, bisweilen ins Licht hervortreten lasse, daß man den Körpern der Frauen, der Kinder, der jungen und der alten Leute Schönheit und, je nachdem es erforderlich ist, Beweglichkeit und Kühnheit gebe. Er beachtete wie bei Schlachtszenen die Flucht der Pferde und die Keckheit der Kriegsleute wichtig sei, wie man die verschiedenartigsten Tiere darstellen, vor allem aber die Menschen so der Natur getreu müsse nachbilden können, daß man sie selbst in der Wirklichkeit zu schauen glaube. Sei dies erreicht, so fordere die Ausschmückung der Bilder noch schöne Gewänder, Fußbekleidungen, Helme, Waffen, Kopfputz der Frauen, Haare, Bärte, Vasen, Bäume, Grotten, Felsen, Feuer, trübe und klare Luft, Wolken, Regen, Blitze, Nacht, Mondschein, Sonnenlicht und eine Menge dahin gehöriger Dinge. Dies war es was Raffael erkannte, und er beschloß, da er Michel Agnolo in dem nicht erreichen könne worin er ihm nachgestrebt hatte, wolle er in jener andern Art der Kunst ihm gleichkommen oder vielleicht ihn übertreffen, kurz er gab es auf ihn nachzuahmen, um nicht unnötige Zeit zu verlieren, und bestrebte sich in allen Teilen eines andern Gebietes vollkommen zu werden.

Hätten viele Künstler unserer Zeit ebenso getan, die sich einzig dem Studium der Werke Michel Agnolos widmeten, ihn jedoch weder nachahmten noch zu erreichen vermochten, so würden sie ihre Mühe nicht umsonst aufgewandt und nicht eine harte Manier voll Schwierigkeiten, ohne Reiz, ohne Kolorit und arm an Erfindung geschaffen haben, während ein Streben nach allgemeiner Ausbildung und Vervollkommnung auch der übrigen Teile der Kunst ihnen selbst und der Welt Nutzen bereitet hätte. – Raffael, der diesen Entschluß faßte, sah wohl ein, daß Fra Bartolommeo von S. Marco eine gute Manier der Malerei, eine richtige Zeichnung und gefälliges Kolorit besaß, obwohl er bisweilen zu viel dunkle Schatten anbrachte um die Gegenstände hervortreten zu lassen: er beschloß daher ihn in dem nachzuahmen, was nach seinem Sinn und Bedürfnis war, das heißt in Zeichnung und Kolorit eine mäßige Methode anzunehmen, und damit einige andere zu vereinigen, welche den Werken der vorzüglichsten Meister entnommen waren. So bildete er aus vielen Manieren eine einzige, die nachmals für seine eigentümliche galt, und die immerdar von Künstlern hochverehrt sein wird. Man erkennt sie in ihrer Vollkommenheit an den Sibyllen und Propheten in der Kirche Santa Maria della Pace, bei welchem Werk ihm von großem Nutzen war, daß er in der Kapelle des Papstes die Arbeit Michel Agnolos gesehen hatte. Wäre er bei dieser Methode geblieben und hätte nicht gesucht sie zu vergrößern und zu verändern, damit er zeige, er verstehe nackte Gestalten so gut auszuführen wie Michel Agnolo, so würde er nicht einen Teil des erworbenen Ruhmes verloren haben; denn die nackten Gestalten in dem Zimmer von Torre Borgia, wo der Brand von Borgo nuovo dargestellt ist, sind zwar gut doch nicht in allen Teilen vollkommen, und auch jene an der Decke des Palastes von Agostin Chigi in Trastevere genügen nicht ganz, es fehlt ihnen die Grazie und Weichheit welche Raffael eigen war, was indes zum großen Teil dadurch veranlaßt wurde, daß er sie nach seiner Zeichnung von andern Künstlern malen ließ.[84] Raffael besaß Einsicht genug diesen Irrtum zu erkennen, und wollte daher das Bild der Verklärung in St. Pietro a Montorio ohne Hülfe anderer für sich allein arbeiten, und man findet darin alles, was von einem guten Werke gefordert wird. Hätte er beim Malen dieses Bildes nicht fast aus Eigensinn Lampenruß wie ihn die Drucker brauchen angewendet, der, wie ich früher schon sagte, mit der Zeit immer dunkler wird und den Farben schadet mit denen er vermischt ist, so würde dies Werk glaube ich heute noch so frisch sein, wie zu der Zeit da er es malte, während es nun sehr gedunkelt erscheint.

Ich wollte diese Betrachtungen beim Schluß der Lebensbeschreibung Raffaels anstellen, um zu zeigen, wieviel Mühe, Studium und Fleiß dieser ruhmwürdige Künstler sich auferlegt hat; ich wollte dies vornehmlich zum Nutzen der Maler tun, damit sie lernen sich von den Hindernissen zu befreien, vor denen die Klugheit und Kunst Raffaels ihn zu schützen wußte. Noch hinzu-

84 Vasari schildert hier die Praxis in Raffaels Werkstatt, die groß und gut organisiert war, um die großen Aufträge überhaupt bewältigen zu können. Agostino Chigis Palast in Trastevere ist die Farnesina (vgl. S. 84 f.).

fügen will ich, daß jeder sich begnügen sollte das zu tun wofür die Natur ihm Gaben verliehen hat, ohne nach dem zu streben was ihm versagt ist, damit er nicht seine Mühe umsonst, und oft zu seinem Schaden und zu seiner Schande verliere. Wo es überdies hinreicht etwas Gutes machen zu können, muß man sich nicht überspannen und nicht denen voraus kommen wollen, welche durch reiche Hülfe der Natur und besondere Gnade des Himmels Wunder in der Kunst tun. Wer zu einem Dinge nicht Geschick hat, der mag sich mühen so viel er will, er wird doch nicht hervorbringen was Naturanlage einen andern leicht erringen ließ. Unter den alten Malern haben wir hierin ein Beispiel an Paolo Uccello: er legte sich Zwang auf in der Absicht, dadurch vorwärts zu schreiten und ging rückwärts; dasselbe sehen wir in unsern Tagen an Jacopo da Pontormo, und an vielen andern wie schon gesagt wurde und noch gesagt werden wird. Und dies geschieht, weil der Himmel die Gaben so verteilt hat, daß jeder sich mit dem genügen kann, was ihm zufällt.

Lange genug und vielleicht zu viel schon haben wir über diese Angelegenheiten der Kunst geredet, und es ist Zeit uns wieder zu Raffaels Leben und zu seinem Tode zu wenden. Er stand in naher Freundschaft zu Bernardo Divizio, Kardinal von Bibbiena;[85] dieser hatte ihn seit Jahren schon gerne verheiraten wollen, und Raffael trat dem Willen des Kardinals nicht fest entgegen, sondern hielt die Sache hin, indem er sagte, er wolle noch drei

85 Richtig: Bernardo Dovizi da Bibbiena, Kardinal ab 1513. Seine Nichte Maria Bibbiena war kränklich und starb noch vor Raffael. Raffael porträtierte Kardinal Bibbiena zwischen 1516 und 1520 (Florenz, Palazzo Pitti, Galleria Palatina).

oder vier Jahre vorübergehen lassen. Dieser Termin rückte heran für Raffael unerwartet, der Kardinal erinnerte ihn an sein Versprechen, und der wohlgesinnte Künstler der seinem Worte nicht untreu werden wollte, sah sich gezwungen, die Hand einer Nichte des Kardinals anzunehmen. Dies Band war ihm sehr zur Last, er schob stets neue Hindernisse vor, und viele Monate verstrichen ohne daß die Ehe vollzogen wurde. Auch tat er dies nicht ohne ehrenwerte Absicht, denn nachdem er dem Hofe viele Jahre gedient hatte und Leo für eine große Summe sein Schuldner war, hatte man ihm angedeutet: wenn er den großen Saal beendet habe, werde der Papst ihm als Anerkennung seiner Bemühungen und Fähigkeiten den Kardinalshut verleihen, deren eine Menge ausgeteilt werden sollten, darunter manche an Personen von geringerem Verdienst als Raffael. Dieser ging unterdessen heimlich seinen Liebschaften nach und überließ sich deren Vergnügungen ohne Maß, daher geschah es, daß er eines Tages die Grenzen allzusehr überschritt, und mit einem heftigen Fieber nach Hause kam. Die Ärzte glaubten, er habe sich verkältet, und da er den Grund seines Krankseins nicht angab, ließen sie ihm unverständiger Weise zur Ader, so daß er sich geschwächt fühlte, während er Stärkung bedurfte. Er machte deshalb sein Testament, sendete als ein guter Christ seine Geliebte aus dem Haus, und hinterließ ihr so viel, daß sie mit Ehren leben konnte. Hierauf verteilte er sein Eigentum unter seine Schüler, an Giulio Romano, den er immer sehr geliebt hatte, den Florentiner Giovan Francesco, genannt Fattore,[86] und ich weiß nicht welchen Priester von Urbino seinen Verwandten. Einen Teil sei-

86 Giovanni Francesco Penni.

nes Vermögens bestimmte er um ein altes Tabernakel in Santa Maria Rotonda, das er sich zur Grabesstätte auserlesen hatte, neu mit Marmor bekleiden und davor einen Altar mit einer Marmorstatue der Mutter Gottes errichten zu lassen.[87] Alles was er sonst besaß, blieb dem Giulio und Giovan Francesco, und zum Executor seines Testamentes ernannte er Herrn Baldassare da Pescia, damals Datario (Kanzleipräsident) des Papstes. Nachdem er alle diese Anordnungen getroffen hatte, beichtete er und starb reuevoll an demselben Festtage an dem er geboren war, am Karfreitag in einem Alter von siebenunddreißig Jahren, und wie sein Geist die Erde verschönte, ist zu glauben, daß seine Seele den Himmel schmückt. – In dem Saale worin er zuletzt arbeitete stand seine Leiche, ihm zu Häupten das Bild von der Verklärung, welches er für den Kardinal von Medici vollendet hatte, und wer dies lebende Gemälde und diesen toten Körper betrachtete, dessen Seele wurde von tiefem Schmerz erschüttert. Der Verlust Raffaels bestimmte den Kardinal, jenes Bild auf dem Hauptaltar von St. Pietro in Montorio aufstellen zu lassen, und es wurde nachmals als selten herrlich, in allen Teilen von jedermann hoch in Wert gehalten. Sein Körper empfing ehrenvolles Begräbnis, wie es einem so edeln Geist geziemte, denn es war kein Künstler in Rom, der ihn nicht schmerzlich beweinte und zu Grabe geleitete. Viele Trauer brachte sein Tod dem ganzen päpstlichen Hofe; er hatte während seines Lebens das Amt eines Kammerherrn bekleidet, und der Papst hatte ihn so sehr geliebt, daß sein Verlust ihn bit-

87 Raffaels Grab ist das erste Künstlergrab im Pantheon (auch S. Maria ad Martyres genannt) in Rom. Die Grabstatue (»Madonna del Sasso«) schuf sein Schüler Lorenzetto (Lorenzo Lotti).

terlich weinen machte. – Glücklicher und seliger Geist, gerne redet ein jeder von dir, feiert deine Taten und bewundert jede Zeichnung welche du hinterlassen hast. Wohl konnte beim Tod dieses edeln Künstlers auch die Malerei sterben, denn als er die Augen schloß, blieb sie fast blind zurück. Uns aber, die wir noch leben steht es zu, die gute oder vielmehr vollkommne Weise nachzuahmen, welche er uns zum Vorbild gegeben hat, sein Andenken dankbar im Herzen zu bewahren, wie unsre Pflicht und seine Verdienste es fordern, und durch Wort und Rede ihm ein ehrenvolles Gedächtnis zu stiften. Er war es, der Ausführung, Farben und Erfindung vereint zu einem Grade der Vollkommenheit brachte, welchen man kaum erreicht zu sehen hoffen durfte, und kein Geist achte für möglich, daß er ihn je übertreffen könne.

Und außer der Wohltat welche er der Kunst als ihr wahrster Freund erwies, lehrte er uns durch sein Leben, wie man im Umgang mit den Großen der Welt, wie mit Menschen mittlern Standes, und wie mit ganz geringen Leuten sich betragen müsse; auch halte ich unter seinen seltnen Gaben eine so wunderbar, daß sie mich in Staunen versetzt, die nämlich, daß der Himmel ihm Kraft verlieh in unserem Kreise zu erwecken, was wider die Natur der Maler streitet; denn alle, nicht nur die geringen, sondern auch die, welche den Anspruch machten groß zu sein (wie die Kunst deren unzählige hervorbringt), waren einig, sobald sie in Gesellschaft Raffaels arbeiteten; jede üble Laune schwand, wenn sie ihn sahen, jeder niedrige gemeine Gedanke war aus ihrer Seele verscheucht. Eine solche Übereinstimmung herrschte zu keiner Zeit als in der seinigen; dies kam daher, daß sie durch seine Freundlichkeit, durch seine Kunst, und mehr noch durch die Macht seiner schönen Natur sich überwunden fühlten, welche so anmutsvoll und liebreich war, daß nicht nur die Menschen, sondern selbst Tiere ihn ehrten. Man sagt, wenn irgend ein Maler den er kannte oder auch nicht kannte, eine Zeichnung von ihm begehrte, habe er seine Arbeit liegen lassen um jenem Hülfe zu leisten; er hielt stets eine Menge Künstler in Arbeit, half ihnen und belehrte sie mit einer Liebe, wie sie nicht Künstlern sondern eigenen Kindern erwiesen wird. Hiedurch kam es, daß er nie von seinem Hause nach Hofe ging, ohne von wohl fünfzig guten und vorzüglichen Malern umgeben zu sein, die ihn durch ihr Geleite ehren wollten; kurz er lebte wie ein Fürst und nicht wie ein Künstler. – Wohl konntest du, o Kunst der Malerei, dich damals glücklich preisen, denn dir gehörte ein Meister an, dessen Trefflichkeit und Sitten dich zum Himmel erhoben. Gesegnet konntest du dich nennen, seit das Vorbild eines solchen Mannes deine Schüler gelehrt hat, wie man leben müsse und was es wert sei, Kunst und Tugend zu vereinen. In Raffael verbunden besiegten sie die Macht Julius' des II. und erweckten die Großmut Leos des X., denn beide Fürsten mit der höchsten Würde bekleidet, erwählten ihn zum Freund, und übten gegen ihn eine Freigebigkeit und Gnade, welche ihm Mittel darbot, sich selbst und der Kunst große Ehre zu erwerben. – Glückselig auch nennen kann man die welche in seinem Dienste unter ihm arbeiteten, denn alle die ihm nachstrebten, gelangten zu ehrenvollem Ziel; wer in der Kunst sich nach ihm bildet, wird von der Welt geehrt, und wer in Sitten ihm zu gleichen sucht, wird im Himmel belohnt.

Die folgende Grabschrift wurde Raffael von Kardinal Bembo gesetzt:

D. O. M.
Raphaelli Sanctio Joan. F. Urbinati Pictori Eminentiss.
Veterumque Emulo
Cuius Spiranteis Prope Imagineis
Si Contemplere,
Naturae, Atque Artis Foedus
Facile Inspexeris.
Julij II. et Leonis X. Pontt. Maxx.
Picturae et Architect. Operibus
Gloriam Auxit.
Vixit An. XXXVII. Integer Integros.
Quo Die Natus Est, Eo esse Desiit
VII. Id. April MDXX.

Ille hic est Raphael, timuit quo sospite vinci
Rerum magna parens et moriente mori.[88]

Der Graf Balthasar Castiglione aber schilderte seinen Tod in folgender Weise:

Quod lacerum corpus medica sanaverit arte;
Hippolytum Stygiis et revocarit acquis,
At Stygias ipse est raptus Epidaurius undas;
Sic precium vitae mors fuit Artifici.
Tu quoque dum toto laniatam corpore Romam
Componis miro Raphael ingenio;
Atque urbis lacerum ferro, igni annisque cadaver.
Ad vitam, antiquum iam revocasque decus,

88 Übersetzung nach Ernst Förster, *Raphael*, Bd. 1, Leipzig 1867, S. 322 f.: »Gott dem Allgütigen, Allmächtigen! / Raphael Santi, dem Sohne Giovannis des Urbinaten, dem ausgezeichnetsten Maler und Nebenbuhler der Alten, bei dessen beinahe atmenden Gestalten, wenn du sie betrachtest, das Bündnis zwischen Natur und Kunst du leicht erkannt haben wirst. Er mehrte durch seine Werke der Malerei und Baukunst den Ruhm der Päpste Julius II. und Leo X. Er lebte vollkommen vollkommene Jahre; und hörte an dem Tage, an dem er geboren, zu leben auf, am 7. April 1520. Hier liegt Raphael, den die Natur, die mächtige, gefürchtet. Daß er sie lebend besieg, und daß sie stürbe mit ihm.«

Movisti superum invidiam indignataque Mors est,
Te dudum extinctis reddere posse animam,
Et quod longa dies paulatim aboleverat, hoc te
Mortali spreta lege parare iterum.
Sic miser heu prima cadis intercepte Juventa,
Deberi et Morti nostraque nosque mones.[89]

89 Übersetzung nach Herman Grimm, *Das Leben Raphael's*, Berlin [3]1896, S. 222 f.: »Weil mit gesegneter Hand Aesculap die zerrissenen Glieder / Wieder belebt und den Tod, der schon die Beute gepackt, / Fort von dem Haupt Hippolyts in die Finsternis wieder verscheuchte, / Zog ihn die gierige Macht selbst in die Tiefe hinab. / So dich! Der du die Stadt, die verwüstete, niedergeworfne, / Trümmerbegrabne, empor tief aus den Grüften geholt, / Der du mit kundigem Blick die zerstreuten Gebeine geholt, / Und sie mit Zaubergewalt wieder ins Leben gelockt, / Bis sich der göttliche Leib, als kehrten die lange verrauschten / Zeiten der Größe zurück, jung aus dem Staube erhob: / Raphael! Aber es blickte der unersättliche Würger / Neidischen Sinns und besorgt auf das ganze Werk. / ›Was ich für immer gestürzt! Was mein ist! Was der Vernichtung / Ewig verfiel, wagt er wieder dem Lichte zu weihen? / Sink in den Staub!‹ – Und du sankst, voll bleibender Kraft. Wir aber / Denken der Stunde, da er uns dir zu folgen befiehlt.«

# Das Leben von Michelagnolo Buonarroti

Michelangelo Buonarroti
Porträt, wohl von Marcello Venusti
Rom, Musei Capitolini

Das Leben
des florentinischen Malers,
Bildhauers und Baumeisters

# Michelagnolo Buonarroti

Während sinnreiche, ausgezeichnete Geister vom Licht des vielberühmten Giotto[1] und seiner Nachfolger geleitet, sich anstrengten, der Welt die ihnen durch die Gunst der Sterne und durch eine glückliche Phantasie verliehene Kraft darzutun, und im Verlangen durch die Vorzüge der Kunst die Herrlichkeit der Natur darzustellen, und so viel sie vermochten, zu jenem höchsten Verständnis zu kommen, welches viele Intelligenz nennen, sich so gut wie vergebens abmühten, wandte der allgütige Lenker der Welten gnädig seine Augen zur Erde, und als er die Fruchtlosigkeit zahlloser Anstrengungen sah, die eifrigen Studien ohne Erfolg, den Eigendünkel der Menschen, der von der Wahrheit viel ferner liegt als die Dämmerung von dem Lichte, beschloß er, uns von so vielen Irrtümern zu erlösen, einen Geist zur Erde zu senden, der, allvermögend in jeder Kunst und jedem Beruf, durch sich allein dartun könne, was Vollkommenheit der Zeichnung sei in Entwurf, Umriß, Licht und Schatten, wodurch Gemälde Rundung gewinnen, der die Bildhauerei nach richtiger Einsicht zu üben und durch Kenntnis der Baukunst Wohnungen bequem, sicher, gesund, heiter, nach richtigem Verhältnis und reich an

1 Giotto di Bondone war nach Vasari der Überwinder der byzantinisierenden, mittelalterlichen Malerei (»maniera greca«).

mancherlei Schmuck aufzuführen wisse. Zudem sollten wahre Philosophie und die Zierde der holden Dichtkunst ihm eigen sein: damit die Welt ihn im Leben, im Wirken, in Heiligkeit der Sitten und in allen Handlungen gleich einem seltnen Vorbilde achte und bewundre, und er von uns mehr als ein himmlisches, denn als ein irdisches Gut erkannt werde. Und da er sah, daß in solcherlei Fertigkeiten und besonders in den Künsten der Malerei, Bildhauerei und Architektur die Geister Toscanas stets vor andern sich hervorgetan, indem sie mehr als irgend ein Volk Italiens Fleiß und Studium in Wissenschaft und Kunst aufwenden, wählte er Florenz, ruhmwürdig vor den übrigen Städten, zu seiner Heimat, um dort die wohlverdiente, endliche Vollendung aller Künste in einem ihrer Bürger ans Licht zu stellen. So wurde dem Signore Lodovico di Lionardo Buonarroti Simoni, der wie man sagt aus der edeln Familie der Grafen Canossa stammte, im Jahr 1474 unter verhängnisvoll günstigem Sterne von einer wohldenkenden, edeln Frau im Casentiner Tal ein Sohn geboren, in demselben Jahr, als Lodovico Podestà war der Schlösser von Chiusi und Caprese in der Aretiner Diözese, nahe dem Sasso della Vernia, wo St. Franciscus die Wundmale empfing, am sechsten März eines Sonntags um die achte Stunde der Nacht, und der Vater gab ihm den Namen Michelagnolo, indem er ohne weiteres Nachdenken, von etwas Höherem getrieben, ein ungewöhnliches, himmlisches und göttliches Gut in ihm zu erkennen meinte, wie dies nachmals aus der Konstellation bei seiner Geburt hervorging, denn Merkur und Venus waren ihr günstig und sie erfolgte bei freundlichen Aspekten unter der Herrschaft Jupiters – ein Zeichen, daß er einst durch Hand und Geist herrliche bewunderungswürdige Werke vollführen werde.[2]

Nachdem Lodovico das Amt des Podestà niedergelegt hatte, wohnte er wieder in Florenz auf der Villa von Settignano, drei Meilen von der Stadt, wo er von seinen Voreltern her ein Gut besaß. Der Ort ist reich an Steinen, vornehmlich an Sandsteinbrüchen, die ohne Unterlaß von Steinmetzen und Bildhauern bearbeitet werden, welche meist in jenen Gegenden heimisch sind. Lodovico gab dort Michelagnolo zu der Frau eines Steinmetzen, damit sie ihn als Amme nähre. Dies aber war Anlaß, daß Michelagnolo einstmals im Scherze zu Vasari sprach: »Giorgio, mein Geist an sich ist nichts nütze, sondern nur, weil er in der milden Luft von Arezzo, Eurer Heimat, ans Licht gekommen ist, so wie ich auch mit der Milch meiner Amme Meißel und Hammer eingesogen, womit ich meine Figuren mache.«

Lodovico bekam mit der Zeit viele Kinder, und da er kein Vermögen und nur ein geringes Einkommen hatte, bestimmte er seine Söhne der Wollen- und Seidenweberei und gab Michelagnolo, der schon herangewachsen war, in die gelehrte Schule zu Herrn Francesco von Urbino;[3] der Knabe aber, der durch innern Trieb am Zeichnen Ergötzen fand, verwendete darauf so viele Zeit als möglich, tat es heimlich, weil er von seinem Vater und von seinen Lehrern darum gescholten, bisweilen sogar geschlagen wurde, die vielleicht jene Kunst, die sie nicht

2 Am 6. März 1475 (nach florentinischer Zeitrechnung 1474) erblickte Michelangelo in Caprese, einem kleinen Ort unweit von Arezzo, wohin der Vater Lodovico di Lionardo di Buonarroti Simoni für ein halbes Jahr als Podestà berufen worden war, das Licht der Welt.

3 Francesco da Urbino, Grammatiker in Florenz (ebenso Condivi, S. 9 f.), Lebensdaten unbekannt.

kannten, für niedrig und ihrer alten Familie nicht würdig genug achteten.

In dieser Zeit schloß Michelagnolo Freundschaft mit Francesco Granacci, der ein Knabe, wie er, bei Domenico Grillandaio[4] die Kunst der Malerei lernte, Michelagnolo lieb hatte, und da er seine Geschicklichkeit im Zeichnen sah, ihm täglich Blätter von Grillandaio brachte, der nicht nur in Florenz, sondern in ganz Italien für einen der besten Maler geachtet wurde. Hiedurch wuchs in Michelagnolo von Tag zu Tage der Eifer etwas zu Stande zu bringen, so daß Lodovico, als er die Unmöglichkeit sah den Knaben vom Zeichnen abzuhalten, beschloß, damit doch etwas dabei herauskomme und er die Kunst auch wirklich lerne, ihn auf den Rat seiner Freunde zu Domenico Girllandaio in die Lehre zu geben.

So kam Michelagnolo in dem Alter von vierzehn Jahren zu Domenico. Zwar hat ein Schriftsteller, der nach 1550, wo ich dies Werk zum ersten Male herausgab, das Leben Michelagnolos schrieb, die Behauptung aufgestellt, es sei von einigen aus Mangel an Verkehr mit jenem Künstler Unwahres über ihn berichtet und Denkwürdiges verschwiegen worden, namentlich mit Beziehung auf das eben Gesagte, daß Domenico, den er als sehr neidisch bezeichnet, dem Michelagnolo nie einen besondern Dienst geleistet; allein daß dies falsch ist, kann man aus einer Schrift von der Hand Lodovicos, des Vaters von Michelagnolo, in einem der Bücher Domenicos sehen, das bei seinen Erben aufbewahrt wird.[5] Diese

4 Schreibweise von Vasari, richtig: Domenico Ghirlandaio, führender Maler in Florenz am Ende des 15. Jh.s.

5 Vasari spielt hier auf Condivi an und versucht sich gegen die von Condivi erhobenen Vorwürfe in bezug auf inhaltliche Fehler der Ausgabe 1550 zu rechtfertigen. Stillschweigend übernimmt Vasari viele Details aus Condivis Bericht, ohne dies kenntlich zu machen (vgl. Condivi, Vorrede); vgl. dazu auch das Nachwort.

Schrift lautet: »1488. Ich bezeuge heute am 1. April, daß ich Lodovico di Lionardo di Buonarrota meinen Sohn, Michelagnolo, für die nächsten drei Jahre zu Domenico und David di Tommaso di Currado[6] gegeben habe, mit dem Vertrag und der Bedingung, daß der genannte Michelagnolo die genannte Zeit bei genannten Meistern bleiben solle, um malen und ihren Beruf üben zu lernen; und daß genannte Meister die Aufsicht über ihn führen und daß genannte Domenico und David ihm im Verlauf dieser drei Jahre vierundzwanzig Gulden Lohn zahlen, im ersten Jahr sechs, im zweiten acht, im dritten zehn, in allem die Summe von sechsundneunzig Lire.« Und unter diesem Zeugnis oder Vertrag liest man gleichfalls von der Hand Lodovicos: »Der oben genannte Michelagnolo hat davon heute am sechzehnten April zwei Goldgulden in Gold ausgezahlt erhalten. Ich Lodovico di Lionardo, sein Vater, bekam auf seine Rechnung 12 Lire und 12 Soldi.« Diese Notizen habe ich aus dem bezeichneten Buche selbst abgeschrieben, um darzutun, daß alles was ich damals berichtete und weiter berichten werde, der Wahrheit gemäß ist, auch weiß ich nicht, daß irgendwer näher mit Michelagnolo verkehrt hätte, ihm mehr als ich ein treuer Freund und Diener gewesen sei, wie selbst Nichtunterrichtete bezeugen müssen, glaube nicht daß jemand eine größere Zahl und mit mehr Liebe geschriebener Briefe von ihm aufweisen kann als ich. – Diesen Abschweif gestattete ich mir zum Zeugnis der Wahrheit und zwar mag er für die ganze Fortsetzung von Michelagnolos Leben genügen. Jetzt aber wollen wir zu unserer Erzählung zurückkehren.

6 Gemeint ist Davide Ghirlandaio, florentinischer Maler, Bruder von Domenico.

Die Geschicklichkeit Michelagnolos wuchs mit seiner Person dermaßen, daß Domenico erstaunte, als er sah wie ihm manches über das Vermögen eines Jünglings gelang, so daß es ihm schien, er übertreffe nicht nur seine Mitschüler, deren Zahl groß war, sondern erreiche auch in vielem die Arbeiten von ihm, dem Meister. Als nämlich einer der jungen Leute, die bei Domenico lernten, mehrere weibliche Gestalten in Gewändern nach einem Vorbilde Grillandaios mit der Feder gezeichnet hatte, nahm Michelagnolo das Vorlegeblatt und umzog mit einer stärkern Feder eine jener Frauen mit neuen Linien, wie sie hätten laufen müssen, um völlig richtig zu sein, und mit Verwundern erkennt man den Unterschied der zweierlei Manieren und die Trefflichkeit und die Einsicht eines Jünglings, der Kühnheit genug besaß, um die Arbeiten seines Meisters zu verbessern. Dieses Blatt besitze ich und bewahre es als eine Reliquie; ich erhielt es von Granacci, um es mit andern Blättern von der Hand Michelagnolos in mein Zeichenbuch aufzunehmen. 1550, als ich in Rom war, zeigte ich es Michelagnolo, der es wiedererkannte, und indem er sich freute es zu sehen, aus Bescheidenheit äußerte: er habe als Kind diese Kunst besser verstanden wie nun, da er alt sei.

In der Zeit als Domenico die große Kapelle von Santa Maria Novella malte,[7] zeichnete Michelagnolo eines Tages, da sein Meister außerhalb war, das Gerüste mit ein paar Tischen, allem Kunst-Handwerkszeug und einigen darauf arbeitenden Malergehülfen genau ab. Domenico sah bei seiner Zurückkunft das Blatt und sprach: »Dieser versteht mehr als ich!« und blieb erstaunt über die neue

7 Freskenzyklus in der Chorkapelle (Cappella Tornabuoni) von S. Maria Novella in Florenz, ausgemalt 1485–90.

Manier und die neue Weise der Darstellung, welche einem Jüngling durch die ihm von Gott verliehene Einsicht in so frühem Alter eigen war, daß er in Wahrheit leistete, was man nur von einem erfahrenen, die Kunst schon lange Jahre übenden Meister hätte wünschen können. Solches vermochte er, weil alles Wissen und Vermögen seiner Natur durch Studium und Kunst erweitert wurde, denn in Michelagnolo lockte jeder Tag göttliche Früchte ans Licht, wie sich deutlich zu zeigen begann, als er einen Kupferstich von Martin dem Deutschen[8] nachbildete, wodurch er vielen Ruhm erlangte. Es war nämlich damals eine in Kupfer gestochne Komposition des genannten Martino: St. Antonius, der von Teufeln geplagt wird, nach Florenz gekommen, und Michelagnolo zeichnete sie mit der Feder nach, wie man der Art noch nichts gesehen hatte, und malte sie auch mit Farben aus, zu welchem Zweck er um einige ungewöhnliche Formen von Teufeln besser zu treffen, Fische mit seltsam farbigen Schuppen kaufte, und bewies hiebei so große Geschicklichkeit, daß er Namen und Ruf davontrug. Außerdem kopierte er Blätter von verschiedenen alten Meistern so treu, daß sie den Originalen gleichkamen, färbte, räucherte und beschmutzte sie auf verschiedene Weise, bis sie ein altes Ansehn hatten und man keinen Unterschied zwischen seinen und jenen gewahr wurde, einzig um die Nachbildungen statt der Originale hinzugeben, die er behielt, wegen ihrer Trefflichkeit bewun-

8 Martin Schongauer, Maler und Kupferstecher. Der Stich »Der heilige Antonius wird von Dämonen gepeinigt« entstand kurz nach 1470. In der ersten Ausgabe 1550 führt Vasari Albrecht Dürer als Künstler dieses Kupferstichs an. Condivi (S. 11) nennt richtig »Martino d'Olanda«, wonach sich Vasari korrigiert. Trotz verschiedener Vorschläge konnte Michelangelos Zeichnung bislang nicht wiederentdeckt werden.

derte und durch seine Leistungen zu übertreffen suchte, und wurde durch dies alles sehr berühmt.

In jener Zeit gab der prachtliebende Lorenz von Medici dem Bildhauer Bertoldo eine Wohnung in seinem Garten auf dem Platze von San Marco,[9] nicht sowohl als Aufseher über viele schöne, mit großen Kosten dort von ihm gesammelte Altertümer, als aus dem lebendigen Wunsche, eine Schule für Maler und Bildhauer zu gründen, deren Haupt und Führer Bertoldo, ein Schüler Donatos, sein sollte; und obwohl er bereits so alt war, daß er nicht mehr arbeiten konnte, war er doch nichtsdestoweniger ein sehr geschickter und angesehener Meister, der nicht nur die gegossenen Reliefs der Kanzeln von seinem Meister Donato aufs fleißigste ausgeputzt, sondern auch viele Bronzegüsse von Schlachten und einige andere Kleinigkeiten ausgeführt mit einer Meisterschaft, darin ihn keiner der damals in Florenz lebenden Künstler übertraf. Da nun Lorenzo, der eine große Liebe zu Malerei und Bildhauerkunst hatte, es beklagte, daß zu seiner Zeit keine berühmten und trefflichen Bildhauer gefunden würden, gleichwie man viele Maler von hohem Wert und Ruf antreffe, beschloß er, wie ich oben erzählte, eine Schule zu stiften und beauftragte Domenico Ghirlandai, wenn er junge Leute in seiner Werkstatt hätte, die Lust dazu bezeigten, solche nach seinem Garten zu schicken, wo er sie zu üben und in einer Weise auszubilden wünschte, daß er sich und ihn die Stadt ehren solle. Hierauf empfahl ihm Domenico als die vorzüglichsten unter seinen jungen Leuten: Michelagnolo und Francesco Granaccio. Sie gingen nach dem Garten

9 In diesem Medici-Garten bei San Marco befand sich die Sammlung antiker Skulpturen, die den Bildhauern um Bertoldo zum Studium diente.

und fanden dort Torrigiano, einen jungen Mann aus der Familie der Torrigiani, der in Auftrag von Bertoldo ein Paar runde Figuren in Ton modellierte. Als Michelagnolo das sah, machte er sogleich auch ein Paar dergleichen aus Nacheiferung, und Lorenzo erkannte alsbald den herrlichen Geist des Jünglings und behielt ihn von nun an immer im Auge. Michel Angelo aber, dadurch ermuntert, gab sich nach wenigen Tagen daran, aus einem Stück Marmor den antiken Kopf eines alten, grinzenden Faun nachzubilden, der an der Nase beschädigt war und den Mund zum Lachen zog.[10] Obwohl nun Michelagnolo nie Marmor und Meißel unter den Händen gehabt hatte, löste er doch die Aufgabe zum Verwundern des Herzogs. Dieser nun, als er sah, daß M. Angelo von dem antiken Vorbilde abweichend, dem Faun nach eigner Phantasie den Mund geöffnet hatte, wodurch die Zunge und alle Zähne sichtbar wurden, sprach nach seiner gewohnten Weise freundlich scherzend: »Du hättest doch wissen sollen, daß alte Leute nie ihre Zähne insgesamt haben, sondern daß ihnen stets einer fehlt.« – Michelagnolo, der den Herzog liebte und fürchtete, meinte in seiner Einfalt, er habe recht, brach, sobald er fort war, einen Zahn heraus, feilte den Gaumen in einer Weise, daß es schien, der Zahn sei heraus gefallen und harrte mit Sehnsucht auf die Rückkehr des Herrn, der, als er kam und die Lauterkeit und Güte Michelagnolos sah, herzlich lachte und die Begebenheit oftmals gleich einem Wunder seinen Freunden erzählte; und da er sich vorgenommen, den Jüngling zu unterstützen und zu begünstigen, so hielt er bei Lodovico, seinem Vater, um ihn an, mit dem Versprechen, daß er ihn wie einen Sohn

10 Dieser Faunskopf ist verschollen; vgl. Condivi, S. 13.

halten werde, und da der Vater gerne darein willigte, so gab ihm der Herzog ein Zimmer in seinem Hause, ließ ihn an seinem Tische essen und mit seinen Söhnen und andern Personen von Rang und Stand umgehen, die zu dem Herzog kamen, der ihn sehr in Ehren hielt.[11] Das geschah im zweiten Jahre, nachdem Michelagnolo zu Domenico gekommen und im fünfzehnten oder sechzehnten seines Alters, und blieb er vier Jahre in diesem Hause, nämlich bis zu dem Tode Lorenzos 1492. Während dieser Zeit erhielt er vom Herzog als Gehalt und zur Erleichterung für seinen Vater des Monats fünf Dukaten, auch schenkte ihm Lorenzo zu seinem Vergnügen einen violetten Mantel und gab dem Vater ein Amt bei der Maut. Und hiebei bemerke ich, daß alle jungen Leute im Garten, der eine mehr, der andre weniger Gehalt erhielten durch die Großmut des durchlauchtigen, großsinnigen Bürgers, der sie förderte und belohnte solange er lebte.

Damals arbeitete Michelagnolo auf den Rat Polizianos,[12] eines in den Wissenschaften sehr erfahrnen Mannes, aus einem Stück Marmor, welches der Herzog ihm gab, die Schlacht des Herkules mit den Kentauren, die so schön gelang, daß jeder, der dies Werk ansieht, es für die Arbeit nicht eines Jünglings, sondern eines geschätzten, in den Studien erfahrenen und in der Kunst geübten Meisters halten muß.[13] Zu seinem Gedächtnis bewahrt es

11 Michelangelo lebte 1488–92 im Hause der Medici, wo er zusammen mit Lorenzos Söhnen eine höfische Erziehung genoß und das Fundament für seine humanistische Bildung gelegt wurde.

12 Agnolo Poliziano, führender Humanist und Literat in Florenz, Freund von Marsilio Ficino und Lorenzo dem Prächtigen, Haupterzieher von Lorenzos Söhnen und Michelangelo.

13 Die »Kentaurenschlacht« (1490–92, Florenz, Casa Buonarroti) entstand ohne direkten Auftrag.

sein Neffe Lionardo heutigen Tages als ein fürwahr seltnes Werk in seinem Hause auf.[14] Dieser Lionardo besaß auch noch vor wenigen Jahren als Andenken an seinen Oheim ein halberhobenes, nicht viel über eine Elle großes Madonnenbild von Marmor, bei welchem Michelagnolo, zur Zeit als er es ausführte noch ein Jüngling, die Manier Donatellos nachahmen wollte und sich so gut hielt, daß es von dessen Hand zu sein scheint, nur mehr Anmut und bessere Zeichnung hat.[15] Später gab es Lionardo an Herzog Cosimo von Medici,[16] der es sehr hoch hält, zumal es nur dies eine Basrelief von Michelagnolo gibt.

Doch kehren wir zu dem Garten des prachtliebenden Lorenzo zurück! Er war reich an Antiken und sehr geschmückt mit trefflichen Malerwerken, die um ihrer Schönheit, um des Studiums und des Vergnügens willen dort vereinigt waren, und Michelagnolo hatte die Schlüssel dazu beständig in Händen; in allem seinen Tun war er rascher als die übrigen, und in allen Dingen lebensfrisch und rüstig. Viele Monate zeichnete er in Carmine nach den Malereien Masaccios, und zwar mit so viel Verstand und Einsicht, daß Künstler und Kunstfreunde sich verwunderten und daß der Neid zugleich mit seinem Ruhme wuchs.[17] Unter andern erzählt man

14 Michelangelo, selbst kinderlos, vererbte seinen Besitz seinem Neffen Leonardo Buonarroti, der in seinem Wohnhaus (heute die Casa Buonarroti) Erbstücke aufbewahrte (u. a. Zeichnungen aus dem Nachlaß) und das Andenken seines Onkels durch einen ihm gewidmeten Gemäldezyklus in Ehren hielt; vgl. Condivi, S. 17.

15 »Madonna an der Treppe« (um 1490, Florenz, Casa Buonarroti).

16 Unter Cosimo I. verlor Florenz endgültig den republikanischen Status.

17 Einige wenige von Michelangelos Zeichnungen (entstanden 1488–91/92) nach Masaccios Fresken in S. Maria del Carmine in Florenz (1424–26) sind noch erhalten.

sich, daß Torrigiano, der viel mit ihm umging und sich mit ihm neckte, aus Neid darüber, ihn geehrter als sich und in der Kunst vorzüglicher zu sehn, ihm einstmals einen solchen Schlag mit der Faust auf die Nase gegeben habe, daß sie gequetscht und zerbrochen und er für sein Leben schlimm gezeichnet blieb, Torrigiano aber von Florenz verbannt wurde, wie ich andern Ortes erzählt habe.[18]

Nach dem Tode des prachtliebenden Lorenzo kehrte Michelagnolo in sein elterliches Haus zurück, sehr betrübt über den Verlust eines solchen Mannes und Freundes aller schönen Künste. Er kaufte ein großes Stück Marmor und arbeitete daraus einen Herkules von vier Ellen Höhe. Dieser stand viele Jahre im Palaste der Strozzi,[19] galt für ein bewundrungswürdiges Werk und wurde im Jahr der Belagerung von Giovan-Battista della Palla an König Franz von Frankreich geschickt.[20] Man sagt Piero von Medici, der Michelagnolo schon lange kannte, habe als Erbe von Lorenzo seinem Vater, oft nach ihm gesandt, wenn er antike Kameen oder andere geschnittene Arbeiten kaufen wollte; auch ließ er ihn eines Winters, da es in Florenz stark geschneit hatte, in seinem Hofe eine Figur aus Schnee formen, die sehr

18 Diese Anekdote beruht wohl auf Wahrheit, wie die überlieferten Bildnisse Michelangelos nahelegen. Vgl. auch Condivi (S. 93), wo eine genaue Beschreibung der äußeren Gestalt Michelangelos mit Hinweis auf die Porträts gegeben und auch die Anekdote mit Torrigiani erzählt wird.

19 Die Strozzi waren eine alte und mächtige florentinische Familie und Rivalen der Medici. Der Palast der Strozzi befindet sich in der Via Tornabuoni.

20 Diese überlebensgroße Herkules-Statue (ca. 2,40 m), 1642 noch in Fontainebleau erwähnt, ist verschollen. Vasari hat die Höhenangabe von Condivi (S. 17) übernommen. Das Jahr der Belagerung liegt zwischen 1527 und 1530, als das republikanische Florenz von päpstlichen Truppen belagert wurde, um die Medici wieder in die Macht einzusetzen. Della Palla flüchtete nach der Niederlage nach Frankreich zu Franz I.

schön gelang, und ehrte ihn um seiner Kunst willen so hoch, daß Lodovico, sein Vater, wohl sah, er sei von Vornehmen geachtet, und ihn weit stattlicher kleidete, als bis dahin. Für die Kirche von Santo Spirito in Florenz arbeitete Michelagnolo ein Kruzifix von Holz,[21] welches über dem Halbkreis des Hauptaltars gestellt wurde und noch steht, dem Prior zu Gefallen, der ihm ein Zimmer überlassen hatte, wo er zum Studium der Anatomie tote Körper zergliederte und den Grund zu der nachmals ihm eigenen Vollkommenheit der Zeichnung legte.

Als die Medici aus Florenz vertrieben wurden[22] und zwar mehrere Wochen vorher, war Michelagnolo nach Bologna und von dort nach Venedig gegangen, aus Besorgnis, es könne ihn als Freund des Hauses irgend eine Unannehmlichkeit treffen, denn er kannte den Übermut und die schlechte Verwaltung Pieros von Medici, kehrte aber, weil er in Venedig nicht Unterhalt fand, nach Bologna zurück. Hier beging er aus Unachtsamkeit den Fehler, sich beim Eintritt in das Tor kein Zeichen geben zu lassen, auf welches hin er wieder heraus könne, wie damals aus Argwohn von Herrn Giovanni Bentivogli[23] befohlen war, der verlangte jeder Fremde, welcher kein Zeichen habe, solle 50 bolognesische Lire bezahlen, und so dem Gesetz verfallen, ohne Mittel die Strafe zu zahlen, erweckte Michelagnolo das Mitleid von Herrn Giovan Francesco Aldovrandi, einem der Sechzehner, der

21 Die Erwähnung dieses Kruzifixes und der anatomischen Studien übernimmt Vasari von Condivi (S. 18). 1962 wurde in S. Spirito ein Kruzifix wiederaufgefunden, das in der Zuschreibung an Michelangelo jedoch umstritten ist (heute in Florenz, Casa Buonarroti).

22 Die Vertreibung erfolgte 1494 auf Betreiben von Savonarola.

23 Giovanni II. Bentivoglio, päpstlicher Statthalter in Bologna, 1506 von Papst Julius II. gestürzt.

ihn zufällig sah, und der, nachdem er sich die Sache hatte erzählen lassen, ihn befreite und ein ganzes Jahr bei sich behielt. Eines Tages als Aldovrandi mit ihm ging das Grabmal des H. Dominicus zu sehn, das, wie man sagt, von den beiden alten Bildhauern Giovanni Pisano[24] und nach ihm von Meister Niccolo dall'Arca[25] gearbeitet ist, und an dem ein Engel fehlte der einen Leuchter zu tragen hat, und ein heiliger Petronius, Figuren von ungefähr einer Elle Höhe, fragte ihn Aldovrandi ob er wohl Lust habe sie zu arbeiten; und Michel Angelo sagte: »Ja.« Man gab ihm Marmor und er führte sie so gut aus, daß es die besten an dem Orte sind; Herr Francesco Aldovrandi aber ließ ihm dreißig Dukaten für beide auszahlen.[26]

Michelagnolo war nicht viel über ein Jahr in Bologna. Er würde länger geblieben sein, um der Höflichkeit des Herrn Aldovrandi Genüge zu tun, der ihn sowohl wegen seiner Kunst im Zeichnen, als wegen seiner toskanischen Mundart liebte, die ihm beim Vorlesen angenehm klang, so daß er ihn gerne die Verse Dantes, Petrarcas wie anderer toskanischer Dichter vortragen hörte; aber er sah ein, daß er Zeit verliere, und kehrte gerne nach Florenz zurück. Hier arbeitete er für Lorenzo di Pierfrancesco de' Medici einen kleinen St. Johannes aus Marmor,[27] und danach nahm er einen andern Marmorblock

24 Nicht Giovanni, sondern dessen Vater Nicola Pisano hat die »Arca di San Domenico« begonnen. Vasari ist hier besser als Condivi informiert, wenn er angibt, daß ein Pisano das Werk begonnen habe.

25 Niccolò dell'Arca trägt seinen Beinamen nach dem erwähnten Werk in S. Domenico, Bologna.

26 Michelangelo schuf 1494/95 für die »Arca« drei Statuetten: einen Leuchterengel, den heiligen Petronius und den heiligen Prokulus.

27 Diese Statue ist verschollen; bisher keine überzeugenden Identifizierungsvorschläge; vgl. Condivi, S. 22 f.

und begann einen schlafenden Cupido in natürlicher Größe,[28] der, als er fertig war, von Baldassare del Milanese Herrn Pierfrancesco als ein schönes Werk gezeigt wurde. Dieser aber, nachdem er ihn mit prüfendem Auge betrachtet, sprach: »Wenn du ihn unter die Erde legtest, so bin ich gewiß, er würde für antik gelten, und wolltest du ihn in einer Weise zugerichtet, als ob er alt sei, nach Rom schicken, so würde dir das weit mehr einbringen als wenn du ihn hier verkauftest.« Man sagt, Michelagnolo habe hierauf seiner Statue das Aussehn gegeben als ob sie antik sei, und ist dabei nichts zu verwundern, weil er Verstand genug besaß, dies und noch mehr zu tun. Andere behaupten, Milanese habe sie nach Rom geschafft, auf seiner Vigna vergraben und dann als ein antikes Werk für 200 Dukaten an den Kardinal San Giorgio[29] verkauft; während noch andere erzählen, Milanese, für den sie gearbeitet war, habe sie dem Kardinal verkauft und an Pierfrancesco geschrieben: er solle Michelagnolo dreißig Scudi auszahlen, indem er für den Cupido nicht mehr erhalten habe, so daß er den Kardinal Pierfrancesco und Michelagnolo betrogen hätte. Indes hörte San Giorgio von einem Augenzeugen, die Figur des Knaben sei in Florenz gearbeitet, und als er durch einen eigens Beauftragten die Wahrheit erkundschaftet, brachte er es dahin, daß der Sachwalter Milaneses das Geld wieder hergeben und den Cupido zu-

28 Dieser Cupido wurde 1502 von Cesare Borgia erworben, ging dann in den Besitz der Isabella d'Este über, die ihn in ihrer Grotte des Castello di San Giorgio im Mantuaner Palazzo Ducale aufstellte. Im 17. Jh. wurde der Cupido nach England verkauft, wo er wahrscheinlich beim Brand des Whitehall Palace 1698 vernichtet wurde; jedenfalls ist er seitdem verschollen. Vgl. Condivi, S. 22–24.

29 Kardinal Raffaello Riario.

rücknehmen mußte, der nachmals an Herzog Valentino gekommen von diesem der Marquisin von Mantua geschenkt wurde, die ihn mit nach ihrer Heimat nahm, wo man ihn noch sieht. Die ganze Begebenheit aber zog dem Kardinal San Giorgio manchen Tadel zu, daß er die Trefflichkeit des Werkes nicht erkannte, die in dessen Vollkommenheit besteht, mit welcher die neuern Werke so gut als die antiken sind; genug daß sie ausgezeichnet gut sind; und es ist Eitelkeit mehr auf den Namen als auf die Sache zu achten. Aber freilich der Leute, denen der Schein mehr gilt als das Sein, hat es zu allen Zeiten gegeben. Indessen gelangte Michel Angelo durch dies Ereignis zu großem Ruf, so daß er bald nachher nach Rom gezogen wurde, wo er zu dem Kardinal San Giorgio kam und fast ein Jahr bei ihm blieb, doch ohne daß dieser Herr ihm Arbeit gab, da er in der Kunst wenig Einsicht hatte.

In der Zeit wurde ein Barbier des Kardinals, der Maler gewesen war und die Temperafarben recht fleißig behandelte, vom Zeichnen aber nichts verstand, mit Michelagnolo bekannt, und dieser machte ihm den Karton zu einem St. Franciscus wie er die Wundmale empfängt, den der Barbier sodann sehr fleißig auf einer Tafel in Farben ausführte; und dies Bild ist heutigen Tages in San Piero a Montorio in einer der ersten Kapellen linker Hand beim Eingang in die Kirche aufgestellt.[30] Die Trefflichkeit Michelagnolos erkannte nachmals u. a. Herr Jacopo Galli, ein geistreicher römischer Edelmann, und bestellte bei ihm einen Cupido von Marmor in natürlicher Größe und die zehn Palmen hohe Gestalt eines Bacchus, der in der rechten Hand eine Schale, in der lin-

30 Dieser Karton ist verloren.

ken ein Tigerfell und eine Weintraube hält, die ein kleiner Satyr zu naschen sucht.[31] Dieser Bacchus ist eine Gestalt, bei der man merkt, daß der Künstler eine gewisse Mischung bewunderungswürdiger Züge gesucht hat, vornehmlich indem er ihm die Schlankheit männlicher und die Rundung und Weichheit weiblicher Jugend gab, etwas so Erstaunenswürdiges, daß Michelagnolo damit erwies, er übertreffe in Ausführung von Statuen alle neueren Meister, die bis dahin gearbeitet hatten. Ja er schritt während seines Aufenthaltes in Rom im Studium der Kunst also vorwärts, daß es unglaublich war, welch hohe Gedanken ihm zuströmten, welch schwierige Manier er mit der größten Leichtigkeit übte, zum Staunen solcher die nicht gewohnt waren derlei Dinge zu sehen, so wie solcher denen Gutes häufig zu Gesicht gekommen; denn Arbeiten, wie man sie früher gesehen, schienen im Vergleich zu den seinen nicht bestehen zu können. Dies alles aber erweckte in dem Kardinal Rohan von St. Denis,[32] einem Franzosen, den Wunsch, mit Hülfe eines so trefflichen Künstlers der berühmten Stadt ein würdiges Denkmal von sich zu hinterlassen und bestellte bei ihm eine Pietà ganz im Runden von Marmor, die vollendet in St. Peter in der Kapelle der Jungfrau Maria della Febbre im Tempel des Mars aufgestellt wurde.[33]

31 Die Gruppe des »Bacchus« (Florenz, Museo Nazionale del Bargello) entstand 1496/97 und gelangte 1572 nach Florenz; vgl. Condivi, S. 25.

32 Der Auftraggeber der »Pietà« (1498/99, Rom, St. Peter) war Jean Bilhères de Lagraulas, Kardinal von Saint Denis (Rohan ist ein Irrtum sowohl Vasaris als auch Condivis; vgl. Condivi, S. 25 f.), zeitweilig Gouverneur von Rom. Der Vertrag wurde am 28. August 1498 geschlossen.

33 Die »Pietà« wurde zunächst in der Kapelle der heiligen Petronilla in Alt-St.-Peter, die auch die Kapelle der französischen Könige war, aufgestellt. Ursprünglich befand sich an dieser Stelle ein antikes Mausoleum, das als ehemaliger Mars-Tempel angesehen wurde.

Kein Bildhauer noch sonst ein noch so ausgezeichneter Künstler glaube, dieses Werk in Zeichnung und Anmut oder durch Aufwand von Mühe in Feinheit, Glätte und kunstreichem Durchbrechen des Marmors, als Michel Angelo hier bewies, erreichen zu können, denn man erkennt darin alle Kraft und alles Vermögen der Kunst. Zu den Schönheiten des Werkes gehört, außer den göttlichen Gewändern, der Leichnam Christi, dessen Glieder so herrlich, dessen Leib so kunstvoll ist, daß niemand wähne eine nackte Gestalt finden zu können, bei der Muskeln, Adern und Nerven mit so richtiger Beachtung über die Knochen gelegt sind, noch einen Toten mit einer solchen Totenähnlichkeit. In den Zügen des Angesichtes spricht sich die höchste Sanftmut aus, in den Ansätzen und Verbindungen der Arme und der Beine mit dem Körper herrscht solche Übereinstimmung, Adern und Pulse sind also gearbeitet, daß man immer und immer wieder erstaunt, wie die Hand eines Künstlers in der kurzen Zeit, darin es geschah, dies bewunderungswürdige Werk so göttlich und genau auszuführen vermochte. Sicherlich ist es ein Wunder, daß einem erst formlosen Stein allmählich eine Vollendung der Form gegeben wurde, wie sie kaum die Natur im Fleische erreicht. Die Liebe zu diesem Werke und die dabei aufgewandte Mühe vermochte Michelagnolo dazu, was er sonst bei keinem andern tat, zu dem Entschluß, seinen Namen quer durch in den Gürtel, der das Gewand der Madonna unter der Brust umschließt, einzugraben und zwar bei folgendem Anlaß: er kam nämlich eines Tages nach dem Orte wo das Werk aufgestellt war, und fand dort eine Anzahl Fremder aus der Lombardei, die es sehr rühmten, und von denen einer auf die Frage wer es gearbeitet habe, entgegnete: »Unser Gobbo aus Mailand.« Michelagnolo schwieg still, doch dünkte ihm außer der Ordnung, daß seine Mühen einem andern angerechnet wurden; er schloß sich deshalb mit Licht und Meißel versehn eines Nachts in St. Peter ein und grub seinen Namen in den Gürtel der Madonna ein,[34] die in Wahrheit so vollkommen ist, daß ein schöner Geist von ihr gleich einer wirklichen und lebendigen Gestalt also redete:

Schönheit und Seelengröße,
Mitleid und Schmerz, Tod in lebendigen Steinen,
Getrost! Vom Tod ihr werdet sehen
Ihn vor der Zeit erstehen!
Laßt darum ab vom ungemeßnen Weinen.
Und ob sie Spott getrieben,
Uns ist er Herr geblieben,
Und Dir, Sohn, Vater, Gatte, heiliger Christ,
Der Du ihm Mutter, Tochter, Braut die einz'ge, bist.

Demnach erlangte Michelagnolo durch dies Werk großen Ruhm, und wenn auch einige – mehr Toren als sonst etwas – meinen, er habe die Madonna zu jung dargestellt, so wissen sie nicht, daß unbefleckte Jungfrauen sich wohl erhalten, daß ihre Gesichtszüge lange unverändert bleiben, während bei Leidenden wie Christus das Gegenteil der Fall ist.[35] So stieg der Ruf seines Talentes durch dieses Werk mehr als durch alle seine frühern Ar-

34 Es handelt sich um die einzige Signatur Michelangelos an einer seiner Skulpturen.

35 Vasari nimmt bereits in der 1. Ausgabe Stellung zur Kritik, die Maria der »Pietà« sei zu jung. Condivi (S. 26) läßt Michelangelo selbst sprechen und als Gründe nennen, daß keusche Jungfrauen frischer als Unkeusche bleiben, um so mehr dann, wenn göttliches Dazutun vorliegt, um die Reinheit der Mutter zu bezeugen; beim Sohn wäre dies nicht notwendig gewesen, denn in ihm erweise sich das Menschliche im Göttlichen durch sein Leiden.

beiten, und einige Freunde aus Florenz schrieben ihm, er solle dahin kommen; es sei nicht unmöglich, daß er den Marmorblock erhalten könne, der verhauen im Domhof liege und den Piero Soderini,[36] damals auf Lebzeiten zum Gonfaloniere der Stadt ernannt, wie er oft geäußert hatte, an Lionardo da Vinci schicken gewollt, und der nunmehr an Meister Andrea Contucci dal Monte Sansovino, einen trefflichen Bildhauer, der ihn gerne haben wollte, gegeben werden sollte. Es hielt nur schwer eine Statue daraus zu arbeiten, ohne daß man Stücke ansetzte, und keiner hatte Lust und Mut dazu, außer Michelagnolo, der den Block schon viele Jahre vorher gewünscht hatte und, sobald er in Florenz war, sogleich ihn zu erlangen trachtete. Er war neun Ellen hoch, und ein Meister Simone aus Fiesole[37] hatte unglücklicher Weise angefangen eine kolossale Gestalt daraus zu arbeiten, hatte ihn aber dabei so übel zugerichtet, daß zwischen den Beinen ein Loch durchgehauen, und er ganz verdorben und verstümmelt war, weshalb die Dombauverwalter von Santa Maria di Fiore, welche die Aufsicht führten über diese Dinge, sich nicht um seine Vollendung bekümmerten, sondern ihn beiseit gestellt hatten, wo er seit Jahren stand und wohl fort und fort gestanden haben würde. Michelagnolo nun maß ihn von neuem und prüfte, ob er eine Figur aus dem Block würde schlagen können, und indem er sich mit der Stel-

36 Piero Soderini, florentinischer Politiker, enger Freund von Niccolò Machiavelli, ab 1501 zum Gonfaloniere (Staatsoberhaupt) von Florenz auf Lebenszeit ernannt, von den Medici 1512 gestürzt und schließlich in Rom im Exil, wo er die antimediceischen Exilanten anführte.

37 Irrtum Vasaris: nicht der Bildhauer Mino da Fiesole, sondern der Architekt, Bildhauer und Donatello-Schüler Agostino di Duccio hat 1464 begonnen, den Block zu bearbeiten.

lung nach der Form des von Meister Simone verstümmelten Blockes richtete, beschloß er ihn von den Dombauverwaltern und von Soderini zu begehren, die ihn als ein nutzloses Ding hingaben, überzeugt daß was er auch aus ihm schaffe, besser sein werde als der Zustand in welchem er sich jetzt befand, wo er weder geteilt noch ganz dem Baue irgend einen Nutzen bringen konnte. Demnach formte Michelagnolo ein Modell von Wachs, in welchem er einen jungen David mit der Schleuder in der Hand als Wahrzeichen des Palastes darstellte. Dies sollte andeuten: daß wie jener Held sein Volk verteidigt und gerecht beherrscht habe, auch die so über die Stadt gebieten, in ihrer Vertretung Mut und in ihrer Regierung Gerechtigkeit zeigen möchten. Er begann die Statue im Dombauhof von Santa Maria del Fiore, machte sich gegen die Mauer einen Verschlag von Brettern rings um den Marmor, bearbeitete diesen ohne Unterlaß und führte sein Werk vollständig zu Ende, ohne daß irgend jemand es sah.[38] Der Marmor war, wie ich schon sagte, durch Simone verhauen und verdorben und genügte deshalb an einigen Stellen den Absichten Michelagnolos nicht; darum richtete er es ein, daß an den äußern Enden des Steines einige von Simones ersten Meißelstrichen blieben, die man teilweise noch jetzt sieht; und gewiß ein Wunder war es von Michelagnolo, einen der bereits zu den Toten gezählt wurde, zum Leben aufzuerwecken. Als die Statue fertig und zu diesem Grade der Vollkommenheit gebracht war, entstand allerlei Streit, wie man

38 Michelangelo schuf aus dem bossierten Block die Statue des »David« (1501–04, Florenz, Galleria dell'Accademia). Die Angabe zum Honorar ist nach Condivi gegenüber der Ausgabe 1550 richtiggestellt; vgl. Condivi, S. 29.

sie nach dem Platz der Signoren bringen könne. Deshalb fertigten Giuliano und Antonio von San Gallo zu diesem Zweck ein starkes Holzgerüste, befestigten die Statue mit Tauen daran, so daß sie nicht anstoßen und zerbrechen, sich vielmehr stets leise wiegen konnte, schafften sie mit flachen Balken an der Erde und mit Winden vorwärts und stellten sie auf. An dem Taue woran die Figur hing, hatte er einen Knoten geschlungen, welcher leicht herabglitt und sich zusammenschnürte wenn die Last ihn niederzog – eine schöne, sinnreiche Erfindung, davon ich eine durch ihn selbst ausgeführte Abbildung in meinem Zeichenbuche aufbewahre; sie gewährt bewunderungswürdige Sicherheit und ist sehr geeignet Lasten aufzuhalten.

Als die Statue aufgestellt war, trug es sich zu, daß Piero Soderini hinkam, um sie in Augenschein zu nehmen, während Michelagnolo noch einiges daran nachbesserte; sie gefiel ihm sehr wohl, doch bemerkte er, die Nase der Gestalt scheine ihm etwas zu dick. Michelagnolo, der wohl sah, daß der Gonfaloniere unter der Figur stehe, und deshalb keine richtige Ansicht des Werkes haben könne, nahm, um ihn zufrieden zu stellen, vom Gerüst neben seiner Schulter in die linke Hand einen Meißel und von den Brettern des Gerüstes ein wenig Marmorstaub, fing sodann an, den Meißel leise zu rühren und ließ dabei den Staub langsam niederfallen, ohne an der Nase irgend etwas zu verändern. Darauf schaute er nieder nach dem Gonfaloniere, der ihm zusah und sprach: »Nun betrachtet ihn!« – »Was mich anlangt«, antwortete dieser, »so gefällt er mir besser, Ihr habt ihm Leben gegeben!« – Und Michelagnolo stieg herab, mitleidig lächelnd über Leute, die sich das Ansehn geben Kenner zu sein, während sie nicht wissen was sie sagen. – Als das Werk festgestellt und vollendet war, deckte Michelagnolo es auf, und es ist wahr, daß es alle antiken und modernen Statuen, griechische wie römische, um ihren Ruhm brachte; und man kann sagen weder der Marforio zu Rom, noch der Tiber und der Nil im Belvedere, noch die Kolosse von Monte-Cavallo lassen sich ihm irgend vergleichen, in so richtigem Verhältnis, so schön und gut ist diese Gestalt vollendet.[39] Die Umrisse der Beine sind sehr schön, die Verbindung der Glieder, die Schlankheit der Seiten ist göttlich, und nie hat man ein so liebliches Ruhen des Körpers gesehn, noch eine Anmut, welche dieser gleichkommt, noch Füße, Hände und Kopf, die durch Trefflichkeit der Kunst, Ebenmaß und Zeichnung in allen Teilen so wohl übereinstimmen. Gewiß, wer dies Bildwerk sieht, braucht nicht darum zu sorgen, auch noch ein anderes, von irgend einem Meister unserer oder früherer Zeit, zu sehen. Michelagnolo erhielt für diese Statue von Piero Soderini 400 Scudi und richtete sie auf im Jahr 1504, der Ruf aber, den er dadurch erlangte, bestimmte den oben genannten Gonfaloniere, ihn einen sehr schönen David in Bronze machen zu lassen, der nach Frankreich geschickt wurde.[40] In derselben Zeit entwarf er zwei Me-

39 Vasari nennt hier antike Kunstwerke: Oceanos (sog. Marforio, 1. Jh. n. Chr., Rom, Kapitolinische Museen), Flußgott des Tiber (2. Jh. n. Chr., Paris, Louvre) und Flußgott des Nil (Rom, Vatikanische Museen, 1. Jh. n. Chr.), Pferdebändiger (Dioskuren) auf dem Monte Cavallo (Piazza del Quirinale) in Rom (römische Kopien nach griechischem Vorbild des 5. Jh.s v. Chr.).

40 Diese Bronzestatue eines David war ein Auftrag von Pierre de Rohan, der jedoch 1504 starb, woraufhin Florimond Robertet darauf Anspruch erhob und sie ins Schloß von Bury bringen ließ. Seit dem 17. Jh. ist die Statue verschollen.

daillons in Marmor, ohne sie indes zu vollenden; das eine für Taddeo Taddei, in dessen Haus es sich nunmehr befindet,[41] das andere für Bartolommeo Pitti, welches Fra Miniato Pitti von Monte Oliveto, ein in der Kosmographie ausnehmend geschickter, auch in andern Wissenschaften bewanderter und vorzüglicher Mann, an Luigi Guicciardini, seinen nahen Freund, schenkte.[42] Beide Arbeiten gelten für herrlich und bewundernswert. Gleichzeitig skizzierte er eine Marmorstatue vom heil. Matthäus[43] bei der Dombauverwaltung von Santa Maria del Fiore, und zeigte bei diesem Entwurf seine Vollkommenheit in der Kunst und lehrte den Bildhauern wie man Figuren aus dem Marmor heraushauen müsse, ohne sie zu verkrüppeln, wie man mit Einsicht zu stetem Vorteil von dem Marmor fortnehmen und Freiheit behalten könne abzuweichen und zu ändern wo es notwendig sein möchte. In Bronze arbeitete Michelagnolo ein Medaillon mit einer Madonna, auf Begehren einiger flamänder Kaufleute, de' Moscheroni mit Namen und sehr angesehn in ihrem Vaterlande; sie zahlten ihm dafür hundert Scudi und schickten es nach Flandern.[44] Agnolo Doni, Bürger zu Florenz und Freund Michelagnolos, dem es die größte Freude machte schöne antike wie neuere Kunstwerke zu besitzen, wünschte etwas von

41 Es handelt sich um den »Tondo Taddei« (um 1503, London, Royal Academy of Art).

42 »Tondo Pitti« (1504/05), heute im Museo Nazionale del Bargello, Florenz.

43 Die Statue des Matthäus (1506, Florenz, Galleria dell'Accademia) geht auf einen Auftrag von zwölf Aposteln für den Florentiner Dom von 1503 zurück. Sie blieb unvollendet und fand sich nach Michelangelos Tod in dessen Haus in Florenz. Vgl. Condivi, S. 74.

44 Die »Brügger Madonna« (1503–05, Brügge, Notre Dame) gelangte 1506 als Stiftung der flämischen Tuchhändler, die in Florenz und Rom Filialen betrieben, nach Brügge; vgl. Condivi, S. 30.

Michelagnolos Hand zu erhalten; und so fing dieser ein Medaillon zu malen an, worin er die Madonna darstellte, die auf beiden Knieen liegend, das Kind auf ihren Armen hält und St. Joseph hinreicht, der bereit ist es zu nehmen.[45] Er offenbarte in diesem Bilde durch die Wendung vom Haupte der Mutter, und durch ihren Blick, der fest auf dem schönen Kinde ruht, die unendliche Seligkeit ihres Innern und ihr Verlangen, jenen heiligen Greis an dieser Seligkeit Teil haben zu lassen, während er mit gleicher Liebe, Zärtlichkeit und Ehrfurcht das Kind hinnimmt, wie man alsbald aus seinen Zügen erkennt, ohne sie lange zu betrachten. Nicht zufrieden indes damit und im Verlangen den Umfang seiner Kunst noch mehr zu zeigen, brachte er in der Landschaft in diesem Bilde eine Menge nackter Gestalten an, die sich anlehnen, stehen oder auch sitzen, und arbeitete das ganze Werk mit so vielem Fleiß und solcher Sauberkeit, daß es unter seinen Malereien auf Holz, deren es nur wenige gibt, für das bestausgeführte und schönste geachtet wird. Nachdem es vollendet war, schickte er es verdeckt durch einen Boten nach dem Hause Agnolos, dabei einen Zettel, worauf er als Bezahlung siebenzig Dukaten verlangte. Agnolo, der sparsamer Natur war, erschrak daß er so viel für ein Bild zahlen solle, obwohl er wußte daß es mehr wert sei, und sprach zu dem Boten: vierzig seien genug und gab ihm diese; aber Michel Angelo schickte sie erzürnt zurück, mit dem Bescheid: er solle hundert Dukaten geben oder das Bild zurück. Als sich nun Agnolo, dem das Bild gefiel, erbot die erst ge-

45 »Tondo Doni« (1506, Florenz, Uffizien), da Agnolo Doni das Bild bei Michelangelo bestellte; vgl. Condivi, S. 30 f.

forderten siebenzig Dukaten zu zahlen, ging Michel Angelo darauf nicht mehr ein, sondern forderte vielmehr wegen des geringen, ihm bewiesenen Vertrauens das Doppelte des ersten Preises, und Agnolo mußte demnach, wenn er das Bild behalten wollte, den Preis von 140 Dukaten darauf verwenden.

In der Zeit als der herrliche Maler Lionardo da Vinci im großen Ratsaale arbeitete, wie in der Lebensbeschreibung dieses Meisters gesagt worden ist, erhielt Michelagnolo durch den damaligen Gonfaloniere Piero Soderini, der sein großes Talent erkannte, den Auftrag, einen Teil des Saales auszumalen, und begann im Wetteifer mit Lionardo die andere Wand, indem er zum Gegenstand dafür den Krieg mit Pisa wählte. Man wies ihm ein Zimmer im Spital der Färber zu St. Onofrio an, und er begann dort einen großen Karton, gab aber nicht zu daß irgend jemand ihn sah.[46] In diesem Karton stellte er eine Menge nackter Gestalten dar, die sich zur Kühlung im Arno baden, plötzlich in Folge eines feindlichen Überfalles den Schlachtruf im Lager ertönen hören; und während die Soldaten aus dem Wasser springen um sich anzukleiden, sieht man sie durch Michelagnolos göttliche Kunst dargestellt, wie sie sich in Eile rüsten um ihren Gefährten zu Hülfe zu kommen; andere die sich den Küraß anlegen, andere die ihre Waffen ergreifen, und eine große Menge, die zu Pferde kämpfend die Schlacht beginnen. Unter andern Gestalten war da ein Alter, der

46 Es handelt sich um den Karton zur »Schlacht von Cascina«, wovon sich eine Kopie von Aristotele Sangallo erhalten hat (vgl. hierzu die Vita von Leonardo, S. 28 f.). Vasari stilisiert diesen künstlerischen Wettstreit zu einer Erzfeindschaft der beiden Künstler, was sicherlich übertrieben ist. Condivi (S. 40 f.) berichtet, daß der Karton in den Papstgemächern von S. Maria Novella aufbewahrt wurde.

einen Efeukranz auf dem Kopf trug um sich Schatten zu geben, an der Erde saß und sich bemühte die Strümpfe anzuziehen, der es jedoch, weil seine Beine vom Wasser naß waren, nicht zu Stande brachte und bei dem Waffenlärm, dem Schreien der Krieger und Wirbeln der Tommeln mit großer Hast und Gewalt einen Strumpf anzog. Alle Muskeln und Nerven des Körpers waren angespannt und der Mund in einer Weise verzerrt, daß er damit deutlich ausdrückte wie er litt und sich bis zur Fußspitze anstrengte. Man sah Trommler und Soldaten, die mit zusammengerafften Kleidern nackt dem Kampfe zueilten; die allerseltsamsten Stellungen, die einen aufrecht, andere kniend oder vorgebogen, andere stürzend oder in der Höhe kletternd in den schwierigsten Verkürzungen. Auch waren verschiedene Gruppen in verschiedener Weise entworfen, die einen mit Kohle umrissen und mit Strichen schattiert, die andern gewischt und mit Weiß aufgehöht, indem er zeigen wollte, wie viel er in seinem Berufe verstünde. Und so gerieten die Künstler in Staunen und Verwunderung, als sie sahen, Michelagnolo habe auf diesem Blatte das Höchste in der Kunst geleistet; ja einige die diese göttlichen Figuren gesehen haben, versichern noch jetzt, es sei ihnen weder von seiner noch von anderer Hand je Besseres bekannt worden, und kein andrer Genius könne jemals dies Werk in Herrlichkeit der Kunst erreichen. Solches ist fürwahr zu glauben, denn seit es vollendet und unter festlicher Teilnahme der Kunstgenossenschaft und sehr zum Ruhme Michelagnolos nach dem Saale des Papstes gebracht worden, sind alle diejenigen, welche an jenem Karton ihre Studien machten und danach zeichneten, wie eine Reihe Jahre in Florenz von Fremden und Einheimischen geschah, in ihrem Berufe trefflich geworden, wie wir u. a. an Aristotile von San Gallo, dem Freunde Michelagnolos gesehn, an Ridolfo Ghirlandaio, Raffael Sanzio von Urbino, Francesco Granaccio, Baccio Bandinelli und am Spanier Alonso Berugetta; ihnen folgten sodann Andrea del Sarto, Francia Bigio, Jacopo Sansovino, Rosso, Maturino, Lorenzetto und Tribolo, damals noch ein Knabe; Jacopo von Puntormo und Perino del Vaga, sämtlich treffliche florentinische Meister. Da nun dieser Karton ein Studium für alle Künstler geworden war, brachte man ihn nach dem obern großen Saale im Palaste der Medici; dies aber ward Ursache, daß er den Händen der Künstler mit zu großer Zuversicht überlassen und, wie ich schon andern Ortes erzählt habe, zur Zeit von Giulianos Krankheit, wo niemand an diese Dinge dachte, zerrissen, in viele Teile geteilt und an viele Orte verstreut wurde, wie denn einige Stücke nach Mantua in das Haus des Herrn Uberto Strozzi, eines mantuanischen Edelmannes, gekommen, der sie hoch in Ehren hält, wo sie noch heute zu sehen sind. Und in der Tat sind sie viel mehr ein göttliches als ein menschliches Werk.

Auf diese Weise war durch die Pietà, durch die Kolossalstatue zu Florenz und durch den Karton Michelagnolos Ruf so weit verbreitet, daß im Jahr 1503, als Alexander VI. starb, Julius II. der neu erwählte Papst[47] den damals ohngefähr neunundzwanzigjährigen Meister sehr zu seinem Vorteil nach Rom berief, mit dem Auftrag, ihm sein Grabmal zu errichten, bei welchem Anlaß er

47 Giuliano della Rovere folgte als Papst Julius II. 1503 auf Alexander VI.

ihm durch seine Unterhändler 100 Scudi Reisegeld auszahlen ließ. Michelagnolo ging nach Rom; es verstrichen jedoch mehrere Monate, ehe der Papst ihn veranlaßte, an irgend etwas Hand anzulegen; endlich entschied er sich für eine Zeichnung, die Michelagnolo für das Grabmal gefertigt und die ein gültiges Zeugnis seines Talents war, da sie an Schönheit, Pracht, großartiger Ausschmückung und Reichtum der Statuen jedes antike und kaiserliche Grabmal übertraf. Dadurch angefeuert faßte der Papst den Gedanken, die Kirche von St. Peter zu erneuen und darin das Grabmal zu errichten, wie ich andern Ortes schon gesagt habe.[48] So gab sich Michelagnolo guten Mutes ans Werk und um einen Anfang zu machen, ging er mit zwei Gehülfen nach Carrara, um den nötigen Marmor brechen zu lassen, und erhielt für diesen Zweck tausend Scudi von Alamanno Salviati in Florenz. Acht Monate verweilte er im Gebirge, ohne weiter Geld und Gehalt zu bekommen, und unterhielt sich gelegentlich, angeregt durch die Marmormassen die vor ihm lagen, mit allerhand Entwürfen wie er in jenen Steinbrüchen große Statuen ausführen wollte, um gleich den Alten ein ehrenvolles Gedächtnis von sich zurückzulassen. Nachdem er nun die gehörige Zahl Marmorblöcke ausgesucht und eingeschifft hatte, und sie nach Rom gebracht waren, nahmen sie fast die Hälfte des Petersplatzes um Santa Caterina herum und den Raum zwischen der Kir-

48 Vasari verweist auf die Lebensdarstellung von Giuliano und Antonio da Sangallo (vgl. Schorn/Förster, Bd. 3,1, S. 170). Den Auftrag des Julius-Grabmals bezeichnete Michelangelo selbst als Tragödie, da er von 1506 bis 1545 daran arbeitete und schließlich ein wesentlich verkleinertes Werk in S. Pietro in Vincoli seine Aufstellung fand. Vasari insinuiert hier, daß Neu-St.-Peter lediglich wegen des Grabmals in Angriff genommen worden wäre.

che und dem nach dem Kastell führenden Korridor[49] ein, wo Michelagnolo das Studium[50] hatte, in welchem er die Statuen, so wie alles was sonst zum Grabmal gehörte, arbeitete. In dieses Studium hatte der Papst vom Korridor aus eine Zugbrücke schlagen lassen, damit er bequem kommen und der Arbeit zusehen könne; woher eine Vertraulichkeit entstand, so groß, daß die erhaltenen Gunstbezeugungen Michelagnolo nachmals viele Not und Verfolgung zuzogen und ihm bei Künstlern großen Neid erweckten. Von diesem Werke vollendete Michelagnolo bei Lebzeiten und nach dem Tode von Papst Julius vier Statuen ganz und skizzierte acht, wie an seinem Orte gesagt werden wird; weil aber dies Werk in seiner Anordnung eine große Erfindung zeigt, so wollen wir über diese Anordnung hier sogleich berichten. Es sollte, um möglichst großartig zu werden, ganz frei von allen vier Seiten zugänglich sein, deren zwei zwölf Ellen, zwei achtzehn Ellen breit waren, so daß das Verhältnis des Vierecks: 1½ war. Außen ringsum war eine Reihe Nischen, zwischen denen von der Mitte bis oben bekleidete Hermen standen, die mit ihren Köpfen das erste Gesims trugen und an welche in seltsam wunderlicher Stellung je ein unbekleideter Gefangner gebunden war, dessen Füße auf dem Vorsprung eines Sockels ruhten. Diese Gefangenen stellten die von jenem Papste besiegten und der Kirche unterworfenen Provinzen dar, und verschiedene andere gleichfalls gefesselte Gestalten waren die sinnreichen Künste und Fertigkeiten, welche sich als dem Tode

49 Gemeint ist der »Passetto« genannte Verbindungsgang zwischen Vatikanspalast und Engelsburg.

50 Unter »Studium« (im Original: »la stanza da lavorar le figure«) ist hier die Werkstatt zu verstehen.

unterworfen darstellten, nicht weniger als von diesem Papste zu ehrenvoller Tätigkeit berufen.[51] Auf den Ekken des ersten Gesimses befanden sich vier große Figuren: das tätige und das beschauende Leben und S. Paulus und Moses. Vom Gesims aus stieg das Werk stufenweise sich verjüngend in die Höhe; zunächst mit einem Fries mit Reliefs in Bronze mit allerlei Figuren, Kindern und Verzierungen ringsum und darüber zum Abschluß zwei Figuren: davon die eine der Himmel war, der lächelnd eine Bahre auf der Schulter trug, die andere Cybele die Göttin der Erde, die zu klagen schien, daß sie in der Welt bleiben müsse, aller Trefflichkeit beraubt durch den Tod eines solchen Mannes, während der Himmel Freude kund gab, daß seine Seele zur ewigen Herrlichkeit eingegangen war. Es war so eingerichtet, daß man an den Seiten des Vierecks durch die Nischen ein- und ausgehn konnte, innen aber hatte es ovale Form, einem Tempel ähnlich, in dessen Mitte der Sarg mit dem Leichnam des Papstes gestellt werden sollte. Zu dem ganzen Werk gehörten vierzig Statuen, Reliefs, Engel und Verzierungen, Gesimse mit vertiefter Arbeit und sonstige architektonische Gliederungen ungerechnet. Michelagnolo ließ sich zu größerer Bequemlichkeit einen Teil der Marmorblöcke nach Florenz schaffen, wo er sich des Sommers bisweilen aufhielt, um der Mal' aria[52] in Rom zu entfliehen. Dort arbeitete er die eine Seite des Grabmales in mehreren Stücken ganz fertig, vollendete ferner in Rom

51 Vasari nennt hier eine andere Deutung der Sklaven als Condivi (S. 35), der angibt, sie seien Personifikationen der freien Künste, die mit dem Tod Julius' II. ebenfalls zu Gefangenen würden, da niemand mehr sie so begünstigen würde.

52 Ital., ›schlechte Luft‹; Malaria.

zwei Gefangene göttlich schön und andere Statuen so gut, daß man niemals bessere gesehn hat; da sie aber nicht bei jenem Grabmale angebracht wurden, gab Michelagnolo die Gefangenen dem Signore Ruberto Strozzi, in dessen Hause er krank lag, dieser schickte sie an König Franz, und sie sind noch jetzt zu Cevan in Frankreich.[53] Acht Statuen skizzierte er in Rom, fünf in Florenz, und vollendete eine Victoria unter der ein Gefangner liegt.[54] Sie ist jetzt im Besitz von Herzog Cosimo, dem Lionardo, der Neffe Michelagnolos, sie gab, und Se. Exzellenz ließ sie nach dem von Vasari gemalten großen Saal seines Palastes bringen. Außerdem vollendete er die fünf Ellen hohe Marmorstatue des Moses, dessen Schönheit durch kein neueres Werk erreicht werden kann und dem kein antikes gleich ist.[55] Der Prophet sitzt in würdiger Stellung, den Arm auf die Tafeln gestützt, die er mit einer Hand hält, während er mit der andern an den Bart faßt, der herabwallend und lang also im Marmor gearbeitet ist, daß die Haare, in der Bild-

53 Die zwei »Louvre-Sklaven« (der »rebellische« und der »sterbende Sklave«, 1513–16) wurden 1542 nicht mehr in das endgültige Grabmal mit einbezogen. Michelangelo schenkte sie 1546 dem in Lyon lebenden Roberto Strozzi aus Dankbarkeit für die Aufnahme in dessen römischem Haus während einer Krankheit 1544–46. Die Sklaven kamen 1550 nach Frankreich, Strozzi schenkte sie Franz I. und dieser wiederum dem Connétable Anne de Montmercy, der sie in seinem Schloß Ecouen aufstellte. 1632 kamen sie nach Poitou als Geschenk an Kardinal Richelieu, 1749 nach Paris; 1794 vom französischen Staat für den Louvre erworben. Vgl. Condivi, S. 35.

54 Die Datierungen der Statue »La Vittoria« (dt. der »Sieg«, auch der »Sieger« genannt, Florenz, Palazzo Vecchio) schwanken zwischen 1519 und 1534, dem Jahr des endgültigen Weggangs aus Florenz. Die Statue wurde nach Michelangelos Tod in seiner Florentiner Werkstatt entdeckt. Keine Erwähnung bei Condivi.

55 Der »Moses« (1513–16, Rom, S. Pietro in Vincoli, Julius-Grabmal) wurde 1545 in die endgültige Fassung des Grabmals integriert; vgl. Condivi, S. 66 f.

hauerei so schwer ausführbar, hier wollig, weich und wie einzeln erscheinen, und man fast für unglaublich achtet, daß der Meißel zum Pinsel geworden sei. Das Angesicht ist von hoher Schönheit, hat den Ausdruck eines fürwahr heiligen und gewaltigen Fürsten; betrachtet man ihn, so glaubt man er werde den Schleier fordern, damit er sein Angesicht verhülle, so strahlend und leuchtend erscheint es, so treu ist die Herrlichkeit darin dargestellt, welche Gott den Zügen jenes Propheten aufgedrückt hatte. Überdies sind die Gewänder in schönem Faltenwurf durchbrochen und gemeißelt, sind die Muskeln der Arme, die Knochen und Nerven der Hände von solcher Schönheit und Vollkommenheit, die Beine, die Kniee, die Füße mit ihrer passenden Bekleidung, kurz alle Teile so köstlich vollendet, daß man jetzt mehr wie je Moses einen Liebling Gottes nennen kann, da er ihm vor allen andern den Leib durch die Hand des herrlichen Michelagnolo zur Auferstehung hat bereiten wollen, und die Juden, Männer wie Frauen, mögen nur fort und fort wie bis jetzt geschehn ist jeden Sonnabend in Scharen zu ihm wallfahrten und beten, sie beten nicht zu einem menschlichen, sondern zu einem göttlichen Werk.

Endlich näherte sich Michelagnolo bei diesem Werke dem Ziel und errichtete eine der vier kürzern Seiten in San Piero in Vincola.[56] Während er hiemit beschäftigt war, kamen, wie man sagt, alle zu dem Grabmale noch fehlenden, in Carrara zurückgebliebenen Marmorblöcke nach Ripa[57] und wurden von dort zu den übrigen auf

56 S. Pietro in Vincoli, wo die endgültige Fassung des Grabmals für Julius II. ihre Aufstellung als Wandgrabmal fand.

57 Porto di Ripa Grande, ehemaliger Stadthafen am Tiber-Ufer für Transportschiffe von der Küste.

dem Platz von St. Peter geschafft. Da nun das Geld dafür denen gegeben werden mußte, welche sie abgeliefert hatten, ging Michelagnolo wie er gewohnt war, zum Papst, und da er denselben an jenem Tage gerade sehr mit den bolognesischen Angelegenheiten beschäftigt fand, kehrte er nach Hause zurück und bezahlte die Rechnung aus seinem Beutel, in der Meinung, er werde die Anweisung darauf alsbald von Sr. Heiligkeit erhalten. Als er jedoch eines andern Tages kam um mit dem Papst von dieser Angelegenheit zu reden, hatte er Schwierigkeit vorgelassen zu werden, indem der Türhüter sprach, er möge verzeihen, er habe Befehl ihm keinen Eingang zu gestatten. »Du kennst vielleicht diesen Mann nicht«, sagte ein Bischof zu dem Türsteher. »Nur zu gut kenne ich ihn«, entgegnete jener, »ich bin aber hier, um zu vollziehen was mir von meinen Vorgesetzten und vom Papste befohlen wird.« Solches Betragen mißfiel Michelagnolo, und da es ihm im Widerspruch zu dem was er bis dahin erfahren hatte, zu stehen schien, antwortete er voll Unwillen dem Türsteher: er möge, wenn Se. Heiligkeit hinfüro nach ihm frage, nur sagen, er sei anderswohin gegangen. Und zurückgekehrt nach seiner Wohnung um zwei Uhr nachts, nahm er Postpferde und hinterließ zwei Dienern den Befehl, alles was in seinem Hause war, an die Juden zu verkaufen, und ihm nach Florenz zu folgen, wohin er den Weg genommen.

Zu Poggibonzi auf dem Florentiner Gebiet angelangt und demnach in Sicherheit, machte er Halt. Fünf Kuriere folgten ihm dahin mit Briefen vom Papste, um ihn zurückzuholen; doch weder Bitten noch der Brief, der ihn mit der Ungnade Sr. Heiligkeit bedrohte falls er nicht umkehrte, vermochten irgend etwas über ihn; nur dazu verstand er sich zuletzt auf die Bitte der Kuriere, als Antwort an den Papst zwei Zeilen zu schreiben, in denen er sagte: Se. Heiligkeit möge ihm verzeihen, er werde nicht wieder vor sein Angesicht kommen, nachdem er ihn wie einen Elenden habe fortjagen lassen, seine treue Anhänglichkeit habe solches nicht verdient; er möge sich nun jemand anders wählen, der ihn bediene.

In Florenz angelangt war Michelagnolo darauf bedacht, im Verlauf von drei Monaten, die er dort verweilte, den Karton des großen Saales zu vollenden, den der Gonfaloniere Piero Soderini ausgeführt zu sehen wünschte. Während dem erhielt die Signoria drei Breves[58] mit dem Verlangen, Michelagnolo nach Rom zurückzuschicken, woraus dieser den Ungestüm des Papstes erkannte und seiner Sicherheit mißtrauend, wie man sagt, den Gedanken faßte, nach Konstantinopel zu gehn, um dem Großsultan zu dienen, der durch Vermittlung einiger Franziskanermönche sein begehrte, um durch ihn eine Brücke von Konstantinopel nach Pera zu bauen.[59] Indes beredete ihn Piero Soderini, den Papst ob auch wider Willen aufzusuchen, und zwar in öffentlichem Dienst zu seinem Schutz als Gesandter der Stadt, empfahl ihn auch dem Kardinal Soderini seinem Bruder, der ihn dem Papste vorstellen sollte, und schickte ihn nach Bologna, wohin Se. Heiligkeit von Rom aus gekommen war.

Man erzählt Michelagnolos Fortgehn von Rom und seinen Zwist mit dem Papste noch auf andere Weise.[60]

58 Briefe.

59 Michelangelo trug sich in der Tat mit dem Gedanken, nach Konstantinopel zu gehen. Vasari erweiterte die Schilderung dieses Vorfalls in der 2. Ausgabe in Anlehnung an Condivi, S. 37–42.

60 Diese Variante bringt nur Vasari.

Dieser Künstler wollte niemals eine seiner Arbeiten sehen lassen, und hegte Argwohn gegen die Seinen, da er merkte, daß sie mehrere Male, während er nicht im Hause oder bei der Arbeit war, einem heimlich zeigten was er ausführte. Einmal nun habe der Papst Michelagnolos Handlanger mit Geld bestochen, um die Kapelle von Sixtus, seinem Oheim, zu sehen, die er malen ließ, wie ich bereits erzählt habe; Michelagnolo aber den Verrat seiner Leute merkend, habe sich verborgen, und als der Papst in die Kapelle trat, mit Brettstücken nach ihm geworfen, ohne zu bedenken wer es sei, so daß der Papst in Wut fortgegangen wäre. Sei dem indes wie ihm wolle, es genügt, daß Michelagnolo sich auf die eine oder andere Weise mit dem Papst erzürnte und sich dann aus Furcht vor ihm entfernte.

In Bologna angelangt, hatte er kaum die Stiefel gewechselt, als er von Vertrauten des Papstes zu Sr. Heiligkeit nach dem Palaste der Sechzehner abgeholt wurde, von einem Bischof des Kardinals Soderini begleitet, da der Kardinal krank war und nicht mitgehn konnte. Eingetreten bei dem Papst ließ Michelagnolo sich aufs Knie nieder; Se. Heiligkeit sah ihn von der Seite an, gleich als ob er erzürnt wäre und sagte: »Anstatt zu gehen Uns aufzusuchen, hast du gewartet daß Wir kommen und dich aufsuchen!« womit er andeuten wollte, daß Bologna näher an Florenz als an Rom sei. Michelagnolo bat mit höflicher Handbewegung und lauter Stimme untertänig um Vergebung, entschuldigte sich damit, daß das was er getan im Zorn geschehen sei, indem er es nicht hätte ertragen können so fortgejagt zu werden, und daß wenn er im Irrtum gewesen, Se. Heiligkeit ihm diesen wiederum vergeben möge. Der Bischof der Michelagnolo vor den Papst geführt, sagte um ihn weiter zu entschuldigen, zu Sr. Heiligkeit: Solche Leute wären unwissend und außer ihrer Kunst zu nichts zu brauchen, und er möge ihm willig vergeben. Das brachte den Papst in Wut; er schlug mit einem Stabe, den er in der Hand hatte, nach dem Bischof und rief: »Der Unwissende bist du, daß du dem Manne Grobheiten sagst, wie Wir ihm nicht sagen«, und ließ den Bischof vom Türsteher mit Faustschlägen fortjagen. Als er weg war und die Wut des Papstes ausgetobt hatte, segnete er Michelagnolo, der sodann durch Geschenke und Versprechungen so lange in Bologna gehalten wurde, bis Se. Heiligkeit ihm den Auftrag erteilte, eine fünf Ellen hohe Bildnisstatue von Papst Julius aus Bronze zu arbeiten; bei welcher Figur er die höchste Kunst zeigte in betreff der Stellung in der er Größe und Hoheit ausdrückte, in den Gewändern denen er Reichtum und Pracht, in den Zügen des Angesichtes denen er Mut, Kraft, Entschlossenheit und etwas Gewaltiges verlieh. Diese Statue wurde in einer Nische über der Türe von S. Petronio aufgestellt.[61] Während Michelagnolo daran arbeitete, kam einstmals, wie man sich erzählt, der Goldschmied und treffliche Maler Francia zu ihm, um sie zu sehen, da er so viel Rühmliches von Michelagnolo und seinen Werken gehört, aber nie eines gesehn hatte. Es wurden deshalb verschiedene Mittel versucht, ihm Erlaubnis zu verschaffen die Statue zu sehen, und er erhielt sie. Und als er nun die Kunst Michelagnolos sah, erstaunte er. Und als er gefragt wurde, was ihm dünke von der Figur? antwortete er, es sei ein sehr schöner Guß und eine sehr schöne Masse. Demnach

61 Die überlebensgroße Bronzestatue von Julius II. entstand 1507/08 und wurde 1508 aufgestellt; vgl. Condivi, S. 42.

mußte Michelagnolo glauben, daß Francia die Bronze mehr als seine Kunst loben wollte und sprach: »Ich habe dafür gegen den Papst Julius, der sie mir gegeben, dieselbe Verbindlichkeit wie Ihr gegen den Krämer der Euch die Farben liefert«, und fügte etwas erbittert in Gegenwart mehrerer Herren hinzu: er sei ein Tölpel. Und in derselben Beziehung äußerte er, als der Sohn Francias, ein schöner Knabe, ihm vor Augen kam: »Die lebendigen Gestalten, die dein Vater macht, sind schöner als seine gemalten.« Unter den o. g. Herren war einer, ich weiß nicht wer, der Michelagnolo fragte, was seines Dafürhaltens größer sei: die Statue jenes Papstes oder ein Paar Ochsen? worauf Michelagnolo erwiderte: »Je nachdem die Ochsen sind! denn gegen diese bolognesischen sind unsere in Florenz unstreitig kleiner.«

Michelagnolo brachte diese Statue im Tonmodell völlig zu Stande, bevor der Papst Bologna verließ, um nach Rom zu gehn; als aber derselbe kam um sie zu sehen, war es noch unentschieden, was sie in der linken Hand haben solle, da die rechte so stolz erhoben war, daß der Papst fragte, ob sie Segen gebe oder Fluch? worauf Michelagnolo antwortete: »Sie warnt das Volk von Bologna, weise zu sein!« und als er sodann Se. Heiligkeit um seine Willensmeinung frug, ob die Figur in der Linken ein Buch halten solle? sagte ihm der Papst: »Gib ihr ein Schwert! ich bin kein Gelehrter.« Zu Vollendung dieser Statue hinterlegte der Papst tausend Scudi bei der Bank von Herrn Antonmaria von Lignano, und sie wurde nach sechzehn Monaten, die Michelagnolo zu ihrer Vollendung gebraucht hatte, im Giebelfeld der Fassade von S. Petronio aufgestellt, wie ich schon oben sagte, wo ich auch ihre Größe bereits angegeben. Diese Statue hat

Bentivogli[62] zerstört und das Erz an Herzog Alfonso von Ferrara verkauft, der eine Kanone daraus gießen ließ, die er Giulia nannte; nur der Kopf wurde erhalten und man findet ihn noch jetzt in der Garderobe des Herzogs.

Als der Papst wiederum in Rom war und Michelagnolo die genannte Statue vollendet hatte, dachte Bramante, der Freund und Anverwandte Raffaels von Urbino und demnach nicht sehr der Freund Michelagnolos, dessen Abwesenheit zu benutzen, den Sinn des Papstes, der den Bildwerken des letztern überaus geneigt und förderlich war, hievon abzulenken, so daß Se. Heiligkeit bei Michelagnolos Rückkehr nach Rom das Grabmal nicht vollenden lassen solle, da, wie sie meinten, es ein böses Anzeichen sei und den Anschein gewinne, als wolle man den Tod beschleunigen, wenn man bei Lebzeiten sein Grab baue; und so beredeten sie Se. Heiligkeit den Papst, daß er zum Ehrengedächtnis seines Oheims Sixtus[63] die Decke der Kapelle, die er im Vatikan erbaut hatte, durch Michelagnolo, sobald er zurückgekehrt sein würde, ausmalen lasse. Auf diesem Wege meinte Bramante, mit andern Nebenbuhlern Michelagnolos, ihn von der Bildhauerkunst abzulenken, in der sie ihn für vollkommen erkannten und ihn zur Verzweiflung zu bringen: wohl berechnend daß er, sobald er malen mußte, wegen Mangel an Erfahrung im Fresko, ein minder rühmliches Werk zu Stande bringen und somit weniger leisten würde als Raffael, daß er aber auch,

62 Irrtum Vasaris: nicht Giovanni II. Bentivoglio, sondern die Bologneser Bürger stürzten das Standbild am 30. Dezember 1511. Condivi (S. 42) nennt »Volkswut« als Grund für den Sturz.

63 Francesco della Rovere, als Sixtus IV. Papst ab 1471, ordnete den Bau der Sixtinischen Kapelle an.

angenommen selbst daß die Arbeit ihm gelinge, sich doch auf allen Fall mit dem Papste erzürnen werde, so daß sie auf die eine oder andere Weise ihren Zweck erreichen und sich Michelagnolo von Hals schaffen würden.

So fand es Michelagnolo, als er nach Rom zurückkam, und der Papst, der für jetzt sein Grabmal nicht vollenden wollte, tat ihm den Vorschlag, die Decke der Kapelle zu malen.[64] Michelagnolo, der das Grabmal zu vollenden wünschte und dem die Decke der Kapelle eine große und schwierige Arbeit schien, zumal bei seiner geringen Übung in Behandlung der Farben, suchte auf alle Weise dieses Auftrags sich zu entheben und schlug dafür statt seiner Raffael vor. Je mehr er sich indes weigerte, um desto mehr stieg des Papstes Verlangen, der in allen seinen Unternehmungen ungestüm war und hier noch durch Michelagnolos Nebenbuhler, vornehmlich durch Bramante gereizt und angetrieben wurde, so daß er sich, heftig wie er war, fast wieder mit Michelagnolo erzürnt hätte. Als dieser daher sah, der Papst beharre auf seinem Willen, so entschloß er sich die Arbeit zu übernehmen und Bramante erhielt den Auftrag das Malergerüste aufzurichten. Dieses Gerüste ließ Bramante ganz in Seilen hängen, und schlug dazu Löcher in die Wölbung, so daß Michelagnolo, als er es sah, ihn fragte, wie man denn, wenn er mit Malen fertig sei, die Löcher ausfüllen wolle, worauf jener erwiderte: »Das wird sich finden, anders kann es nicht gemacht werden!« Hieraus entnahm Michelagnolo, daß Bramante entweder wenig Einsicht in

64 Die Arbeiten zur Deckenausmalung der Sixtinischen Kapelle begannen am 10. Mai 1508. Vasari folgt in vielen Punkten der Schilderung bei Condivi (S. 44–51), während die Beschreibung der Decke bei Vasari eigenständig und ausführlicher ist.

diese Dinge oder wenig Freundschaft für ihn habe, ging zum Papst und sagte, das Gerüste sei schlecht und Bramante verstehe dies nicht, worauf Se. Heiligkeit in Gegenwart Bramantes entgegnete, er solle es nach seiner Weise aufrichten. Demnach ließ Michelagnolo sein Gerüste auf Stützen aufrichten, welche die Mauer nicht berührten – ein Verfahren, wodurch er nachmals Bramante und andere lehrte, wie man Wölbungen verkleiden und gute Werke ausführen könne. Die so erübrigten Seile schenkte er einem armen Zimmermann, der das Gerüste aufstellte, und der sie verkaufte und aus dem Erlös die Ausstattung seiner Tochter bestreiten konnte.

Michelagnolo begann die Kartons zu der Decke, und der Papst, der auch die Wandbilder herunterschlagen lassen wollte, welche frühere Meister zur Zeit Sixtus' gemalt hatten, setzte für dies Werk den Preis von fünfzehntausend Dukaten aus, welchen Giuliano von San Gallo angegeben hatte. Die Größe des Unternehmens zwang Michelagnolo zu dem Entschluß, Hülfe zu nehmen, und er sandte darum nach Florenz um Leute, und dachte bei diesem Werke sich als Sieger zu zeigen über diejenigen, welche vor ihm an demselben Ort gearbeitet hatten, und zugleich den neuern Künstlern darzutun, wie man zeichnen und malen müsse. So trieben ihn die Umstände zu seinem Ruhme und zum Heil der Kunst so hoch zu gehen, und er begann und vollendete die Kartons; als er sie aber in Fresko ausführen wollte und doch vorher in dieser Weise nichts gemalt hatte, kamen einige ihm befreundete Maler von Florenz nach Rom, um ihm Hülfe zu leisten und ihm die Behandlung der Freskofarben zu zeigen, worin sie zum Teil sehr geschickt waren, als: Granacci, Giuliano Bugiardini,

Jacopo di Sandro, der alte Indaco, Agnolo di Donino und Aristotile, und so begann er das Werk, indem er sie einiges zur Probe ausführen ließ. Als er aber ihre Leistungen tief unter seinem Wunsche sah, und keineswegs genügend, entschloß er sich eines Morgens alles herunterzuschlagen was sie gearbeitet hatten, sperrte sich in der Kapelle ein und wollte ihnen nicht öffnen, noch weniger sich in seinem Hause von ihnen sehen lassen. Um dieser Behandlung willen, die ihnen für einen Spaß zu lange dauerte, entschlossen sie sich kurz und kehrten beschämt nach Florenz zurück. So nahm Michelagnolo das ganze Werk allein über sich und führte es mit allem Aufwand von Fleiß und Studium zum schönsten Ziel, ließ sich aber nirgends sehen, um nicht Anlaß zu geben, seine Arbeit irgendwem zeigen zu müssen. Dadurch stieg die Neugier der Leute mit jedem Tage mehr, und auch Papst Julius trug großes Verlangen zu sehen was er mache, und da auch vor ihm alles verdeckt blieb, stieg seine Begierde nur um so höher. Deshalb wollte er eines Tages hingehen die Arbeit anzusehen, aber man öffnete ihm nicht, weil Michelagnolo sein Werk nicht zeigen wollte, und darauf entstand der Streit, der, wie ich oben erzählte, Michelagnolos Flucht von Rom herbeiführte. Er wollte aber dem Papste seine Arbeit nicht zeigen, weil (wie ich von ihm selbst hörte, als ich mich über diese Angelegenheit aufzuklären wünschte), nachdem ungefähr ein Drittel des Ganzen beendigt war, im Winter bei Nordwind sich Schimmel auf der Malerei angesetzt hatte. Dies kam daher, weil in Rom das Kalkweiß aus Travertin gemacht wird und darum nicht schnell trocknet und mit der lohfarbigen Pozzolanerde vermischt einen dunkeln, und wenn er flüssig ist, wässerigen Grund gibt, so daß die Mauer, wenn sie gut genäßt ist, beim Trocknen leicht ausschlägt, indem an vielen Stellen die salzige Feuchtigkeit hervorkommt, die indessen mit der Zeit von der Luft aufgezehrt wird. Voll Verzweiflung über diese Dinge wollte Michelagnolo die Arbeit nicht weiterführen und da er sich bei dem Papste entschuldigte, daß sie ihm nicht gelinge, schickte Se. Heiligkeit San Gallo hin, welcher Michelagnolo angab, worin der Fehler liege, ihn ermunterte fortzufahren und ihm lehrte, wie er den Schimmel wegbringen könne. Nachdem das Werk zur Hälfte fertig war, wollte der Papst, der einigemal von Michelagnolo unterstützt auf Leitern dazu hinangestiegen war, es solle alsbald aufgedeckt werden, denn er war ungeduldig und hastig in seinem Tun, und konnte nicht ausharren bis es vollendet, bis wie man sagt die letzte Hand daran gelegt war. Kaum stand es aufgedeckt, als ganz Rom herzuströmte, um es in Augenschein zu nehmen, vor allem der Papst, der nicht wartete, bis der Staub vom Niederreißen des Gerüstes sich gelegt hatte.[65] Raffael von Urbino aber, der mit größter Leichtigkeit fremde Manieren annahm, änderte, sobald er es gesehn, alsbald die seinige und malte kurz darauf, seine Kunst zu zeigen, die Propheten und Sibyllen in der Kirche della Pace, und Bramante suchte zu bewirken, daß der Papst die andere Hälfte der Kapelle Raffael übertrage.[66] Als Michelagnolo dies hörte, beschwerte er sich über Bramante und zieh ihn vor dem Papste rücksichtslos vieler Fehler, sowohl im Leben wie

65 Die Decke war ab 15. August 1511 zu sehen.

66 Die Fresken Raffaels in S. Maria della Pace entstanden 1512–14; vgl. S. 60 f. Eine weitere direkte Bezugnahme Raffaels auf Michelangelos Sixtinische Decke ist der Prophet Esaias an einem Pfeiler der Kirche S. Agostino; vgl. S. 60. Condivi (S. 49) erwähnt nur knapp Raffaels Interesse.

in der Baukunst, welche letzteren, wie man nachmals gesehn, durch Michelagnolo bei dem Bau von St. Peter verbessert worden sind.[67] Der Papst indes, der Michelagnolos Kunst jeden Tag höher schätzen lernte, wollte daß er die Arbeit weiterführe, überzeugt, nachdem er sie aufgedeckt gesehn hatte, daß Michelagnolo bei der andern Hälfte noch Besseres leisten werde. Dieser aber vollendete in zwanzig Monaten die Kapelle ganz allein ohne irgend eine andre Hülfe, als die des Farbenreibers. Michelagnolo hat es bisweilen beklagt, daß er durch die Ungeduld des Papstes gehindert gewesen, dies Werk, wie er wohl gewünscht hätte, nach seiner Weise auszuführen, da der Papst ihn unaufhörlich mit der Frage belästigte, wann er fertig werden würde? Und als er ihm nun einstmals antwortete: »Ich werde enden, wenn ich mir in Rücksicht der Kunst genug getan habe«, entgegnete ihm der Papst: »Wir aber wollen, daß Ihr Uns genügt, und Unser Verlangen ist, es schnell gemacht zu sehen«; und fügte hinzu, wenn solches nicht bald geschehe, werde er ihn von dem Gerüste herabwerfen lassen. Worauf denn Michelagnolo, der den Zorn des Papstes fürchtete und auch zu fürchten hatte, das Fehlende ohne Aufenthalt vollendete, die andere Hälfte des Gerüstes fortnahm und am Morgen von Allerheiligen, dem Tage an welchem der Papst in der Kapelle Messe las, zu großer Befriedigung der ganzen Stadt sein Werk aufdeckte.[68] Michel Agnolo hätte gern im Trocknen einiges nachgebessert,wie die ältern Meister bei den untern

67 Vasari bezieht sich hier auf Bramantes Entwürfe zum Grundriß des Chores und für die Kuppel. Michelangelo griff später jedoch mit lobenden Worten auf Bramantes Grundrißlösung zurück.

68 Die Decke wurde am 1. November 1512 vollends enthüllt.

Bildern getan hatten, einige Gründe und Gewänder, auch einige Lüfte mit Ultramarinblau übergangen und hie und da ein wenig Gold aufgesetzt, damit das Ganze ein glänzenderes und reicheres Ansehn gewonnen hätte; und der Papst selbst, als er vernahm, daß dies dem Werke noch fehle, das er übrigens von jedermann sehr rühmen hörte, wünschte, Michelagnolo möge das Mangelnde hinzufügen; weil diesem aber das Wiederaufrichten des Gerüstes zu langweilig war, so unterblieb es.[69] Äußerte sodann der Papst, der ihn oft sah: er möge die Kapelle mit Farben und Gold bereichern, sie habe ein armes Aussehn, so entgegnete er vertraulich: »Heiliger Vater, in jenen Zeiten schmückten die Leute sich nicht mit Gold, und die, welche hier gemalt sind, waren nicht allzureich, sondern heilige Personen und verschmähten allen Prunk.« Als Bezahlung für sein Werk erhielt Michelagnolo in verschiedenen Fristen 3000 Scudi und verwendete davon fünfundzwanzig auf Farben. Er führte die Arbeit unter großer Anstrengung aus, das Gesicht nach oben gekehrt, wodurch er sich die Augen also verdorben hatte, daß er mehrere Monate lang nur von unten nach oben Briefe lesen und Zeichnungen betrachten konnte. Und ich kann Zeugnis ablegen, was das sagen will, da ich fünf große Zimmerdecken im Palast des Herzogs Cosimo gemalt habe, was ich unmöglich hätte zu Stande bringen können, wenn ich mir nicht einen Stuhl hätte fertigen lassen, der den Kopf stützte, und auf dem ich liegend arbeitete.[70] Dennoch litten Augen und Kopf

69 Bei der Restaurierung 1978–88 hat sich bestätigt, daß Michelangelo nur ganz wenige Partien »a secco« gemalt hat.

70 Bei dieser Anekdote übertreibt Vasari, um den Hinweis auf sein eigenes Werk, die Deckengemälde in der »Sala dei Cinquecento« des Palazzo Vecchio in Florenz, einflechten zu können.

so sehr, daß ich es noch fühle, und ich verwundre mich, wie Michelagnolo so viele Beschwerde hat ertragen können. Aber freilich täglich stärker angegriffen von dem Verlangen seine Aufgabe zu lösen, und unter den Erfahrungen mit denen er sich bereicherte, und den Fortschritten die er machte, merkte er die Anstrengung nicht und empfand kein Ungemach.

Die Einteilung des Ganzen ist also, daß an jeder Längenseite sechs Tragsteine angebracht sind und je einer an der Kopf- und Fußseite. Hierauf malte er sechs Ellen hoch die Sibyllen und Propheten, in der Mitte der Decke aber die Erschaffung der Welt bis zur Sündflut und der Berauschung Noahs, und in den Lünetten die Vorfahren Jesu Christi. In dieser Einteilung hat er nicht perspektivische Verkürzungen angewendet, auch keinen bestimmten Augenpunkt festgehalten, weit mehr hat er die Einteilung den Figuren als die Figuren der Einteilung angepaßt, indem ihm genügte, nackte und bekleidete Gestalten mit einer Vollkommenheit der Zeichnung auszuführen, wie sie niemand weder früher gehabt hat, noch künftig haben wird und wie sie kaum beim Kopieren mit größter Anstrengung erreicht werden kann. Ja in der Tat war und ist dies Werk die Leuchte unserer Kunst und hat der Malerei so viel Licht und Hülfe gebracht, als Aufklärung der Welt, welche so viele Jahrhunderte im Finstern geblieben war. Wahrhaftig! kein Maler sorge mehr darum etwas Neues zu sehen an Erfindungen, Stellungen, Bekleidungen der Gestalten, Neuheit und Stärke des Ausdrucks und Mannigfaltigkeit der Darstellung, denn alle Vollkommenheit, die man mit Hülfe der Kunst einem solchen Werke geben kann, hat Michelagnolo diesem gegeben. Ein jeder aber staune über die

Trefflichkeit der Gestalten, die Richtigkeit der Verkürzungen, die bewundernswürdige Weichheit der Umrisse, die Anmut und Leben haben, und jenes schöne Verhältnis, das man an nackten schönen Körpern wahrnimmt, die er, um den Gipfel und die Vollkommenheit der Kunst zu zeigen, in jedem Alter abbildete, verschieden im Ausdruck wie in der Form, im Gesicht wie im Körper, die einen schlanker, die andern voller in den Gliedern und gleich mannigfaltig in den schönsten Stellungen; die einen sitzend, andere gehend und wieder andere mit Festons von Eichenlaub und Früchten, dem Sinnbild und Wappen von Papst Julius, indem sie andeuten, daß damals und während seiner Herrschaft das Goldne Zeitalter blühte, und Italien noch nicht wie später durch Not und Drangsal litt. Zwischen sich tragen sie einige Medaillons mit erhobenen Bildern, scheinbar von Bronze oder Gold, deren Gegenstände den Büchern der Könige entnommen sind.

Die Vollkommenheit der Kunst und die Größe Gottes noch weiter zu zeigen, malte er im Bilde wie Gott Licht und Finsternis scheidet, und man sieht ihn in seiner Majestät, die Arme ausgebreitet, nur von eigner Kraft getragen, Liebe zugleich offenbarend und Macht. Im zweiten Bilde malte er mit feinem Gefühl und Geist wie Gott Sonne und Mond erschafft; wobei er von vielen Engeln getragen erscheint und einen überraschenden Eindruck macht durch Verkürzung der Arme und Beine. Ferner malte er in derselben Reihenfolge wie Gott die Erde segnet und im Fluge die Tiere erschafft; wobei er an der Decke eine Gestalt in Verkürzung anbrachte, die, wohin man in der Kapelle gehen mag, sich stets im Kreis zu drehen und nach jeder Seite sich mitzuwenden scheint.

Desgleichen auch eine im andern Bilde, worin Gott Land und Wasser scheidet – schöne Figuren und sinnreiche Erfindungen, würdig, allein von den göttlichen Händen Michelagnolos ausgeführt worden zu sein. Hiernach folgt die Erschaffung Adams. Gott Vater wird von einer Gruppe nackter Engelskinder getragen, die nicht nur eine Gestalt, sondern die Last der ganzen Welt zu stützen scheinen; solches Ansehn gewinnt es durch die Ehrfurcht gebietende Majestät Gottes und durch seine Haltung, indem er mit einem Arme einige der Engelskinder umschlingt, fast als ließ' er sich von ihnen tragen, die rechte Hand aber einem Adam hinreicht – von einer Schönheit, Haltung und Umrissen, so daß man glauben möchte, er sei wiederum von seinem höchsten und ersten Schöpfer gemacht, nicht aber durch Pinsel und Zeichnung eines eben solchen Menschen. In dem Bilde unter diesem sieht man wie Gott aus der Rippe Adams unser aller Mutter Eva schafft, ein Paar nackte Gestalten, die eine in Schlaf versunken fast wie tot, die andere durch das Wort Gottes lebendig worden und wach. Hier zeigt uns der Pinsel dieses sinnreichen Künstlers vollständig den Gegensatz zwischen Schlafen und Wachen und wie dagegen fest und unwandelbar, um menschlich zu reden, die Majestät Gottes erscheine. Im nächsten Bilde folgt wie Adam, verführt von einer Figur halb Weib, halb Schlange, den verbotenen Apfel nimmt, zu seinem und unserm Tode, und wie er mit Eva aus dem Paradies verjagt wird; wo in der Gestalt des Engels der Vollstrecker der Gebote des zürnenden Herrn voll Würde und Hoheit, in Adam die Reue über seine Sünde und Furcht vor dem Tode, in dem Weibe aber Scham, Gefühl der Erniedrigung und Verlangen nach Gnade erscheint, indem sie die Arme fest an sich drückt, die Hände flach gegeneinander legt und den Hals nach der Brust neigt, den Kopf aber zu dem Engel erhebt, so daß sie mehr Bangen vor der göttlichen Gerechtigkeit, als Vertrauen in ihr Erbarmen verrät. Gleich schön ist das Bild vom Opfer Kains und Abels, wo einige Holz zutragen, ein anderer zur Erde sich bückend das Feuer anbläst, andere das Opfertier schlachten, das Ganze sicher mit nicht geringerer Überlegung und Genauigkeit ausgeführt, als das frühere. Dasselbe gilt von der Darstellung der Sündflut, worin die Menschen auf verschiedene Weise umkommen und durch die Schrecknisse jener Tage aufgescheucht überall Schutz für ihr Leben suchen. Man erkennt in ihren Gesichtszügen wie das Leben dem Tode zur Beute gefallen ist, liest darin Furcht, Entsetzen und Verachtung aller Dinge; in vielen auch Mitleid, indem sie einander helfen Felshöhen erklimmen, wobei einer, der einen Halbtoten umfaßt und mit aller Kraftanstrengung zu retten trachtet, so täuschend gemalt ist, als ob man ihn in der Wirklichkeit sehe. Nicht schildern läßt sich die Vorzüglichkeit des Bildes, worin Noah vom Weine trunken schläft, sein einer Sohn ihn verspottet, die beiden andern ihn zudecken – ein unvergleichliches Kunstwerk, welches nur durch Michelagnolo selbst übertroffen werden kann.

Hatte er durch die bisherigen Darstellungen Mut gewonnen, so schritt er immer weiter und zeigte sich noch viel herrlicher bei den fünf Sibyllen und sieben Propheten, Gestalten von fünf Ellen Höhe und mehr, die er danach malte. Alle haben verschiedenartige Stellungen, schöne Gewänder, mannigfaltige Bekleidungen, kurz überall gewahrt man Erfindung und bewundrungswürdige Einsicht, und wer ihre Bedeutung versteht, dem erscheinen sie göttlich. Jeremias sitzt mit gekreuzten Beinen, mit einer Hand am Barte, den Ellbogen auf das Knie gestützt, läßt er die andere Hand im Schoße ruhen und das Haupt also sinken, daß man sehr wohl die Trauer, die Sorgen, die Gedanken und Schmerzen darin liest, die sein Volk ihm erweckt. Herrlich auch sind zwei hinter ihm stehende Knaben und die Sibylle hier zunächst gegen die Türe hin, in der Michelagnolo das Alter darstellen wollte; sie ist in Gewänder gehüllt, damit man erkenne, ihr Blut sei durch die Zeit erkaltet, und hält das Buch dicht vor die Augen, um anzudeuten, ihre Sehkraft sei schon geschwächt. – Nach ihr kommt der alte Prophet Hesekiel, dessen Haltung überaus gefällig und schön ist; in viele Gewänder gekleidet hält er in einer Hand eine Schriftrolle, die andere gehoben und das Haupt gewendet, scheint er hohe und große Dinge reden zu wollen; zwei Kinder hinter ihm tragen seine Bücher. Die hier folgende Sibylle bildet den Gegensatz zu der eritreischen, von der ich oben sprach; sie hält das Buch weit ab und ist im Begriff ein Blatt umzuschlagen, ein Knie über das andere gelegt sinnt sie voll tiefen Ernstes was sie niederschreiben soll, während ein Kind ihr im Rücken einen Holzbrand anbläst, um die Leuchte daran anzuzünden. Diese Gestalt ist von seltner Herrlichkeit durch den Ausdruck der Gesichtszüge, durch die Anordnung des Kopfschmuckes und der Gewänder; ihre Arme sind bloß und schön wie alles übrige. Nach ihr kommt der Prophet Joel, der in sich versunken ein Blatt gefaßt hat und mit höchster Aufmerksamkeit und Begier darin liest. Man erkennt in seinem Angesicht wie er sich an dem freut was er geschrieben findet, einem lebenden

Menschen völlig gleich, der seine Gedanken auf einen Punkt richtet. Über der Türe der Kapelle ist der alte Zacharias, er blättert in einem geschriebenen Buch nach etwas, das er nicht findet, das eine Bein hoch, das andere niedrig, ohne im Eifer des Suchens nach dem was er nicht wahrnimmt die Unbequemlichkeit seiner Stellung zu empfinden. Diese Figur gewährt einen schönen Anblick wegen des Alters; ist etwas stark in den Formen und ihr wenig faltenreiches Gewand ist sehr wohl geordnet. Eine Sibylle an der andern Seite, gegen den Altar zu, zeigt einige Schriften vor und ist gleich den zu ihr gehörenden Kindern nicht minder rühmenswert wie die übrigen Gestalten. Noch mehr gilt dies von dem Propheten Jesaias, der auf sie folgt. Er sitzt tief in Gedanken versunken, ein Bein über das andere geschlagen, und legt eine Hand in das Buch, zum Zeichen wo er gelesen hat, stützt den Ellbogen der andern Armes auf das Buch, die Wange auf die Hand und wendet, von einem der hinter ihm stehenden Kinder gerufen, das Haupt rückwärts, ohne sich sonst zu regen. Hier findet man Züge, die in Wahrheit der Natur, der Mutter der Kunst, entnommen sind, sieht eine Figur, die, durchaus gut studiert, alle Regeln guter Malerei genau lehren kann. Nach diesem Propheten kommt eine alte sehr schöne Sibylle, die sitzend mit höchster Anmut in einem Buche eifrig liest, und hinter ihr einige Kinder in gleich schönen Stellungen. Etwas Trefflicheres aber kann man nicht sehen als die Gestalt eines Jünglings, in welchem Daniel dargestellt ist, wie er in ein großes Buch schreibt und dabei einiges andern Schriften entnimmt und dies mit unglaublichem Eifer kopiert, während ein zwischen seinen Knieen stehendes Kind die Last des Buches stützt; dies ist so schön, daß kein Pinsel es erreichen kann, von welcher Hand er auch geführt werde; und dasselbe gilt von der herrlichen Gestalt der libyschen Sibylle, welche, nachdem sie einen starken Band aus vielen Büchern zusammengeschrieben hat, eben nach Frauenart aufstehen will, während sie zugleich die Absicht zeigt, das Buch zu schließen – ein schwieriges, um nicht zu sagen unmögliches Ding für jeden andern als für den Meister der es ausgeführt.

Was aber sage ich von den vier Eckbildern auf den Tragbalken der Decke? Im ersten bekämpft David den Riesen mit der höchsten dem Knaben verliehenen Kraft und haut ihm den Kopf ab, zum Verwundern einiger Soldaten, die im Lager umherstehen. Gleich herrlich sind die schönen Stellungen im Bilde von Judith in der andern Ecke, wo der Rumpf des Holofernes des Kopfes beraubt sich noch einmal zu beleben scheint, während Judith das abgeschlagne Haupt in einen Korb legt, den eine alte Dienerin auf dem Kopf trägt, welche sich, weil sie hoch gewachsen ist, niederbeugt, damit Judith sie erreichen und alles ordnen könne, und während sie mit den Händen die Last zu halten und den Kopf zu bergen sucht, und nach dem Rumpfe sich umsieht, der, obschon tot, ein Bein und einen Arm aufhebt und damit im Zelte Geräusch macht, zeigt sich in ihren Gesichtszügen Bangigkeit vor dem Lager und Furcht vor dem Leichnam; ein fürwahr sehr rühmenswertes Bild. Noch schöner und göttlicher als dies und die übrigen alle ist das Bild von den Schlangen des Moses, oberhalb der linken Altarecke. Denn hier sieht man die Todesverheerung, welche das Niederregnen der Schlangen, ihr Stechen und Beißen anrichtet, so wie die ehrne Schlange, welche Moses auf einem Stabe aufgerichtet, und unterscheidet deutlich die verschiedenen Todesarten derer, welche, von den Bissen der Schlangen verwundet, nichts mehr zu hoffen haben; das scharfe Gift läßt unzählige in Schmerzen und Angst sterben, nicht zu gedenken derer, welche mit steifen Beinen und verdrehten Armen in ihrer Stellung beharren, ohne sich weiter regen zu können, noch der herrlichen Köpfe, die, schreiend rückwärts gebogen, Verzweiflung kund geben. Nicht minder schön sind alle, welche der Schlange Mosis zugewendet voll heißen Verlangens nach ihr hinblicken, da sie fühlen, wie ihr Schmerz hiedurch erleichtert wird und Leben ihnen wiederkehrt. Eine Gruppe in der man eine Frau wahrnimmt, die von einem Manne in solcher Weise gestützt wird, daß man ebensowohl seine nachdrückliche Hülfe als ihr Bedürfnis danach in so plötzlicher Angst und Pein erkennt. Recht schöne Gestalten sind in dem Bilde, worin Ahasverus im Bette liegend in der Chronica liest u. a.; drei Personen die an einem Tische sitzen und essen und den Rat darstellen, der gehalten wurde, um das Volk der Hebräer zu befreien und Haman an den Galgen zu bringen. Die Figur dieses letztern ist in bewunderungswürdiger Verkürzung ausgeführt, denn der Stamm daran er befestigt ist, und der Arm den er nach vorne streckt, erscheinen nicht wie gemalt, sondern wie wirklich und rund; dasselbe gilt von dem Beine welches vorwärts, und von andern Teilen des Körpers die nach innen gebogen sind, unter schönen und schwierigen Figuren gewiß eine der schönsten und schwierigsten.

Es würde zu lange dauern, wollte ich alle die herrlichen Kompositionen der verschiedenen Geschichten schildern, die ganze Genealogie der Patriarchen, von den Söhnen Noahs an, um das Geschlechtsregister Jesu der

Folgereihe nach zu geben, Gestalten von unsäglicher Verschiedenheit in den Gewändern und dem Ausdruck der Köpfe, neu und außerordentlich, voll Phantasie und gründlicher Überlegung. Alles ist mit Geist ausgeführt, alle Figuren sind in richtigster Verkürzung und mit Kunst gezeichnet, und was man sieht, ist rühmenswert und göttlich. Wer aber betrachtet ohne Bewunderung und Erstaunen die gewaltige Figur des Jonas, die letzte in der Kapelle, bei der die Wölbung, die in der Wirklichkeit von der Mauer ab nach vorn aufsteigt, durch die Macht der Kunst, indem jene Gestalt sich rückwärts biegt, zurückgeschoben und gerade erscheint; ja man glaubt, durch die Kunst der Zeichnung, durch Licht und Schatten getäuscht, daß sie wirklich rückwärts gehe. O wahrhaft glückliches Zeitalter, glückselige Künstler! daß euch vergönnt ist, aus so klarem Quell Licht zu schöpfen für die umnebelten Augen, daß ihr durch einen so bewunderungswürdigen und einzigen Meister alle Hindernisse eurer Bahn beseitigt seht. Gewiß der Ruhm seiner Kunst macht auch euch bekannt und berühmt, seit er von euern Augen und Sinnen die Binde genommen und euch das Wahre vom Falschen unterscheiden gelehrt, das die Erkenntnis umdunkelte! Danket dafür dem Himmel und suchet Michelagnolo in jedem Dinge nachzuahmen.

Als sein Werk aufgedeckt wurde, strömte alle Welt herbei, um es in Augenschein zu nehmen, und alle erstaunten und verstummten; der Papst aber, vollkommen befriedigt und zu größern Unternehmungen ermutigt, belohnte Michelagnolo mit Geld und reichen Geschenken, der dann bei so ungewöhnlichen Gunstbezeugungen öfters sagte: er sehe wohl daß der Papst seine Kunst hoch ehre, und wenn er ihm auch als Zeichen seiner

Liebe dann und wann eine Grobheit zufüge, so suche er es doch alsbald durch Geschenke und glänzende Gunstbezeugungen wieder gut zu machen. So geschah es z. B. einmal, daß Michelagnolo sich Urlaub ausbat und Geld, um zum S. Johannisfest nach Florenz zu gehen, und der Papst sprach: »Gut! doch wann wird meine Kapelle fertig?« worauf Michel Agnolo antwortete: »Sobald ich kann, Heiliger Vater!« Da schlug der Papst mit einem Stock den er in der Hand hatte, nach ihm und rief: »Sobald ich kann! sobald ich kann! ich will dich wohl dazu bringen, sie fertig zu machen, Ich!« Als aber Michelagnolo darauf nach Hause ging, um alles zur Reise nach Florenz vorzubereiten, schickte sogleich der Papst seinen Kämmerer Cursio mit fünfhundert Scudi zu ihm, um soviel an ihm lag ihn wieder zu versöhnen, wobei Cursio den Papst entschuldigte, indem er meinte: dies alles seien ja nur Gunst- und Liebeszeichen gewesen. Und Michelagnolo, der die Weise des Papstes kannte, und im ganzen ihn lieb hatte, lachte darüber, wohl sehend, daß endlich alles zu seinem Gewinn ausschlug und daß der Papst alles aufbot ihn sich zum Freund zu erhalten.

Nach Vollendung der Kapelle und bevor noch der Papst sich dem Tode nahe fühlte, verfügte er und trug es dem Kardinal Santiquattro und dem Kardinal Aginense, seinem Neffen, auf, sein Grabmal, wenn er gestorben wäre, nach einer einfacheren Zeichnung, als die frühern, vollenden zu lassen. An dies Werk begab sich Michelagnolo aufs neue und fing um so lieber an, als er hoffte endlich einmal ohne Hindernis damit fertig zu werden, hatte indes nachmals stets Verdruß, Last und Not dabei, mehr als bei irgend einer seiner Arbeiten, ja wurde sogar lange Zeit auf gewisse Weise des Undankes gegen einen

Papst geziehen, von dem er so sehr geliebt und beschützt worden war.

Zu dem Grabmale also zurückgekehrt, arbeitete er unausgesetzt daran und ordnete einen Teil der Zeichnungen, damit er die Fassaden der Kapelle ausführen könne, als ein neidisches Geschick nicht zulassen wollte, daß dieses in so großer Vollkommenheit begonnene Denkmal ein entsprechendes Ende gewinne. Papst Julius starb und sein Grabmal wurde außer Acht gelassen wegen der Erwählung von Leo X., der, von nicht minder glänzendem Unternehmungsgeist und Tatkraft als Julius, in seiner Vaterstadt, aus welcher er der erste Papst war, zu seinem und des göttlichen Künstlers, seines Mitbürgers, Gedächtnis so Herrliches vollführen lassen wollte, als ein mächtiger Fürst wie er zu tun vermöge. Und als er deshalb Michelagnolo den Auftrag gab, die Fassade von San Lorenzo in Florenz, der Kirche welche die Medici erbaut hatten, auszuführen, so blieb notwendiger Weise die Arbeit am Grabmal von P. Julius liegen, da er nicht nur seine Meinung und seine Zeichnungen dazu, sondern ihn auch selbst als Oberbaumeister begehrte. Michelagnolo widerstand so viel er konnte und berief sich darauf, daß er den Kardinälen Santiquattro und Aginense wegen des Grabmales verpflichtet sei, der Papst aber antwortete ihm: er möge deshalb nicht besorgt sein; er habe es selber besorgt und ihm Urlaub ausgewirkt, unter dem Vorbehalt, daß er in Florenz wie früherhin an den Figuren für das Grabmal arbeiten werde; was freilich alles gegen Wunsch und Willen der Kardinäle und Michelagnolos geschah, der mit Tränen von dannen schied.

Mannigfaltig, ja unzählbar waren die Verhandlungen, welche hierauf folgten. Ein Werk wie jene Fassade hätte man gern mehreren Personen übertragen, auch kamen wegen dessen baulicher Anordnung viele Künstler nach Rom zum Papst und fertigten allerlei Zeichnungen: Baccio d'Agnolo, Antonio von San-Gallo, Andrea und Jacopo Sansovino gleich dem anmutigen Raffael von Urbino, den der Papst nachmals in dieser Angelegenheit mit nach Florenz nahm.

Michelagnolo entschloß sich ein Modell zu machen, aber keinen andern über oder neben sich bei dem Bau anzunehmen.[71] Und dieses entschiedne Zurückweisen jeder Beihülfe war schuld, daß weder von ihm noch von andern etwas ins Werk gesetzt wurde, und daß jene Meister die Hoffnung aufgaben und zu ihren gewohnten Beschäftigungen zurückkehrten. Er dagegen ging nach Carrara mit Aufträgen, für welche ihm von Jacopo Salviati[72] tausend Scudi ausgezahlt werden sollten. Als er indes zu ihm kam, hatte Jacopo sich wegen verschiedner Geschäfte mit einigen Bürgern eingeschlossen, und Michelagnolo, der nicht Lust hatte die Audienz abzuwarten, reiste alsbald fort ohne ein Wort zu sagen. Jacopo, von seinem Besuch benachrichtigt, schickte ihm, da er ihn in Florenz nicht fand, tausend Scudi nach Carrara. Der Überbringer verlangte von Michelagnolo einen Empfangschein, erhielt aber zur Antwort: dies Geld sei zu Ausgaben für den Papst und nicht für ihn bestimmt, er möge es wieder mitnehmen, für andere pflege er nicht Quittungen noch Empfangscheine auszustellen; worauf der Bote aus Furcht ohne Schein zu Jacopo heimkehrte.

71 Die Fassadenpläne entstanden ab 1516 in Konkurrenz mit mehreren anderen Architekten, u. a. Raffael.

72 Jacopo Salviati nahm 1530 an der Verteidigung von Florenz teil.

Während Michelagnolo in Carrara den Marmor zu dem Grabmale von Papst Julius und zu der Fassade der Kirche brechen ließ, in der Meinung sie auszuführen, schrieb man ihm, Papst Leo habe vernommen, es gebe in den Bergen von Seravezza im Florentiner Gebiet, auf der Höhe des höchsten Berges, Altissimo genannt, Marmor von derselben Güte und Schönheit als jener zu Carrara. Dies wußte zwar Michelagnolo schon, schien es aber nicht beachten zu wollen, denn er war ein Freund des Marchese Alberigo, des Herrn von Carrara, und wollte entweder um seinetwillen lieber carrarischen Marmor nehmen, als den von Seravezza, oder war auch wohl der Meinung, daß das ein langwieriges Geschäft sei, wobei viel Zeit verloren gehe, wie es sich nachmals wirklich erwies. Dessenungeachtet ward er gezwungen nach Seravezza zu gehen, obwohl er dagegen anführte, dies werde mehr Arbeit und Kosten veranlassen, vornehmlich beim Beginn, und vielleicht mehr erfordern als man so bedürfe; aber der Papst wollte davon nichts hören; eine Straße von mehreren Meilen mußte durch die Berge geführt, es mußten mit Keulen und Hauen Massen zerschlagen und Wege geebnet und an sumpfigen Stellen Pfähle eingerammt werden, so daß Michelagnolo viele Jahre verlor, um den Willen des Papstes zu erfüllen; und endlich bekam man fünf Säulen von gehöriger Größe, davon eine auf dem Platz von San Lorenzo in Florenz aufgestellt ist, die andern an der Meeresküste liegen, und um deswillen ward der Marchese Alberigo, der seinen Handel gestört sah, Michelagnolos erbitterter Feind, ohne daß dieser es verschuldet hatte.

Außer diesen Säulen brach man noch viele Marmorblöcke, die jetzt nach mehr als dreißig Jahren noch in den Steinbrüchen liegen. Zu unsern Tagen hat indes Herzog Cosimo Befehl gegeben, die Straße zu vollenden, bei der zwei Meilen fehlen, die für Marmorfuhren noch sehr schwierig sind, und die zugleich einen andern vortrefflichen, von M. Agnolo entdeckten Marmorbruch aufschließen, zu weiterer Ausführung vieler schöner Unternehmungen. Michelagnolo hat übrigens zu Seravezza unterhalb Stazema, einer in jenen Bergen gelegenen Villa, einen Bruch sehr schönen, harten, bunten Marmors aufgefunden, und Herzog Cosimo hat auch von dort her über vier Meilen weit eine gepflasterte Straße führen lassen, um Steinblöcke aus den Bergen nach der Meeresküste zu bringen.

Doch kehren wir zu Michelagnolo zurück. Er ging wieder nach Florenz und verlor bald hiemit, bald damit viele Zeit. Unter andern machte er für den Palast der Medici das Modell zu den Fenstern mit gebrochenem Giebel an den Eckzimmern, deren eines Giovanni von Udine mit Stukkaturen und Malereien verziert hat – ein Werk, das sehr gerühmt worden ist;[73] und dann ließ er von dem Goldschmied Piloto, aber nach seiner Angabe, in durchbrochenem Kupfer jene Jalousien machen, die man mit Recht noch immer bewundert. Mit dem Brechen der Marmorblöcke brachte Michelagnolo viele Jahre hin; doch fertigte er währenddessen Wachsmodelle und andere zu dem Bau gehörige Dinge. Aber das Unternehmen zog sich also in die Länge, daß die dafür bestimmten Gelder auf den lombardischen Krieg verwendet wurden und der Bau durch den Tod von Papst Leo

73 Es handelt sich um die »knienden Fenster« (»finestre inginocchiate«) im Erdgeschoß des Palazzo Medici-Riccardi in Florenz, entworfen 1517. Die Jalousien sind nicht mehr erhalten.

unvollendet blieb, indem nichts daran geschah, als daß man die Fundamente für die Vorderseite legte und von Carrara eine große Marmorsäule nach dem Platze von S. Lorenzo schaffte.

Der Tod Leos versetzte Künstler und Gewerbtreibende zu Rom und Florenz in so großen Schrecken, daß Michelagnolo in Florenz blieb und an dem Grabmale Giulios arbeitete, solang Hadrian VI. regierte. Nach Hadrians Tode jedoch wurde Clemens VII. zum Papst erwählt, der wie Leo und seine übrigen Vorgänger durch Werke der Baukunst, Bildhauerei und Malerei ein Gedächtnis von sich hinterlassen wollte. In dieser Zeit, das heißt 1525, wurde Giorgio Vasari in noch kindlichem Alter von dem Kardinal von Cortona nach Florenz gebracht und bei Michelagnolo in die Lehre gegeben.[74] Da indes dieser von Clemens VII. nach Rom berufen ward wegen des Baues der Bibliothek von San Lorenzo und der neuen Sakristei, worin er die Marmorgrabmäler seiner Vorfahren von Michelagnolos Hand gefertigt aufstellen wollte, entschloß er sich, Vasari einstweilen bei Andrea del Sarto unterzubringen, und ging selbst nach dessen Werkstatt, um ihm Vasari zu empfehlen. Michelagnolo reiste ohne Aufenthalt nach Rom, und da er neuerdings von dem Herzoge Francesco Maria von Urbino,[75] dem Neffen von Papst Julius, bedrängt wurde, der sich über ihn beschwerte und sprach: man habe ihm sechzehntausend Scudi für das Grabmal ausgezahlt und er treibe in Florenz was ihm beliebe, und der drohend

74 Vasari läßt hier die eigene Jugendgeschichte einfließen, um seine künstlerischen Anfänge direkt mit Michelangelo zu verknüpfen.

75 Francesco Maria I. della Rovere wurde von Raffael 1505 porträtiert (Florenz, Uffizien).

hinzufügte: vernachlässige er das Werk, so solle es ihm schlimm gehen, so riet ihm, als er in Rom angelangt war, der Papst Clemens, der sich gerne seiner Hülfe bedienen wollte, er solle mit den Agenten des Herzogs Rechnung abschließen, seines Bedünkens wäre er nach dem, was er schon vollbracht habe, eher Gläubiger als Schuldner; und der Handel blieb liegen.

Der Papst besprach sich mit Michelagnolo über viele Dinge, bis man endlich beschloß, die neue Sakristei und Bibliothek von San Lorenzo in Florenz zu vollenden.[76] Er verließ daher Rom und wölbte die Kuppel der Kapelle wie man sie jetzt sieht, und ließ sie in mannigfaltigen Ordnungen ausführen; von dem Goldschmied Piloto ließ er eine sehr schöne Kugel mit zweiundsiebenzig Flächen dafür arbeiten. Während er mit diesen Dingen beschäftigt war, sagten ihm einige Freunde: »Ihr solltet die Laterne Eurer Kapelle ganz anders als jene von Filippo Brunelleschi aufführen.« Worauf er erwiderte: »Anders wohl, aber nicht besser!«

Im Innern errichtete er zum Schmuck der Wände vier Grabmäler, für die sterblichen Hüllen der Väter der beiden Päpste: für Lorenzo den Alten und für Giuliano seinen Bruder, dann für Giuliano den Bruder Leos und für Herzog Lorenzo seinen Neffen. Und weil er hiebei die alte, von Filippo Brunelleschi erbaute Sakristei nur mit einer neuen Art von Ornamenten nachahmen wollte, so brachte er eine Verzierung in gemischter Ordnung an, die mannigfaltigste, ungewöhnlichste, welche jemals von

76 Anbauten an die Familienkirche der Medici, S. Lorenzo: die »Medici-Kapelle« (ab 1519) am nördlichen Querhaus als Familiengrabkapelle und die »Biblioteca Laurenziana« südlich des Südquerhauses über dem Kreuzgang; vgl. Condivi, S. 54 f.

alten oder neuern Meistern angewendet werden konnte, denn die schönen Gesimse, Kapitäle, Basen, Türen, Tabernakel und Grabmäler sind völlig verschieden von dem was die Menschen früher für Maß, Ordnung und Regel geachtet hatten, nach allgemeinem Brauch, nach den Bestimmungen Vitruvs und der Altertümer, dem er sich nicht anschließen mochte. Solche Kühnheit ermutigte diejenigen, welche Michelagnolos Verfahren sahen, ihn nachzuahmen; und neue Erfindungen hat man seitdem gesehn, grotesk viel mehr, als nach herkömmlichem Gesetze der Ornamentik. Daher sind ihm die Künstler zu dauerndem Danke verpflichtet, daß er die Bande und Ketten brach, mit denen belastet alle stets auf der gewöhnlichen Straße fortgegangen waren. Noch besser zeigte er dies und lehrte seine Verfahrungsweise bei dem Baue der Bibliothek von S. Lorenzo am selben Ort, bei der schönen Einteilung der Fenster, der Anordnung der Decke und dem bewunderungswürdigen Eingang des Vorsaales. Nie herrschte eine kühnere Anmut in dem Ganzen und in den einzelnen Teilen eines Werkes, in den Tragsteinen, den Tabernakeln und den Gesimsen, und nie sah man eine bequemere Treppe, die obendrein so seltsame Abstufungen hat und so sehr verschieden von der gewöhnlichen Weise ist, daß jedermann erstaunte.

Damals sandte er seinen Schüler Pietro Urbano aus Pistoja nach Rom, um die Statue eines unbekleideten Christus aufzustellen, der das Kreuz hält – eine bewunderungswürdige Figur, die neben der Hauptkapelle in der Minerva für Herrn Antonio Metelli errichtet wurde.[77]

77 Auftraggeber für den »Auferstandenen Christus« (1518–20, Rom, S. Maria sopra Minerva) waren Bernardo Cenci, Mario Scapucci und Metello Vari für die Familie Porcari, deren Grabkapelle die Statue schmücken sollte.

Ungefähr gleichzeitig ereignete sich die Plünderung Roms[78] und die Vertreibung der Medici aus Florenz. Dieser Wechsel veranlaßte die damaligen Befehlshaber ihre Stadt neu zu befestigen und sie ernannten Michelagnolo zum Generalkommissär über sämtliche Befestigungen, als welcher er verschiedene Zeichnungen fertigte und Florenz verschanzen ließ, und endlich noch den Hügel von S. Miniato mit Basteien umgab.[79] Diese errichtete er nicht nach gewöhnlicher Weise von Rasenschollen, Holz und Reisigbündeln, sondern er baute einen Wall, zuunterst mit einem Geflecht von Kastanien, Eichen und anderem guten Stoff, und legte darüber anstatt der Rasenschollen rohe Backsteine, die von Werg und Viehdünger geformt und sorgfältig geebnet wurden. Die Signoria von Florenz schickte ihn auch nach Ferrara, um die dortigen Festungswerke, die Artillerie und Munition von Herzog Alfons I. in Augenschein zu nehmen: und dieser Fürst erwies ihm viele Höflichkeit, und bat ihn auch, er möge nach eigenem Gefallen etwas für ihn arbeiten, was alles Michelagnolo ihm zusagte. Nach Florenz heimgekehrt, war er unausgesetzt mit den Festungswerken der Stadt beschäftigt, malte aber dessenungeachtet das Bild einer Leda für den Herzog in Tempera mit eigner Hand[80] – ein göttliches Werk, wie seinerzeit gesagt werden wird, und arbeitete heimlich die Statuen zu den Grabmälern in San Lorenzo.

78 Der »Sacco di Roma« (Plünderung Roms) 1527 durch kaiserliche Truppen.

79 Die erste Nachricht, daß Michelangelo als Festungsbaumeister tätig ist, stammt vom 3. Oktober 1528. Fast ein Jahr, bis zu seiner Flucht im September 1529, kümmert sich Michelangelo um die Stadtbefestigungen.

80 Die »Leda« Michelangelos ist verloren, jedoch durch Kopien und Nachstiche nach dem Karton (u. a. von Rubens) überliefert. Vasari erwähnt das Werk 1550 nur kurz und schmückt 1568 die Episode in Anlehnung an Condivi (S. 61 f.) länger aus.

Damals verbrachte er ungefähr sechs Monate auf San Miniato, um die Befestigung dieses Berges zu beschleunigen, weil die Stadt verloren gewesen wäre, wenn die Feinde ihn in Besitz genommen hätten; und förderte diese Unternehmung mit allem Fleiß. Gleichzeitig betrieb er die Arbeiten in der Sakristei, führte sieben Statuen[81] zum Teil ganz, zum Teil nicht ganz aus, übertraf wie man anerkennen muß, hiebei und bei der Architektur der Grabmäler jeden Meister in den drei Künsten, wie man dies aus den Statuen ersieht, die er entworfen und in Marmor vollendet, und die am genannten Orte sich befinden. Das eine ist die Mutter Gottes in sitzender Stellung, das rechte Bein über das linke gekreuzt, so daß ein Knie auf dem andern ruht; das Kind reitet auf dem übergelegten Beine und wendet sich mit schöner Bewegung, die Brust verlangend, nach der Mutter, die es mit der einen Hand hält, mit der andern sich stützt und vorbeugt, sie ihm zu geben; und obwohl diese Statue nicht in allen Teilen fertig ist, erkennt man doch in dem unausgeführten, nur gradierten Entwurf die Vollkommenheit des Werkes.

In noch viel größeres Staunen versetzte Michelagnolo jedermann durch die Grabmäler von Herzog Giuliano und Lorenzo von Medici, bei denen er den Gedanken gehabt zu haben scheint, daß nicht allein die Erde diesen Fürsten eine ihrer Größe entsprechende, ehrenvolle Ruhestätte geben könne, sondern daß alle Teile der Welt daran Teil haben sollten, indem er über ihre Sarkophage,

81 Von Michelangelo stammen die Figuren der Grabmäler (Lorenzo de' Medici mit »Crepuscolo« – Abenddämmerung – und »Aurora« – Morgendämmerung – und Giuliano de' Medici mit »Notte« – Nacht – und »Giorno« – Tag) sowie die »Madonna mit dem Kind«, allesamt entstanden zwischen 1521 und 1534; vgl. Condivi, S. 58 f.

so daß sie sie bedeckten, vier Statuen anbrachte, nämlich: bei dem einen den Tag und die Nacht, bei dem andern die Morgen- und die Abenddämmerung; Statuen von Form und Haltung, wunderschön und voll Kenntnis der Muskulatur, so daß die Kunst, ginge sie je wieder verloren, durch sie allein zu dem vormaligen Glanze wieder gebracht werden könnte. Außerdem sind dort u. a. die Statuen der beiden Fürsten in Waffenschmuck, der gedankenvolle Herzog Lorenzo, voll Weisheit im Angesicht; und die Beine sind so schön gemacht, daß man nicht schönere sehen kann. Dann der kühne Herzog Giuliano; Kopf, Hals, Augenhöhlen, Nasenrücken, Öffnung des Mundes und Haare so göttlich, Hände, Arme, Kniee, Füße, kurz alle Teile von einer Herrlichkeit, daß die Augen nie satt und müde werden diese Gestalt anzuschauen. Fürwahr, wer die schönen Fußbekleidungen und Harnische betrachtet, der muß sie für himmlisch und nicht für irdisch halten. Was aber sage ich von der Aurora, einer ganz unbekleideten, weiblichen Gestalt, ganz geschaffen höchste Trauer in der Seele zu erwecken und zu bewirken, daß die Bildhauerkunst den Griffel sinken lasse? Ihre Stellung zeigt eiliges Erheben aus tiefem Schlafe und Verlassen des Bettes, weil sie erwachend den großen Herzog, zu dem sie teilnehmend sich wendet, tot erblickte, mit dem Ausdruck der Klage in ihrer unzerstörbaren Schönheit, zum Zeichen ihres großen Schmerzes. Was endlich könnte ich von der Nacht sagen, einer nicht seltnen, sondern einzigen Statue? Wer hat zu irgend einer Zeit antike oder neuere, mit gleicher Kunst vollendete Gestalten gesehn? Wer erkennt nicht in ihr zugleich die Ruhe eines Schlafenden, und den Schmerz und die Trauer dessen, der ein hohes und heiliges Gut verliert? Dies ist die Nacht, welche alle diejenigen verdunkelte, die Michelagnolo in der Bildhauerei und Zeichenkunst einige Zeit, wenn auch nicht zu übertreffen, doch zu erreichen dachten. Sie ruht hingesunken, wie man es bei den Bildern Schlafender sieht, und verschiedene gelehrte Männer haben zu ihrem Lobe Verse in Latein und in der Volkssprache gedichtet, wie z. B. die folgenden, deren Verfasser man nicht kennt:[82]

Die Nacht, die du in süßem Schlummer hier
Erblickst, ihr hat ein Engel Form gegeben
Aus Stein; doch schläft sie, darum hat sie Leben.
Wenn du nicht glaubst, ruf ihr, sie spricht zu dir.

Worauf Michelagnolo im Namen der Nacht antwortete:

Lieb ist der Schlaf mir, lieber Steines Weise,
So lange Schmach und bittrer Jammer währen,
Nichts sehn, nichts hören ist mein ganz Begehren,
So wecke mich nicht auf, o rede leise.

Hätte die Feindschaft, welche zwischen Glück und Kunst besteht, und die Vorzüglichkeit von dieser und der Neid von jener ihn dies Werk zu Ende bringen lassen, so würde die Kunst der Natur gelehrt haben, wie sie ihr in allen Dingen überlegen sei. Während indes Michelagnolo mit allem Fleiß und vieler Liebe an diesem Werke arbeitete, kam (was die Beendigung nur zu sehr aufhielt) im Jahr 1529 die Belagerung von Florenz, weshalb er wenig oder gar nichts mehr daran tun konnte, da die Bürger ihm die Sorge der Befestigung aufgeladen hatten, und zwar

82 Nach Schorn/Förster (S. 328) ist der Verfasser Giovanni Battista Strozzi.

nicht allein von San Miniato, sondern von der ganzen Umgegend, wie schon gesagt worden ist. Er hatte der Republik tausend Scudi geliehen, und da er zu dem Kriegsrat der Neune gehörte, so wandte er Sinn und Gedanken ganz der Vervollkommnung jener Festungswerke zu. Indes wurden diese vom feindlichen Heere ringsum eingeschlossen; die Hoffnung auf Hülfe schwand allmählich, die Schwierigkeit sich zu halten stieg und Michelagnolo, der sich nicht an seinem Platze fühlte, und für die Sicherheit seiner Person besorgt wurde, beschloß von Florenz nach Venedig zu gehn, ohne unterweges sich irgend jemand zu erkennen zu geben. Er verließ daher heimlich, ohne daß irgendwer etwas wußte, auf der Straße des Berges von San Miniato Florenz, und nahm nur Antonio Mini, seinen Schüler, und den Goldschmied Piloto, seinen treuen Freund, mit, und jeder von ihnen trug auf dem Rücken, zwischen der Jacke eingenäht, eine Anzahl Scudi. In Ferrara, wo er sich ausruhte, wurde wegen des Argwohnes, der im Kriege herrscht, und wegen des Bündnisses zwischen Papst und Kaiser, die vor Florenz lagen, von Herzog Alfonso von Este polizeiliche Ordnung gehalten; auch wollte er heimlich von den Wirten, die Herberge gaben, die Namen aller derer wissen, welche täglich bei ihnen einkehrten, und ließ sich jeden Tag die Liste der Fremden bringen, gleichviel, welcher Nation sie angehörten. Obwohl nun Michelagnolo nicht gekannt zu sein wünschte und deshalb mit den Seinen vom Pferde gestiegen war, erhielt doch der Herzog auf diesem Wege Kunde davon und hatte eine große Freude über die Ankunft seines Freundes. Dieser Fürst war großmütig und unablässig so lang er lebte ein Freund der Kunst. Er schickte alsbald einige seiner ersten Hofleute zu Michelagnolo, um ihn im Namen Sr. Exzellenz nach dem Palaste zu berufen, wo der Herzog war; seine Pferde und sein Gepäck sollten sie mitbringen und ihm im Palast gute Wohnung anweisen. Michelagnolo, der sich in der Gewalt anderer sah, mußte nachgeben, und mit guter Miene zum bösen Spiel ging er in Begleitung jener Herren zum Herzog, ohne jedoch sein Gepäck aus dem Gasthaus fortzuschaffen. Der Herzog empfing ihn sehr gnädig, bedauerte seine Zurückhaltung, beehrte ihn mit reichen Geschenken und hoffte ihn durch glänzende Anerbietungen in Ferrara festzuhalten. Michelagnolo aber, in dessen Plänen dies nicht lag, wollte nicht bleiben, und von neuem bat ihn der Herzog, wenigstens solange der Krieg daure, nicht zu reisen, und erbot sich zu allem, was in seiner Macht stände. Hierauf glaubte Michelagnolo in Höflichkeit sich nicht übertreffen lassen zu dürfen; er dankte verbindlichst und gegen seine beiden Reisegefährten gewendet, sagte er, daß er zwölftausend Scudi nach Ferrara mitgebracht habe, und daß, wenn Sr. Exzellenz damit gedient wäre, sie ihm zu Befehl stünden, wie er selbst.

Der Herzog führte ihn, wie er schon bei einem frühern Besuch getan, im Palaste umher und zeigte ihm was er Schönes besaß, auch sein eigenes Bildnis von der Hand Tizians, welches Michelagnolo sehr rühmte; konnte ihn aber im Palast nicht halten, da er darauf bestand im Gasthofe zu bleiben. Darum erhielt der Wirt, bei dem er wohnte, unter der Hand allerlei, um dem Künstler Ehre zu erweisen, dazu den Befehl, sich bei dessen Abreise keine Zeche zahlen zu lassen.

Von Ferrara begab sich Michelagnolo nach Venedig,[83]

83 Michelangelo hielt sich von Ende September bis Oktober 1529 in Venedig auf.

wo viele der Vornehmen ihn kennen zu lernen wünschten; da er indessen kein rechtes Vertrauen zu ihrer Kenntnis seines Berufes hatte, verließ er die Giudecca,[84] wo er wohnte, und wo er, wie man sagt, damals auf Begehren des Dogen Gritti für Venedig die Zeichnung zu der Brücke des Rialto gefertigt, ein in Erfindung und Ausschmückung ganz außerordentlicher Entwurf.[85]

Michelagnolo wurde dringend gebeten wiederum nach seiner Vaterstadt zu kommen; man empfahl ihm angelegentlichst die dortigen Unternehmungen nicht aufzugeben und schickte ihm sicheres Geleit, so daß er endlich von Liebe zur Heimat getrieben, obschon nicht ohne Gefahr seines Lebens, dahin zurück ging. In dieser Zeit vollendete er die Leda, welche er, wie ich erzählte, zufolge einer Aufforderung, für den Herzog Alfonso gemalt, und welche nachmals sein Schüler Antonio Mini nach Frankreich brachte.[86] Gleichzeitig setzte er den Turm von San Miniato in Stand, der mit zwei Geschützstücken dem feindlichen Lager so großen Schaden zufügte, daß die Artilleristen im Felde ihn mit starken Kanonen niederzuschießen suchten, ihn auch fast durchbrochen hatten und gänzlich zerstört haben würden, wenn Michelagnolo ihn nicht mit Wollenballen und starken, an Stricken aufgehangenen Matratzen in einer Weise geschützt hätte, daß er noch steht. Man sagt auch, daß er zur Zeit der Belagerung Gelegenheit gefunden

84 Inselstadtteil von Venedig.

85 Michelangelos Entwurfszeichnung erwähnt Vasari in Anlehnung an Condivi (S. 74). Allerdings ist unklar, ob sie bereits 1529 zu datieren wäre, wie Vasari angibt, oder erst 1551, als das Projekt einer Steinbrücke über den Canal Grande tatsächlich realisiert werden sollte.

86 Antonio Mini ging 1531 nach Frankreich, wo er die »Leda« zu verkaufen trachtete. Der Karton der »Leda« gelangte in den Besitz von Rosso Fiorentino; eine ihm zugeschriebene Kopie heute in London, National Gallery.

habe, einem frühern Wunsche gemäß, den großen carrarischen Marmorblock von neun Ellen zu erhalten, den Papst Clemens bei entstandener Konkurrenz dem Baccio Bandinelli zugesprochen hatte.[87] Er gehörte indes der Gemeinde, und als Michelagnolo ihn von dem Gonfaloniere forderte, erhielt er ihn von ihm, sich daran zu versuchen, nachdem schon Baccio ein Modell gemacht und beim Setzen der Punkte bereits viel von dem Marmor weggehauen hatte. So machte Michelagnolo ein Modell, das für bewunderungswürdig galt und höchst reizend war; bei der Heimkehr der Medici erhielt indes Baccio den Marmor zurück.

Nach Abschluß des Friedensvertrages erhielt Baccio Valori, als Kommissär des Papstes, den Auftrag, einige der heftigsten Parteigänger unter den Bürgern festzunehmen und ins Bargello (Gefängnis)[88] zu werfen; der Hof selbst ließ nach Michelagnolo in seiner Wohnung suchen; dieser war indes, solches ahnend, heimlich nach dem Hause eines vertrauten Freundes gegagen und hielt

87 Die Auftragsgeschichte dieser Gruppe ist verwickelt: Zunächst wurde von den Medici in einer Konkurrenz der Auftrag 1525 Bandinelli zugeschlagen, der sogleich an die Bearbeitung des Blocks ging. Nach der Vertreibung der Medici 1527 übergab die Signoria am 22. August 1528 den Block Michelangelo, der eine Samson-und-Philister-Gruppe plante, dazu auch schon kleine Modelle gefertigt hatte (Florenz, Casa Buonarroti), jedoch nun mit dem Problem des schon behauenen Blocks konfrontiert war. Als die Medici 1530 wieder an die Macht kamen, ging der Block wieder an Bandinelli über, der bis 1534 jene Herkules-und-Kakus-Gruppe schuf, die heute noch vor dem Palazzo Vecchio in Florenz steht. Dieses Werk wurde von den Zeitgenossen kritisch aufgenommen, vor allem von den Künstlern. Cellini spottete, die Rückenmuskulatur des Herkules sehe aus wie ein Sack voller Kürbisse.

88 Der »Bargello« war ehemals der Palast des Podestà (Stadthauptmann). Später diente der Bargello als Stadtkommandantur, im 19. Jh. dann komplett als Gefängnis, bis schließlich 1865 des Museo Nazionale del Bargello, das florentinische Skulpturenmuseum, eingerichtet wurde.

sich dort viele Tage verborgen, bis die erste Erbitterung sich gelegt hatte. Da gedachte Papst Clemens der Kunstleistungen Michelagnolos, ließ mit Fleiß nach ihm forschen und gab Befehl, man solle ihm nichts vorwerfen, ihm vielmehr sagen: er werde seinen frühern Gehalt bekommen, wenn er zurückkehre, und für das Werk von San Lorenzo Sorge trage, über welches Herr Giovannbattista Figiovanni, ein alter Diener des Hauses Medici und Prior von San Lorenzo, zum Oberaufseher ernannt war.

In solcher Weise sicher gestellt, und um vorerst sich Baccio Valori zum Freund zu machen, fing Michelagnolo eine drei Ellen hohe Figur in Marmor an, einen Apollo, der einen Pfeil aus seinem Köcher nimmt, und vollendete ihn fast ganz; er befindet sich heutigen Tages im Zimmer des Fürsten von Florenz, und ist ein außerordentliches Werk, obwohl nicht völlig ausgeführt.[89]

Zu der Zeit kam zu Michelagnolo ein Edelmann vom Herzog Alfonso von Ferrara, der erfahren hatte, er habe etwas Schönes für ihn gearbeitet, und der einen so kostbaren Schatz nicht verlieren wollte; und kaum in Florenz angekommen, suchte dieser Herr den Künstler auf, und übergab das Beglaubigungsschreiben seines Fürsten. Nach den gewöhnlichen Höflichkeitsbezeugungen zeigte ihm Michelagnolo das von ihm gefertigte Bild der Leda, wie sie den Schwan umarmt und Castor und Pollux aus dem Ei hervorkriechen, in Dimensionen groß und sehr leicht in Tempera gemalt. Der Abgesandte des Herzogs indes, der, nach dem was er außerhalb von Michelagnolo gehört hatte, glaubte, er müsse irgend etwas recht Großes gemacht haben, und nichts verstand von

89 »Apollo« (um 1530, Florenz, Museo Nazionale del Bargello); keine Erwähnung bei Condivi.

der Kunst und Trefflichkeit jener Gestalt, sagte zu Michelagnolo: »O, das ist wenig!« Worauf Michelagnolo ihn fragte welches sein Geschäft sei? wohl wissend, daß niemand bessere Einsicht in einer Sache habe, als wer sich selbst darin hinlänglich versucht hat. »Ein Kaufmann bin ich«, antwortete jener heimlich lächelnd, in der Meinung, von Michelagnolo nicht als Edelmann erkannt zu sein, und gewissermaßen über solche Frage spottend, auch wohl mit Geringschätzung der Betriebsamkeit der Florentiner. Michelagnolo jedoch, der seine Worte und den Sinn seiner Rede wohl verstanden hatte, sprach alsbald: »So schließt Ihr diesmal einen schlechten Handel für Euern Herrn! Geht Eurer Wege!« Und wenige Tage darauf gab er das Bild seinem Schüler Antonio Mini, der zwei Schwestern verheiraten wollte und ihn darum bat, dazu den größten Teil seiner göttlichen Zeichnungen und Kartons.[90] Und so nahm Antonio zwei Kisten mit Modellen, eine Menge fertiger Kartons zu Gemälden, die zum Teil noch ausgeführt werden sollten, zum Teil schon ausgeführt waren, und führte sie, da ihm der Einfall kam nach Frankreich zu gehen, mit sich dorthin und verkaufte die Leda durch Vermittlung einiger Kaufleute an König Franz. Sie ist gegenwärtig zu Fontainebleau, die Kartons und Zeichnungen aber gingen verloren, da Antonio nach kurzer Zeit in Frankreich starb und man sie ihm entwendete. So wurde unser Vaterland zu unserm unberechenbaren Schaden vieler vortrefflicher Kunstwerke beraubt. Der Karton von der Leda kam später wiederum nach Florenz und ist Eigentum von Bernardo Vecchietti.[91] Auch

90 Von Michelangelo selbst hat sich eine Vorzeichnung mit dem Kopf der Leda erhalten (Florenz, Casa Buonarroti).

91 Ob der genannte Karton das Original Michelangelos war, ist zweifelhaft.

vier Stück Kartons von den Bildern in der Kapelle, nackte Gestalten und Propheten, brachte der Bildhauer Benvenuto Cellini nach Italien zurück und man findet sie bei den Erben von Girolamo degli Albizzi.

Michelagnolo fand es angemessen nach Rom zum Papst Clemens zu gehen, der ihm zwar zürnte, ihm aus Liebe zur Kunst jedoch alles verzieh und ihn beauftragte nach Florenz zurückzugehn, um die Bibliothek und Sakristei von San Lorenzo ganz zu vollenden; und um dies Werk schneller zu fördern, verteilte man eine Menge dazu gehörender Statuen an verschiedene Meister. Zwei erhielt Tribolo, eine Raffaello da Monte Lupo, eine F. Gio. Agnolo der Servitenbruder, sämtlich Bildhauer, und Michelagnolo leistete ihnen Beistand, indem er einem jeden Modelle in Ton skizzierte. Während sie alle rüstig daran arbeiteten, ließ er die Bibliothek weiterführen, namentlich die Decke nach seinen Modellen durch die trefflichen florentinischen Schnitz- und Schreinermeister Carota und Tasso in Holzschnitzwerk, und die Bücherbretter durch Battista del Cinque und seinen Freund Ciapino, beide recht geschickte Meister ihres Berufes.[92] Zu letzter Vollendung des Werkes berief man den göttlichen Giovanni da Udine nach Florenz, der mit seinen Gehülfen und einigen florentinischen Meistern die Stukkaturen der Tribune arbeitete, kurz man suchte mit allem Eifer jenen großen Bau zum Schluß zu bringen, und Michelagnolo wollte die Statuen bereits aufstellen, als es dem Papste in den Sinn kam, ihn bei sich zu haben, um die Wände der Sixtinischen Ka-

92 Ciapino ist außer durch seine Mitarbeit bei der Ausführung der Büchergestelle und Fensterdekoration der Biblioteca Laurenziana nicht weiter bekannt.

pelle, deren Decke er für seinen Verwandten P. Julius II. gemalt hatte, gleichfalls mit Bildern versehen zu lassen; und zwar wollte Clemens, daß er auf der Hauptwand, wo der Altar steht, das Weltgericht darstelle, damit er in diesem Bilde zeigen könnte, was alles der Kunst der Malerei möglich sei; auf der entgegengesetzten Wand, oberhalb der Haupttüre aber sollte man sehen, wie Lucifer wegen seines Stolzes aus dem Himmel vertrieben und nach der untersten Hölle geworfen wird, und mit ihm alle die Engel, die sich seiner Sünde teilhaftig gemacht.[93] Zu diesen Erfindungen hatte Michelagnolo, wie man später erfuhr, schon viele Jahre vorher Entwürfe und verschiedene Zeichnungen gefertigt, davon eine nachmals in der Kirche von Santa Trinità in Rom durch einen sizilianischen Maler ausgeführt wurde, der viele Monate Michelagnolo als Farbenreiber diente.[94] Sie ist im Kreuz der Kirche bei der Kapelle St. Gregors in Fresko gemalt und obwohl schlecht behandelt, erkennt man doch etwas Gewaltiges und große Mannigfaltigkeit in den Stellungen und Gruppen der vom Himmel herab fallenden nackten Gestalten, wie derer, welche nach den Tiefen der Erde geschleudert, in verschiedenartige, seltsame, sehr fürchterliche Teufel verwandelt sind, und ist gewiß eine sehr eigentümliche Komposition.

Während Michelagnolo Auftrag gab, die Zeichnungen und Kartons zu der Wand vom Weltgericht zu machen,

93 Das »Jüngste Gericht« wurde noch 1533 von Klemens VII. für die Altarwand der Sixtinischen Kapelle in Auftrag gegeben; das Fresko der gegenüberliegenden Wand kam nicht zur Ausführung.

94 Dieses geplante Werk erwähnt nur Vasari in der *Giuntina* (1568); keine Erwähnung bei Condivi. Der sizilianische Gehilfe ist nicht weiter bekannt, das von ihm gemalte Fresko (zerstört) in SS. Trinità dei Monti wird aber noch bis ins 18. Jh. in Rom-Führern erwähnt.

hatte er unausgesetzt Händel mit den Agenten des Herzogs von Urbino, die ihn beschuldigten, er habe von Julius II. sechzehntausend Scudi für dessen Grabmal erhalten; und da ihm diese Schuld unerträglich war, wünschte er das Werk doch eines Tages zu vollenden, obschon er bereits alt war, und würde, da die Gelegenheit dazu sich ungesucht geboten, sehr gerne in Rom geblieben und nicht wieder nach Florenz gegangen sein, besorgt zumal vor Herzog Alexander von Medici, der ihm, wie er meinte, nicht wohlgesinnt war. Als ihm dieser demnach durch Herrn Alessandro Vitelli sagen ließ: er möge kommen und sehen welcher Platz sich am besten zur Errichtung des Kastells und der Veste von Florenz eigne, gab er zur Antwort: er wolle nicht ohne Befehl von Papst Clemens von dannen gehn.

Endlich wurde der Vertrag wegen des Grabmales abgeschlossen; es sollte vollendet werden, doch nicht frei stehend, in Quadratform, wie anfangs bestimmt war, sondern mit einer Fassade in einer Weise, wie es Michelagnolo gut dünke. Zugleich mußte er versprechen sechs Statuen von seiner Hand dort aufzustellen; dagegen ging der Herzog von Urbino vertragsmäßig die Bedingung ein, daß Michelagnolo sich verpflichten durfte, vier Monate des Jahres für Papst Clemens zu arbeiten, in Florenz oder wo es sonst Sr. Heiligkeit gefallen möchte. Hiedurch glaubte Michelagnolo Ruhe erlangt zu haben, dennoch vollendete er für jetzt das Werk nicht, weil Clemens, begierig die letzte Probe seiner Kunst zu sehen, ihn anhielt, sich dem Karton des Weltgerichtes zu widmen. Er aber, sobald er dem Papste die Überzeugung gegeben, daß er damit beschäftigt sei, gab sich dieser Arbeit nicht ganz hin, sondern arbeitete heimlich an den Statuen zu dem Grabmale.

1533 starb Papst Clemens,[95] und der Bau der Sakristei und Bibliothek in Florenz, den man mit so vielem Eifer zu vollenden gestrebt, blieb wiederum liegen. Damals glaubte Michelagnolo, er sei in Wahrheit frei und könne das Grabmal von Julius II. zum Schluß bringen. Als jedoch Paul III.[96] erwählt war, dauerte es nicht lange, so rief er ihn zu sich, war voll Artigkeiten gegen ihn, machte ihm Anerbietungen und bat: er möge in seine Dienste treten, er wünsche ihn bei sich zu behalten. Dies lehnte Michelagnolo ab, indem er versicherte: er sei bis zu Vollendung des Grabmales dem Herzog von Urbino durch einen Vertrag verpflichtet. Da geriet der Papst in Zorn und sprach: »Seit dreißig Jahren habe ich dies Verlangen und nun wo ich Papst bin, sollte ich ihm nicht Genüge tun? ich werde den Kontrakt zerreißen und bin entschlossen, daß du mir auf allen Fall dienen sollst.«

Gegenüber einer solchen Art Beschlüsse zu fassen, fühlte Michelagnolo sich versucht von Rom fortzugehn und, auf welche Weise es sei, die Möglichkeit zur Vollendung des Grabmales zu gewinnen. Klug jedoch wie er war, fürchtete er die Macht des Papstes und dachte darauf, wie er ihn, der in Jahren schon so weit vorgerückt war, mit Worten hinhalten könne, ehe es zu etwas komme. Der Papst, der irgend ein bedeutendes Werk von Michelagnolo ausführen lassen wollte, ging eines Tages mit zehn Kardinälen nach dessen Hause, wo er alle Statuen zu dem Grabmale von Papst Julius sehen wollte; sie erschienen ihm bewunderungswürdig, vornehmlich der Moses, von dem der Kardinal von Mantua

95 Klemens VII. starb am 25. September 1534.
96 Alessandro Farnese wurde am 3. Oktober 1534 als Paul III. zum Papst gewählt.

meinte: diese Figur allein genüge, den Papst Julius zu ehren. Und nachdem der Papst sich auch die Kartons und Zeichnungen angesehen, die Michelagnolo unter seiner Leitung für die Wand der Kapelle machen ließ, die ihm ganz erstaunenswert vorkamen, bat er wiederum auf das dringendste, Michelagnolo möge in seinen Dienst treten, und versprach zu bewirken, daß der Herzog von Urbino sich mit drei Statuen von seiner Hand begnüge, und die übrigen nach seinen Modellen von andern trefflichen Meistern ausführen lasse. Und so, nachdem Se. Heiligkeit die Agenten des Herzogs zu bestimmen gewußt, schloß man einen neuen Vertrag, den der Herzog bestätigte, und Michelagnolo erbot sich freiwillig, die drei fehlenden Statuen zu bezahlen, auch das Grabmal mauern zu lassen, und legte deshalb auf der Bank der Strozzi tausendfünfhundertachtzig Dukaten nieder. Dem hätte er sich wohl entziehen können und es schien ihm, als habe er mehr als genug getan, ein so langwieriges und verdrießliches Werk los zu sein, und ließ es nachmals in San Piero in Vincola in folgender Weise aufstellen:[97] das unterste Postament mit gemeißelten Zieraten hatte vier Piedestale, die so viel vorsprangen, als anfangs erforderlich war, wo auf jeder ein Gefangner stehen sollte, an deren Stelle jetzt eine Herme zu stehen kam, und weil dies unten ein armes Aussehn hatte, war zu Füßen einer jeden ein nach oben gekehrter Tragstein angebracht. Die vier Hermen schlossen drei Nischen ein, die beiden äußersten rund, und sollten darin ein paar Siegesgöttinnen

97 Nachdem im Kontrakt vom 20. August 1542 festgelegt wurde, daß von Michelangelo selbst nur noch drei Figuren zu sein brauchten, wurde das Grabmal bis 1545 fertig und in S. Pietro in Vincoli errichtet; vgl. Condivi, S. 66.

stehen, statt deren in die eine Lea, die Tochter Labans, als das tätige Leben kam; mit dem Spiegel in einer Hand, zum Zeichen daß wir unsere Handlungen prüfen müssen, und mit einem Blumengehänge in der andern, dem Sinnbild der Tugenden, die uns in diesem Leben zur Zierde und in jenem zum Ruhme gereichen. In die zweite Nische kam Rahel ihre Schwester, als das beschauende Leben, mit gefalteten Händen, ein Knie gebogen, und mit dem Ausdruck der Entzückung im Angesicht. Beide Statuen hatte Michelagnolo in weniger als einem Jahre mit eigener Hand gearbeitet. Die mittlere Nische ist viereckig, und sollte nach der frühern Zeichnung eine der Türen werden, durch die man nach dem ovalen Tempel der viereckigen Sarkophage gelangt sein würde; zu einer Nische indes umgestaltet, erhielt sie auf einem großen Marmorwürfel die schöne Statue des Moses, von der ich bereits genügsam erzählt habe. Über den Köpfen der Hermen, die als Kapitäle dienen, ist der Architrav, dann ein Fries und ein Gesims, das über die Hermen vorragt, reich mit Zierat und Laubwerk ausgemeißelt, mit Eierstäben, Zahnschnitten und andern Gliederungen; und über diesem Gesims erhebt sich ein zweites Stockwerk, glatt, ohne Intaglios, mit Hermen von andrer Form, genau oberhalb der erstern, als Pilastern mit verschiedenartigen Gesimsen; sodann befindet sich in dieser Abteilung, die im ganzen genau zu der untern paßt und sich ihr anschließt, über der viereckigen Nische mit der Statue des Moses ein ähnlicher Raum, in welchem auf den Vorsprüngen des Gesimses ein Marmorsarg mit der liegenden Statue von Papst Julius steht, die der Bildhauer M a s o d a l B o s c o gearbeitet hat, und gerade darüber innerhalb der Nische ist die Madonna mit dem Kinde auf dem Arm, von dem Bildhauer Scherano von Settignano nach einem Modell Michelagnolos ausgeführt; beides recht lobenswerte Statuen. In den beiden andern viereckigen Nischen, oberhalb der Lea und Rahel, sind zwei größere Figuren: ein Prophet und eine Sibylle, in sitzender Stellung, beide von Raffaello da Monte Lupo, wie schon in der Lebensbeschreibung von seinem Vater Baccio gesagt worden ist, welche inzwischen nicht zur Befriedigung Michelagnolos ausgefallen sind. Den Schluß des ganzen Werkes bildet ein reichverziertes Gesims, ringsum vorstehend gleich dem untern, und über den Hermen hoch oben Kandelaber von Marmor, in der Mitte und über den Propheten und der Sibylle das Wappen von Papst Julius. Innerhalb jeder Nische aber wurde ein Fenster durchgebrochen, zur Bequemlichkeit der Mönche, die in jener Kirche ihr Amt halten, so daß sie, da der Chor dahinter ist, beim Gottesdienst dazu dienen, die Stimmen in die Kirche zu schikken und das Amt mit anzusehen. Und so ist das ganze Werk aufs beste hergestellt, obschon lange nicht so schön, wie es der ersten Zeichnung nach werden sollte.

Michelagnolo hatte sich, da er es nicht vermeiden konnte, entschlossen dem Papst Paul zu dienen, und dieser wünschte daß er die von Clemens angeordnete Arbeit fortsetzen möge, ohne an der Erfindung oder dem frühern Plane, der ihm vorgelegt worden, etwas zu ändern, da er die Kunst Michelagnolos hoch achtete und solche Liebe und Ehrfurcht für ihn empfand, daß er ihm nur zu gefallen trachtete. So hätte, um ein Beispiel zu geben, der Papst sehr gern in der Kapelle sein Wappen unter der Statue des Jonas gesehen, da wo bereits das Wappen von P. Julius II. angebracht war, und sagte es Michelagnolo; da dieser aber, um das Andenken von Julius und Clemens nicht zu beleidigen, sich weigerte und meinte, es würde sich nicht gut ausnehmen, so ergab sich der Papst darein, nur um ihm nicht zu mißfallen, und erkannte sehr wohl die Trefflichkeit dieses Mannes, der nach Ehre und Recht handelte, ohne Schmeichelei und Kriecherei, was gebietende Herren zu erfahren nicht gewohnt sind. So ließ denn Michelagnolo vor die Hauptwand jener Kapelle eine Vormauer von gut gefügten, ausgewählten, sorgfältig gebrannten Backsteinen aufführen, die vorher nicht da gewesen war und zwar in schräger Richtung, so daß sie oben eine halbe Elle vorstand, damit weder Staub noch Schmutz darauf haften könne. Auf die Einzelheiten in der Erfindung und Zusammenstellung des ganzen Bildes will ich nicht eingehen; es gibt davon so viele große und kleine Abbildungen und Kupferstiche, daß es unnütz sein würde, wollte ich auf die Beschreibung derselben Zeit verwenden. Genug daß man sieht, die Absicht dieses seltenen Meisters war keine andere, als mit dem Pinsel die vollkommene und richtige Gestaltung des menschlichen Körpers in den verschiedensten Bewegungen darzustellen, und nicht nur dieses, sondern zugleich auch die Wirkung der Leidenschaften und den Frieden der Seele, wobei es ihm darauf ankam, nur in den Dingen zu befriedigen, worin er allen Meistern überlegen war: in Darlegung einer großen Manier im Nackten und in den größten Schwierigkeiten der Zeichnung, und so hat er die Bahn gebrochen für die Fertigkeit in der Kunst in ihrer Hauptaufgabe, nämlich dem menschlichen Körper, und unverrückt dies Ziel vor Augen, bekümmerte er sich nicht um den Reiz des Kolorits, um Gedanken und neue Einfälle in gewissen Kleinigkeiten und Annehmlichkeiten, die andere Meister (vielleicht mit einigem Recht) nicht ganz vernachlässigt haben. Mancher in der Zeichnung minder gründliche Künstler sucht durch Mannigfaltigkeit in den Tinten und durch Farbenübergänge, durch seltsame, verschiedene und neue Erfindungen, kurz auf einem entgegengesetzten Wege Geltung zu erlangen. Michelagnolo dagegen feststehend auf dem tiefgelegten Grunde der Kunst, hat denen, die hinreichende Kenntnis haben, gezeigt wie sie die rechte Vollkommenheit erlangen können.

Aber zu dem Bilde zurückzukehren, so hatte Michelagnolo schon mehr als drei Viertel davon vollendet, als Papst Paul kam, um es in Augenschein zu nehmen; Herr Biagio von Cesena, Zeremonienmeister und ein sehr peinlicher Mann, war mit dem Papst in der Kapelle, und befragt, was er von dem Werke halte, entgegnete er: es sei wider alle Schicklichkeit, an einem so heiligen Ort so viel nackte Gestalten zu malen, die aufs unanständigste ihre Blößen zeigten, und daß das kein Werk für die Kapelle des Papstes, sondern für eine Badestube oder Kneipe sei. Das verdroß Michelagnolo, und um sich zu rächen, malte er den Zeremonienmeister, sobald er fort war, ohne ihn weiter vor sich zu haben, als Minos in die Hölle, die Beine von einer großen Schlange umwunden, umgeben von einer Schar von Teufeln. Und es half dem M. Biagio nichts, daß er sich an den Papst und an Michelagnolo wandte und bat, er möge sein Bild dort wegnehmen; es blieb stehen, zum Gedächtnis dieser Geschichte wie man es noch jetzt sieht.[98]

In dieser Zeit trug es sich zu, daß Michelagnolo ziemlich hoch von dem Gerüste in der Kapelle herunterfiel,

98 Vgl. die Parallelität mit der Episode in der Vita Leonardos S. 20.

und sich am Beine beschädigte, aus Schmerz aber und Zorn wollte er sich von niemand heilen lassen. Nun war damals Herr Baccio Rontini aus Florenz, sein Freund, ein geschickter Arzt und Verehrer der Kunst, noch am Leben, und ging eines Tages voll Teilnahme nach Michelagnolos Hause, pochte an und stieg, da weder einer der Nachbarn noch er selbst Antwort gab, auf geheimen Wegen hinan und von einem Zimmer ins andere, bis er zu Michelagnolo gelangte, der in Verzweiflung dalag. Unter diesen Umständen wollte Herr Baccio ihn durchaus nicht verlassen und sich nicht von ihm trennen, bevor er hergestellt war.

Von seinem Übel geheilt und zur Arbeit zurückgekehrt beschäftigte Michelagnolo sich damit ohne Unterlaß und führte sein Werk in wenigen Monaten zu Ende, und gab den Gestalten darin solche Kraft des Ausdrucks, daß er das Wort Dantes verwirklichte: »Die Toten schienen tot, die Lebenden lebendig«; und man erkennt den Jammer der Verdammten und die Freude der Seligen. Als daher dies Weltgericht aufgedeckt war, erschien Michelagnolo nicht nur als Sieger über die vorzüglichsten Künstler, die früher an demselben Ort gearbeitet hatten, sondern man sah auch daß er sich in Beziehung auf die Decke, die er zu so großem Ruhme ausgeführt, selber übertreffen gewollt; und er hat sich übertroffen und zwar sehr weit, indem er sich die Schrecknisse jener Tage versinnlichte und dabei zu größerer Pein derer, welche nicht gut gelebt haben, die ganze Leidensgeschichte Jesu ins Gedächtnis rief, indem er das Kreuz, die Säule, die Lanze, die Nägel und die Dornenkrone einigen in der Höhe schwebenden unbekleideten Gestalten in die Hände gab, wobei er mannigfaltige und schwierige Bewegungen mit vieler Leichtigkeit darstellte. Da sitzt Christus, und wendet mit furchtbarem Zorn im Angesicht sich gegen die Verdammten und verflucht sie, nicht ohne Entsetzen der heiligen Jungfrau, die in ihren Mantel gehüllt dem allgemeinen Untergang zusieht. Zahllose Gestalten sind da und bilden einen Kreis um Christus, Propheten und Apostel; vornehmlich unterscheidet man Adam und Petrus, von denen der eine als Stammvater aller Menschen, der andere als Hauptgründer der christlichen Kirche bei dem Weltgerichte aufgeführt erscheinen. Zu ihren Füßen ist ein sehr schöner St. Bartholomäus, der seine abgezogne Haut vorweist; desgleichen ein H. Lorenz ganz unbekleidet und eine Unzahl heiliger Männer und Frauen, wie andere männliche und weibliche Gestalten in größerer Nähe und Ferne, die sich umschlingen und ihren Jubel äußern, daß sie durch die Gnade Gottes und als Lohn ihrer Werke ewige Glückseligkeit gewonnen haben. Zu Christi Füßen sind die sieben Engel, wie St. Johannes der Evangelist sie beschreibt, mit den sieben Posaunen, die, wie sie zum Gericht rufen, durch den furchtbaren Ausdruck ihrer Angesichter jedem der sie sieht, die Haare zu Berge treiben; und unter andern sind da zwei Engel, deren jeder das Buch des Lebens in Händen hält; dabei sieht man, in ganz richtiger Gedankenverbindung, an einer Seite die sieben Todsünden in Gestalt von Teufeln, welche kämpfend die dem Himmel zufliegenden Seelen zur Hölle hinabreißen; ihre Stellungen sind schön, die Verkürzungen bewunderungswürdig. Michelagnolo unterließ nicht der Welt anschaulich zu machen, wie die Toten bei ihrer Auferstehung von der Erde Fleisch und Bein wieder empfangen, und von andern Lebenden unterstützt, gen Himmel schweben, während einige schon selige Geister ihnen dabei Hülfe leisten. Und hier ist alles beachtet, was man für ein solches Werk nur irgend angemessen halten mag, indem Michelagnolo weder Studien noch Mühen scheute, wie man deutlich an dem Ganzen und insbesondere an der Barke Charons gewahr wird, der in wütender Stellung die Seelen mit dem Ruder schlägt, welche von Teufeln in das Schiff gezogen werden, gleich wie beim Dante, mit dem er ganz vertraut war, wo er sagt:

Charon mit Augen, welche Feuer sprühen,
Ruft sie herbei und hat er sie beisammen,
Schlägt mit dem Ruder er, die sich verziehen.

Es läßt sich nicht denken, welche Mannigfaltigkeit in den Köpfen der Teufel, der wahren Ungeheuer der Hölle, gefunden wird. In den Sündern erkennt man ihre Vergehen und ihre Furcht vor ewiger Strafe. Als etwas ganz Außerordentliches aber erscheint es, daß Michelagnolo dies große Werk so gleichmäßig ausführte, als ob es in einem Tage gemalt wäre, und dabei so fein, wie niemals ein Miniaturbild ausgeführt worden. In Wahrheit, die Menge der Figuren, die Schrecknis und Großartigkeit des Ganzen läßt sich nicht schildern, da alle möglichen menschlichen Leidenschaften bewunderungswürdig darin ausgedrückt sind. Die Stolzen, die Neidischen, die Geizigen, die Schwelger und andere Sünder werden von jedem denkenden Menschen leicht unterschieden; es ist alles bei ihnen geziemend beachtet, in den Gesichtszügen, den Stellungen, kurz in jeder naturgemäßen Beziehung, was zwar erstaunenswürdig ist und groß, diesem Manne aber nicht unmöglich fiel, weil er stets aufmerksam und klug war, genug Menschen gesehn und im

Verkehr mit der Welt die Kenntnis gewonnen hatte, welche die Philosophen durch Spekulation und Bücher erlangen. Wer demnach Einsicht besitzt und von der Malerei etwas versteht, der erkennt hier die Gewalt der Kunst, sieht in den Gestalten Gedanken und Leidenschaften veranschaulicht, welche keiner außer Michelagnolo je gemalt hat. Hier lernt man wie den Stellungen Mannigfaltigkeit gegeben werden könne, an den seltsamen, verschiedenen Gebärden bei jungen und alten Männern und Frauen; und wem tut sich in ihnen nicht die Macht und Anmut kund, die diesem Meister von der Natur verliehen war, da sein Bild alle Herzen bewegt, mögen sie von unserm Berufe nichts verstehen, oder dessen kundig sein! Wie täuschend sind die Verkürzungen und wie rund und weich die Formen! die Feinheit, mit der er zarte Gegenstände malte, zeigt wie gute und wahrhaftige Künstler bei ihren Bildern verfahren müssen; und schon in den Umrissen aller Dinge, die nur er in solcher Weise darstellen konnte, erkennt man das wahre Gericht, die wahre Verdammnis und Auferstehung. Dies Werk ist für unsere Kunst das Zeugnis, das Gott den Menschen gegeben hat, damit sie sehen wie das Schicksal wirkt, wenn Geister erster Größe auf die Erde herab kommen und Anmut und göttliches Wissen als ihnen einwohnend mitbringen. Es legt alle in Fesseln, welche die Kunst zu verstehen meinen, und wer jene Wunderzeichen in Umrissen veranschaulicht sieht, der bebt und besorgt, irgend ein mächtiger Dämon habe sich der Zeichenkunst bemeistert; und beachtet man allein die Mühen eines solchen Werkes, so erstarren die Gedanken und man frägt sich, was andere schon ausgeführte oder noch auszuführende Malereien im Vergleich zu dieser irgend sein können? Glücklich ist zu nennen und ein beseligendes Andenken bewahrt in sich, wer dies herrliche Wunderwerk unserer Zeit betrachtet. Glückselig und gesegnet bist Du o dritter Paul, da Gott zugelassen hat, daß unter Deinem Schutze der Ruhm sich verbreitete, welchen die Federn der Schriftsteller Dir und ihm bewahren werden! Wie sehr sind Deine Verdienste durch seine Kunst erhöht worden! Gewiß seine Geburt war ein großes Glück für die Künstler unserer Zeit, da er mit seinen Werken den Schleier der Schwierigkeiten zerriß, der über Erfindung und Ausführung in Malerei, Bildhauerei und Baukunst lag.

Acht Jahre lang arbeitete Michelagnolo an diesem Bilde und deckte es 1541 (wie ich glaube) am Weihnachtsabend auf,[99] zum Verwundern Roms, ja der ganzen Welt, und ich, der jenes Jahr in Venedig war und nach Rom ging um es zu betrachten, geriet darüber in das größte Erstaunen.

Papst Paul hatte, wie bereits gesagt worden, nach dem Vorbilde der Kapelle von Nicolaus V.,[100] eine andere Kapelle in demselben Stockwerk, die Paolina genannt, durch Antonio von San Gallo bauen lassen, und dachte daran, durch Michelagnolo darin zwei große Bilder malen zu lassen.[101] Und so malte Michelagnolo in dem einen die Bekehrung Pauli mit Christus in den Wolken, umgeben von einer Schar unbekleideter Engel in den anmutigsten Bewegungen, und unten auf der Erde Paulus betäubt und erschreckt vom Pferde gestürzt, Kriegsleute

99 Das »Jüngste Gericht« wurde feierlich am 25. Dezember 1541 enthüllt.
100 Die Kapelle Nikolaus' V. wurde 1448–50 von Fra Giovanni Angelico mit Szenen zum Leben der Heiligen Stephanus und Laurentius ausgemalt.
101 Die Cappella Paolina wurde 1537 von Antonio da Sangallo d. J. gebaut und 1542–50 mit verschiedenen Unterbrechungen von Michelangelo ausgemalt.

ringsum, die einen bemüht ihm beizuspringen, andere durch die Stimme und den Glanz Christi in Staunen und Schrecken gesetzt, und in allerlei schönen Stellungen und Bewegungen zur Flucht gewendet. Das flüchtig gewordene Roß scheint durch seinen raschen Lauf mit fortzureißen, wer es zurückhalten will, und das ganze Bild ist mit großer Kunstfertigkeit ausgeführt und vortrefflich gezeichnet. Im zweiten ist die Kreuzigung des H. Petrus, der nackt auf das Kreuz geheftet ist – eine köstliche Gestalt; die Henker haben ein Loch in die Erde gegraben und man sieht wie sie das Kreuz also aufrichten wollen, daß die Füße nach oben kommen – ein Bild voll schöner und beachtenswerter Gedanken. Michelagnolos Bestreben war wie ich anderwärts schon sagte, einzig auf die höchste Vollendung der Kunst gerichtet, und findet man hier weder Landschaften noch Bäume, Gebäude oder andere Lieblichkeiten, auf die er nicht achtete, vielleicht weil sein hoher Geist sich nicht zu solchen Dingen herablassen wollte. Dies waren seine letzten Malereien, ausgeführt von ihm in einem Alter von fünfundsiebzig Jahren und, wie er mir sagte, unter großer Beschwerde, denn die Malerei, vornehmlich aber die Freskomalerei, ist keine Arbeit für Alte, wenn sie über gewisse Jahre hinüber sind.

Michelagnolo veranstaltete, daß nach seinen Zeichnungen der treffliche Maler Perino del Vaga die Decke mit Stukkaturen und verschiedenen Malereien verzieren sollte, und dies war auch der Wille von Papst Paul III., der jedoch nachmals die Sache in die Länge schob, so daß nichts daran geschah, wie denn viele Dinge unvollendet liegen bleiben, durch Schuld unentschlossener Künstler oder der Fürsten, welche sie nicht eifrig fördern.

Papst Paul hatte angefangen Borgo[102] zu befestigen und Antonio von San Gallo mit vielen Herren zu einer Beratung berufen, und da er wußte, daß Michelagnolo die Befestigung von San Miniato bei Florenz angeordnet, so wünschte er auch seine Gegenwart, und so wurde er nach vielen Streitigkeiten um seine Meinung befragt. Freimütig sagte er sie, obschon sie der des San Gallo wie vieler anderer entgegen war; und als nun San Gallo ihm sagte, seine Sache sei Bildhauerei und Malerei, nicht aber die Kunst des Festungsbaues, so entgegnete Michelagnolo: von jenen beiden wisse er nur wenig, vom Festungsbau aber, auf den er seinen Sinn lange gerichtet und darin er einiges getan habe, glaube er durch Einsicht und Erfahrung mehr zu verstehen als San Gallo und alle Glieder seines Hauses; und wies ihm in Gegenwart der ganzen Versammlung eine Menge Fehler nach, die er sich in der Fortifikation hatte zuschulden kommen lassen. Von einer und der andern Seite wurden mehr und mehr böse Worte vorgebracht, so daß der Papst Stillschweigen gebieten mußte. Nicht lange nachher lieferte Michelagnolo eine vollständige Zeichnung der Festungswerke des Borgo, welche Licht über alles was nachmals dort angeordnet wurde, verbreitete und Ursache war, daß man das große, nach San Gallos Angabe begonnene und fast vollendete Tor von Santo Spirito nicht ausbaute.[103]

Der Geist und das Talent Michelagnolos konnten nicht müßig bleiben; und da er nicht mehr malen

102 Der Stadtteil des Vatikan, dessen Fortifikation von Paul III. zum Ausbau vorgesehen war.

103 Mit den Festungswerken des Vatikan beschäftigte sich Michelangelo 1546–48.

konnte, nahm er ein Stück Marmor und begann daraus einen Tod Jesu, vier überlebensgroße Figuren zu meißeln, weil es ihm Vergnügen und Zeitvertreib schaffte, und er sich, wie er zu sagen pflegte, den Leib gesund erhalte, wenn er den Hammer führe.[104] Dieser Christus wird nach der Abnahme vom Kreuz von der Madonna gehalten, wobei Nicodemus, indem er sich darunter stellt und fest auf seinen Füßen steht, sie kräftig unterstützt, und eine der Marien, da sie sieht, daß der Mutter die Kräfte schwinden und sie von Schmerz überwunden den Leichnam nicht mehr halten kann, ihr beisteht. Einen toten Körper, der diesem Christus vergleichbar wäre, kann man nicht sehen, der niedersinkt mit hingegossenen Gliedern in einer Stellung, die völlig verschieden ist von denen, welche Michelagnolo früher gewählt und welche überall je angebracht worden sind – ein mühevolles Werk, wie selten aus einem einzigen Stein gearbeitet wird und wahrhaft göttlich. Es blieb unvollendet, wie unten gesagt werden wird, und erlebte mancherlei Mißgeschick obwohl Michelagnolo die Absicht gehabt hatte, es für sein eignes Grab am Fuß des Altars zu benutzen, woselbst er zu ruhen dachte.

1546 starb Antonio von San Gallo, und da es nun an einem Meister fehlte, den Bau von St. Peter zu leiten, gab es viele Verhandlungen zwischen der Baukommis-

104 Diese »Pietà« (um 1550–55, Florenz, Museo dell'Opera del Duomo) war bereits 1550 in Arbeit, da Vasari sie in seiner 1. Ausgabe kurz erwähnt. 1553 beschreibt sie Condivi (S. 72 f.) eindringlich. Ob Michelangelo wirklich aufgrund der von Vasari angegebenen Materialfehler die Arbeit einstellte (wohl um 1555), ist umstritten. Condivi (S. 74) berichtet von einer Pietà, die von Michelangelo für sein Grabmal vorgesehen gewesen sei, doch ist hierbei in Condivis Text nicht eindeutig, ob er besagte Gruppe meint.

sion und dem Papste, wem das Amt übertragen werden solle. Endlich beschloß Se. Heiligkeit, wie ich glaube auf göttliche Eingebung, nach Michelagnolo zu schicken. Auf Befragen, ob er jenes Amt übernehmen wolle? lehnte Michelagnolo es ab, indem er, dieser Last zu entgehen, sagte, daß die Baukunst nicht eigentlich sein Fach sei. Und als hierauf Bitten nichts halfen, so befahl ihm der Papst zuletzt geradezu, das Amt anzunehmen. Demnach mußte er ganz wider seinen Wunsch und Willen auf dies Unternehmen eingehn. Als er nun eines Tages nach S. Pietro kam, um das Holzmodell von San Gallo[105] zu sehen und den Bau der Kirche zu prüfen, fand er dort die ganze Sangallische Sippschaft beisammen, die sich vordrängten und Michelagnolo, so fein sie's vermochten, sagten, wie erfreut sie wären, daß er die Leitung des Baues bekommen habe, und fügten hinzu: daß jenes Modell eine Wiese sei, darauf zu weiden er niemals unterlassen werde. »Ihr sprecht sehr wahr«, entgegnete Michelagnolo, indem er (der Erklärung gemäß, die er einem Freunde gab) dadurch andeuten wollte, sie seien die Schafe und Ochsen, welche nichts von der Kunst verstehen. Öffentlich pflegte er dann zu sagen, San Gallo habe dem Bau nicht genug Licht gegeben und außen zu viele Säulenreihen übereinander gehäuft; durch die

105 Antonio da Sangallo d. J. ließ das Holzmodell für St. Peter 1539–46 (Rom, Fabbrica di S. Pietro) anfertigen. Michelangelos Kommentar ist einem Brief von 1555 an Bartolommeo Ammannati zu entnehmen: Sangallo nehme in seinem Holzmodell »dem Entwurf Bramantes alles Licht; aber nicht nur dies, er hat auch kein Licht für die vielen Schlupfwinkel ober- und unterhalb der Emporen, welche zu allen möglichen Umtrieben beste Gelegenheit bieten; Gauner fänden hier Möglichkeit, Falschmünzerei zu treiben, Nonnen zu schwängern u. ä. Abends, wenn die Kirche geschlossen werden soll, bräuchte man 25 Mann, um nach denen zu sehen, die sich drinnen verstecken«.

vielen pyramidenartigen Vorsprünge und gekünstelten Glieder schließe er sich mehr der deutschen als der guten antiken, oder der schönen und anmutigen neuern Weise an; auch könne man bei der Ausführung des Baues fünfzig Jahre Zeit und über dreihunderttausend Scudi Kosten sparen, ihn mit mehr Majestät, Größe und Leichtigkeit, nach besserer Zeichnung und Regel, schöner und bequemer aufführen. Dies zeigte er an einem Modell, welches er machte, um der Kirche die Form zu geben, in der sie nunmehr vor uns steht, und bewahrheitete damit seine Worte. Sein Modell kostete fünfundzwanzig Scudi und wurde in vierzehn Tagen vollendet; das von San Gallo dagegen hatte viertausend Scudi und viele Jahre Zeit gekostet, wie ich bereits gesagt habe. Und daraus und aus andern Dingen konnte man sehen, daß dieser Bau als eine Bude angesehen werde, oder als ein Handel um Gewinn, der verlängert wird, mit der Absicht, ihn nicht zu beenden, den jeder, welcher ihn übernimmt, als einen Ankauf betrachtet.

Ein solches Verfahren mußte einem rechtlichen Manne wie Michelagnolo mißfallen, und da der Papst ihn mit Gewalt zum Oberbaumeister von St. Peter gemacht, so beschloß er, sich jene Leute vom Hals zu schaffen, und sagte ihnen eines Tages freimütig: er wisse recht gut, daß sie sich durch Freunde fortzuhelfen suchten, und alles täten, damit er nicht in jenes Amt eintrete; darum solle, sobald er das Amt übernommen, auch nicht einer von ihnen im Baue bleiben. Diese Worte taten ihm, als sie öffentlich bekannt wurden, großen Schaden, wie wohl zu glauben ist, und waren Ursache, daß jene argen Haß wider ihn faßten, der sich Tag um Tag mehrte, als sie sahen, die ganze Anordnung des Werkes werde innen und außen verändert; sie ließen Michelagnolo nicht in Frieden leben und suchten ihn stets durch andere und neue Vorwände zu quälen, wie an seinem Ort gesagt werden wird.

Endlich stellte der Papst ihm ein Motuproprio[106] aus, worin er ihn zum Haupt des Baues ernannte mit aller Vollmacht, nach Gefallen zu schaffen und einzureißen, hinzuzufügen, fortzunehmen und zu verändern, auch sollte die ganze Baubehörde von seinem Willen abhängig sein; worauf Michelagnolo gegenüber dieser Zuversicht und diesem Vertrauen des Papstes, um seine gute Gesinnung zu zeigen, begehrte, daß in dem Motuproprio erklärt werde: daß er dem Baue um Gottes willen diene ohne irgend einen Lohn, obwohl er die Fähre von Parma, die sechshundert Scudi trug und ihm früher vom Papst gegeben war, durch den Tod von Pier Luigi Farnese verloren, und dagegen eine wenig einbringende Kanzleistelle zu Rimini erhalten hatte, was ihn nicht zu bekümmern schien. Auch nahm er das Geld nicht, welches der Papst ihm oftmals als Besoldung schickte, wie Herr Alessandro Ruffini, der damalige Kämmerer des Papstes, und Herr Pier Giovanni Aliotti, der Bischof von Furli, bezeugen.

Der Papst genehmigte das Modell Michelagnolos, nach welchem die Peterskirche im Umfang kleiner, in der Wirkung aber um so größer wurde zur Befriedigung aller Einsichtigen, wiewohl gewisse Leute, die sich für Kenner ausgeben, in der Tat aber es nicht sind, dagegen stimmen. Er fand, daß die vier von Bramante erbauten und von Antonio von San Gallo unverändert beibehalte-

106 Ein auf direkte Initiative des Papstes erfolgter Erlaß ohne Berücksichtigung des normalen Kanzleiverfahrens.

nen Hauptpfeiler, welche die Last der Tribune zu tragen hatten, zu schwach waren, füllte sie zum Teil aus und baute daneben zwei Wendel- oder Schneckentreppen mit flachen Stufen, auf denen die Saumtiere emporsteigen, um das Baumaterial bis zur Spitze zu tragen, wie denn auf demselben Wege Menschen auch bis zur Plattform über den Bögen reiten können. Er führte das erste Gesims oberhalb der Bögen von Travertin rings herum, eine bewunderungswürdige Sache, gefällig und ganz verschieden von andern, das Beste was man in solcher Weise sehen kann. Er begann die beiden großen Nischen im Kreuzschiff; wo man aber nach der Angabe Bramantes, Baldassarres[107] und Raffaels, denen auch San Gallo gefolgt, gegen das Campo Santo hin, acht Tabernakel angelegt, machte er deren drei, baute darin drei Kapellen, darüber die Wölbung von Travertin und eine Reihe Fenster mit vollem Licht, und Mannigfaltigkeit und Großartigkeit der Form. Da sie ausgeführt sind und im Kupferstich erscheinen und zwar nicht nur die Zeichnungen derer, welche Michelagnolo baute, sondern auch jener von San Gallo, so ist es unnötig sie zu schildern. Genug, daß er allerorten, wo die Anordnung des Baues verändert wurde, mit größter Genauigkeit arbeiten ließ, um ihm eine solche Festigkeit zu geben, daß niemals irgendwer seinen Plan umstoßen könne; Vorsicht eines weisen und besonnenen Mannes, denn etwas gut machen reicht allein nicht hin, wenn man es nicht sicherstellt. Traut man den Worten mehr als den Werken, so können durch Anmaßung und Vermessenheit solcher, die etwas zu verstehen meinen, oder durch die Gunst Unkundiger viele Übelstände herbeigeführt werden.

107 Gemeint ist Baldassare Peruzzi.

Das römische Volk wünschte unter Begünstigung des Papstes dem Kapitol eine schöne, zweckmäßige Form zu geben: Säulenreihen, Aufgänge, Rampen und große Treppenstufen anzubringen, und durch den Schmuck antiker Statuen jenen Ort zu verherrlichen, und da man dafür Michelagnolos Rat begehrte, fertigte er eine sehr schöne reiche Zeichnung, nach welcher an der Seite, wo der Senator[108] steht, das heißt gegen Osten, eine Wand von Travertin aufgeführt werden sollte und eine Treppe mit zwei Aufgängen zu einem Podest, von dem man mitten in den Saal des Palastes gelangt; mit verschiedenen Wendungen und Geländern, die zugleich als Stützen und als Brustwehren dienen, und Michelagnolo ließ zu ihrem größeren Schmuck, unten wo sie beginnt, die beiden liegenden, antiken Flußgötter von Marmor, den Tiber und den Nil, neun Ellen hohe, herrliche Gestalten, auf zwei Postamenten aufstellen, und in eine große Nische in der Mitte soll ein Jupiter kommen.[109]

Für die Mittagseite, wo der Palast der Konservatoren sich befindet, entwarf er, um das Gebäude ins Rechteck zu bringen, eine reiche, mannigfaltige Fassade, unten eine Loggia mit Säulen und Nischen, für welche viele antike Statuen bestimmt sind, umher aber wurden mancherlei Zieraten an Türen und Fenstern angebracht, davon ein Teil schon fertig ist. Dieser Seite gegenüber, nach Norden, unterhalb Araceli[110] wird man eine ähnliche Fassade errichten, und vorne gegen Abend wird ein festungsartiger sanft aufsteigender Aufgang kommen mit

108 Der Senatorenpalast in Richtung des Forum Romanum.
109 Die Neugestaltung des Kapitolsplatzes (Campidoglio) mitsamt der Randbebauung setzte 1538 ein und beschäftigte Michelangelo bis zu seinem Lebensende.
110 Die Kirche S. Maria in Aracoeli in unmittelbarer Nachbarschaft.

einem Geländer als Einfassung und Brustwehr, und dort wird der Haupteingang sein, mit einer Reihe von Postamenten geziert, für welche man alle die herrlichen, jetzt auf dem Kapitol befindlichen Statuen bestimmte. In die Mitte des Platzes wurde das berühmte Pferd aus Bronze, das die Statue des Marc-Aurel trägt, auf einem ovalen Piedestal aufgestellt, nachdem Papst Paul es von dem Platz des Laterans, wohin Sixtus IV. es gebracht hatte, wegnehmen lassen. Durch diese Umänderung gewinnt das ganze Gebäude ein so schönes Ansehn, daß es würdig ist unter die verdienstlichen Werke Michelagnolos gezählt zu werden; vollendet aber wird es gegenwärtig unter der Leitung von Tommaso de' Cavalieri, einem römischen Edelmann und sehr vertrauten Freunde Michelagnolos, wie weiter unten gesagt werden wird.

Paul III. hatte den Bau vom Palast Farnese durch San Gallo, solange dieser lebte, weiterführen lassen; als man aber an dessen äußerer Seite ganz oben zur Vervollständigung des Daches das Gesims aufsetzen mußte, wollte er, daß es Michelagnolo nach seiner Zeichnung und Angabe machte;[111] und dieser, der nicht wohl einem Papste, der ihn hochhielt und ihm so viele Freundlichkeit erwies, etwas abschlagen konnte, ließ ein sechs Ellen langes Holzmodell in der Größe des dort anzubringenden Gesimses arbeiten und es an einer Ecke des Palastes befestigen, um die Wirkung zu zeigen, die das Werk haben würde, und da es dem Papste wie ganz Rom gefiel, so wurde es nachmals so weit vollendet als man sieht, und wurde das schönste und mannigfaltigste Werk seiner Art, das bei den Alten oder den Neuern gefunden

111 Die Umbauten am Palazzo Farnese in Rom (heute französische Botschaft) nach Michelangelos Entwürfen fallen in die Jahre 1546–49.

werden kann; und daher wollte nach San Gallos Tode der Papst, Michelagnolo soll die weitere Sorge auch für dieses Gebäude übernehmen, und er errichtete über dem Haupteingang des Palastes das große Marmorfenster mit den herrlichen, bunten Marmorsäulen, und dem großen, sehr schönen und reichen Marmorwappen von Papst Paul III., dem Gründer des Palastes. Innen im Hof baute er über der ersten Säulenreihe die beiden folgenden mit den verschiedenartigsten zierlichsten Fenstern, Ausschmückungen und Dachgesimsen, die man je gesehn hat, so daß es durch die Bemühung und den Geist dieses Künstlers nunmehr der schönste Hof in ganz Europa ist. Er erweiterte den großen Saal und traf Anordnung zum Baue des Vorsaales, dessen Decke er nach einer neuen abwechselnden Weise in halbeiförmigen Bogen wölben ließ; und weil in demselben Jahr in den warmen Bädern Antonins eine Marmorgruppe von sieben Ellen im Geviert gefunden worden, darin von alten Meistern Hercules dargestellt war, der auf einem Berge stehend einen Stier an den Hörnern hält, nebst einer andern Figur die ihm Hülfe leistet, und um den Berg her verschiedene Nymphen, Hirten und Tiere, ein Werk von wirklich außerordentlicher Schönheit, da diese vollkommen runden Gestalten aus einem einzigen nicht zusammengefügten Steine gearbeitet sind, der wie man meint als Brunnen gedient hatte:[112] so tat Michelagnolo den Vorschlag, die-

112 Es handelt sich um die Skulpturengruppe des »Farnesischen Stiers« (Neapel, Museo Nazionale Archeologico). Nach Plinius d. Ä. (*Naturalis historiae* XXXVI,34) schufen die antiken Bildhauer Apollonios und Tauriskos im 1. Jh. v. Chr. eine mehrfigurige Gruppe aus einem einzigen Marmorblock. Die 1546 in den Caracalla-Thermen gefundene Gruppe ist eine kaiserzeitliche römische Kopie nach dem griechischen Original; sie kam in den Besitz der Familie Farnese, in deren römischem Palast sie zunächst aufgestellt war, bis sie mit der Farnesischen Erbschaft 1787 nach Neapel überführt wurde.

selbe nach dem zweiten Hof zu bringen und dort zu restaurieren, so daß sie wiederum als Brunnen benutzt werden könne; was alles wohl gefiel, und so ist im Auftrag der Herren Farnese bis jetzt mit Fleiß an der Wiederherstellung dieses Werkes für den bestimmten Zweck gearbeitet worden. Damals gab Michelagnolo auch an, man solle in gerader Linie mit dem Brunnen eine Brücke über den Tiber bauen, so daß man von dem Palaste nach Trastevere zu einem andern der Familie Farnese zugehörigen Garten und Palast gelangen, und von der Haupttüre, die nach Campo di Fiore führt, auf einen Blick den Hof, den Brunnen, Strada Giulia, die Brücke und die Herrlichkeit des jenseitigen Gartens bis zu der Türe die nach der Straße von Trastevere führt, überschauen könne; ein herrlicher Plan, würdig jenes Papstes und der Kunst, Einsicht und Zeichnung Michelagnolos.

1547 starb der Venezianer Fra Bastiano del Piombo,[113] und da der Papst in jener Zeit die antiken Statuen in seinem Palast restaurieren lassen wollte, begünstigte Michelagnolo dabei den Mailänder Bildhauer Guglielmo dalla Porta, einen hoffnungsvollen Jüngling, den ihm Fra Bastiano empfohlen hatte; seine Verfahrungsweise gefiel Michelagnolo, er schlug ihn dem Papste für die Restauration der Statuen vor, und der Handel hatte so guten Fortgang, daß er ihm (an Bastianos Stelle) das Amt des Siegels und den Auftrag verschaffte, die genannten Statuen herzustellen wie man sie noch jetzt in jenem Palaste sieht. Fra Guglielmo aber vergaß die empfangenen Wohltaten und wurde nachmals einer von den Gegnern Michelagnolos.

113 Sebastiano del Piombo, auch Sebastiano Veneziano, war ab 1531 päpstlicher Siegelbewahrer, daher der Zuname.

1549 starb Paul III., worauf nach der Erwählung Julius' III. der Kardinal Farnese seinem Vorgänger Paul durch Fra Guglielmo ein großes Grabmal errichten ließ, der es in der neuen Peterskirche im ersten Bogen unterhalb der Tribune aufstellen wollte, wo es den Raum beengte und wirklich nicht an seinem Orte stand; und weil nun Michelagnolo mit richtigem Urteil bemerkte, dorthin könne und dürfe es nicht kommen, faßte der Mönch großen Haß wider ihn, fest überzeugt, er tue es aus Neid; nachmals freilich wurde er wohl inne, daß jener die Wahrheit gesagt habe, und der Fehler auf seiner Seite lag, der bei aller Freiheit das Werk nicht beendigte, wie ich ein andermal sagen werde, und jetzt bezeugen kann. 1550 nämlich, als ich auf Befehl von Papst Julius zu seinem Dienste nach Rom ging und gerne diesem Rufe folgte, um in der Nähe Michelagnolos zu sein, war ich bei der Beratung über diesen Gegenstand mit tätig; Michelagnolo wünschte, das Grabmal von Papst Paul solle nach einer der Nischen kommen, worin sich heutigen Tages die Säule der Besessenen befindet; der Ort war angemessen, und ich bewirkte daß Papst Julius sich entschloß in der gegenüber liegenden Nische, übereinstimmend mit jenem Werke sein eigenes Grabmal nach derselben Anordnung wie das von Papst Paul bauen zu lassen; worauf der Mönch dadurch daß er dagegen war, verursachte, daß sein Werk unvollendet blieb, und auch das Grab des andern Papstes nicht gearbeitet wurde, was alles Michelagnolo vorher gesagt hatte.

In demselben Jahre wollte Papst Julius in der Kirche von San Pietro a Montorio eine Marmorkapelle mit zwei Grabmälern bauen lassen; das eine für Antonio den Kardinal von Monti, seinen Oheim, das andere für Herrn

Fabiano seinen Großvater, der den Grundstein zu der Größe dieses berühmten Hauses gelegt hatte.[114] Vasari hatte die Zeichnungen und Modelle dazu gemacht und Papst Julius, der die Kunst Michelagnolos stets hochhielt und Vasari liebte, wollte, daß jener den Preis zwischen ihnen bestimmen sollte, wogegen Vasari den Papst dringend bat, zu bewirken daß Michelagnolo das Werk unter seinen Schutz nehme. Für die dazu gehörigen Intaglios hatte Vasari den Meister Simone Mosca, für die Statuen Raffaello da Monte Lupo vorgeschlagen; Michelagnolo riet jedoch kein ausgehauenes Laubwerk dabei anzubringen, nicht einmal bei den architektonischen Gliederungen, indem er sagte: wo man Marmorstatuen anbringt, soll sonst nichts sein. Anfangs freilich war Vasari ungewiß, ob er es so machen solle, da er fürchtete das Werk möge ein armes Aussehn bekommen; als es aber vollendet war, bekannte er: Michelagnolo habe richtig geurteilt, ja sehr richtig. Michelagnolo wollte auch nicht daß Monte Lupo die Statuen arbeite, wohl wissend wie schlecht er sich bei den seinigen zu dem Grabmale von Julius II. gehalten hatte, und war lieber zufrieden daß man sie nach Vasaris Vorschlag an Bartolommeo Ammannati[115] gebe, obwohl er persönlich einen kleinen Zwist mit ihm und mit Nanni di Baccio Bigio hatte, aus geringem Anlaß entsprungen, wenn man es wohl überlegt. Beide wußten sich nämlich in ihrer Jugend aus Liebe zur Kunst, nicht aber in dem Gedanken

114 Julius III. beschloß 1550, für seinen Großvater Fabiano del Monte und seinen Onkel Antonio Maria Ciocchi del Monte eine Grabkapelle in S. Pietro in Montorio errichten zu lassen. Vasari, der mit dem Papst weitläufig verwandt war, wurde die Leitung des Projekts übertragen. Michelangelo hatte beratende Funktion.

115 Die Skulpturen führte Ammannati 1550–52 aus.

Michelagnolo zu beleidigen, mit Geschick Zutritt in sein Haus zu verschaffen und seinem Schüler, Antonio Mini, viele gezeichnete Blätter fortzunehmen; sie wurden nachmals sämtlich durch den Magistrat der Achte ihm wieder zugestellt, und er wollte auf Verwendung seines Freundes des Herrn Giovanni Norchiati, Canonicus von San Lorenzo, weiter keine Bestrafung für sie. Und als er einstmals mit Vasari darüber sprach, entgegnete dieser mit Lachen, daß nach seiner Meinung jene gar keinen Tadel verdienten, und daß er, wenn er die Gelegenheit dazu gehabt, nicht nur einige Blätter, sondern alles entwendet haben würde, was er von seiner Hand nur hätte haben können, ganz allein zur Erlernung der Kunst; wer nach Trefflichkeit strebe, dem müsse man gut sein, ja ihn belohnen; und dürfe ihn nicht behandeln wie solche, die Geld, Waren und andere Dinge von Geldes Wert rauben; und so kehrte sich die Sache zum Scherz; das Werk von Montorio wurde angefangen, und Vasari und Ammannati gingen noch in demselben Jahr nach Carrara, um die dafür nötigen Marmorblöcke nach Rom schaffen zu lassen.

Damals sahen sich Vasari und Michelagnolo jeden Tag, und da gerade das heilige Jahr war, bestimmte der Papst eines Morgens aus besonderem Wohlwollen: sie sollten beide doppelten Ablaß erhalten, wenn sie sich zu Pferde nach den sieben Kirchen[116] begeben würden. Bei diesem Anlaß hatten sie auf dem Wege zwischen einer und der andern Kirche viele nützliche, schöne und sinnreiche Gespräche über Kunst, die Vasari in einem Dialog

116 Die sieben Hauptpilgerkirchen in Rom: St. Peter, S. Paolo fuori le Mura, S. Giovanni in Laterano, S. Croce in Gerusalemme, S. Maria Maggiore, S. Sebastiano ad Catacumbas, S. Lorenzo fuori le Mura.

aufzeichnete, welcher bei besserer Gelegenheit mit andern, auf die Kunst bezüglichen Gegenständen in Druck erscheinen wird.[117]

In demselben Jahr bestätigte Julius III. das Motuproprio von Paul III. über den Bau der Peterskirche, und obwohl von den Beschützern der Sangallischen Sippschaft bezüglich des Baues vielerlei gegen ihn vorgebracht wurde, so wollte der Papst doch damals nichts davon hören, da Vasari ihm der Wahrheit gemäß dartat, Michelagnolo habe dem ganzen Werke Leben gegeben, und bewirkte, daß Se. Heiligkeit nichts in betreff der Zeichnung ohne Michelagnolos Rat vornehmen wollte, was er auch stets beobachtete; wie denn weder auf der Vigna Julia[118] irgend etwas ohne sein Zutun ausgeführt wurde, noch im Belvedere, wo er eine neue Treppe an der Stelle der frühern, halbrunden, baute, die acht Stufen emporstieg und dann mit acht andern wendeltreppenförmig nach innen führte, wie sie Bramante in der großen Nische in der Mitte des Belvedere angebracht hatte. Michelagnolo ließ an dieser Stelle nach seiner Zeichnung die sehr schöne gerade Treppe mit dem Geländer von Peperino[119] aufführen, wie sie jetzt steht.

In diesem Jahre hatte Vasari den Druck seines Werkes vollendet, welches die Lebensbeschreibungen der florentinischen Maler, Bildhauer und Baumeister enthält, doch von keinem der noch lebenden, obwohl hochbetagte darunter waren, Bericht erstattet, mit Ausnahme von Michelagnolo, und als er ihm, dem weit ältern und

117 Diese Schrift Vasaris ist nie erschienen.
118 Päpstlicher Weinberg.
119 Peperino (von lat. *piper* ›Pfeffer‹) wird eine Gesteinsart genannt, die aus den Albaner Bergen stammt und schwarze kleine Körner, Pfefferkörnern ähnlich, aufweist. Die Treppe wurde 1550/51 umgebaut.

einsichtsvolleren Künstler, durch den er dafür viele Mitteilungen über Tatsachen erhalten hatte, sein Werk überreichte, nahm es Michelagnolo mit Freuden an, und sandte auch bald, nachdem er das Buch gelesen hatte, folgendes von ihm gedichtete Sonett an Vasari, welches mir Freude macht zu seinem Gedächtnis und als ein Zeichen seiner mir bewiesenen liebreichen Gesinnung hier beizufügen:

Ist es mit Farb' und Griffel Euch gegeben,
Im Kunstwerk die Natur selbst zu erreichen:
Nein! muß ihr Wert vor jenem noch erbleichen,
Da ihre Schönheit Ihr versteht zu heben:

So stellt Ihr mit geschickter Hand daneben
Ein würd'ges Werk nun, in der Sprache Zeichen
Um, was Euch fehlte, jener ganz zu gleichen,
Und gabt, wie sie, an andre neues Leben.

Wo eine Zeit wir Werke schaffen sehen,
Sie kann nicht mit den herrlichen bestehen,
Sie kann ihr kurzes Ziel nicht überschreiten.

Nun aber da durch Euch erloschne Namen
Von sonst und jetzt zu neuem Glanze kamen,
Lebt Ihr, trotz ihr, mit ihnen Ewigkeiten.

Vasari ging nach Florenz und überließ Michelagnolo die Angelegenheiten des Denkmals in der Kirche von Montorio. Messer Bindo Altoviti, damals Konsul der Florentiner, war ein Freund Vasaris, der bei dieser Gelegenheit ihm sagte, daß es gut sein werde, dies Werk lieber in San Giovanni de' Fiorentini aufzuführen, daß er schon mit Michelagnolo von dieser Sache geredet und daß derselbe sich ihm günstig geäußert habe, da man dadurch zugleich den endlichen Ausbau der Kirche veranlassen werde. Der Vorschlag gefiel Messer Bindo und er empfahl ihn dem Papste, dessen Vertrauen er genoß, sehr dringend, indem er ihm darzutun sich bemühte, wie wohl man getan haben würde, Grabmäler und Kapellen, die Se. Heiligkeit für Montorio arbeiten lasse, in S. Giovanni, der Kirche der Florentiner aufzustellen, und fügte hinzu, dies würde dieser Gemeinde Anlaß und Sporn sein so viele Kosten aufzuwenden, daß der Bau der Kirche selbst beendigt werde; und wenn Se. Heiligkeit die Hauptkapelle übernähme, wo würden die Kaufleute sechs Kapellen bauen und dann allmählich das Fehlende hinzutun. Das änderte den Beschluß des Papstes, und obwohl das Modell schon gearbeitet und der Preis bestimmt war, ging er doch nach Montorio und ließ Michelagnolo auch dahin kommen. Vasari, der täglich an Michelagnolo schrieb und je nach den Umständen Antwort von ihm erhielt, bekam die Nachricht von der getroffenen Abänderung in einem Briefe Michelagnolos vom ersten August 1550, und dies sind seine eigenen Worte:

»Mein lieber Messer Giorgio. Wegen der Fundamente zu San Pietro a Montorio schrieb ich Euch nichts, weil der Papst nicht hören wollte, und ich wußte daß Ihr durch Euern hiesigen Sachwalter hievon unterrichtet seid. Nun aber muß ich Euch vermelden was folgte: gestern morgen da der Papst nach Montorio gegangen, sandte er nach mir: ich begegnete ihm auf der Brücke als er zurückkehrte und hatte mit ihm eine lange Unterhaltung rücksichtlich der Grabmäler, die Euch übertragen sind; zuletzt sagte er mir, er sei entschlossen sie nicht auf jenem Berge, sondern in der Kirche der Florentiner errichten zu lassen, fragte mich um meine Meinung und verlangte eine Zeichnung, und ich bestärkte ihn sehr in seiner Absicht, indem ich hinzufügte, dies sei ein Mittel jene Kirche selbst zum Ausbau zu bringen. Was die drei von Euch erhaltenen Schreiben anlangt, so fehlt meiner Feder die Kraft, in der Antwort mich in gleiche Höhe zu tragen. Wenn ich gern das sein möchte wozu Ihr mich macht, so wäre es bloß, damit Ihr alsdann einen Diener hättet, der etwas taugt. Indes wundre ich mich nicht, daß Ihr als Wiedererwecker der Toten den Lebenden ihr Leben verlängert, oder auch die schlecht Lebenden für undenkliche Zeit bis auf den Tod erbittert. Doch um abzubrechen: so wie ich bin, bin ich ganz der Eurige.

Michelagnolo Buonarroti
in Rom.«

Während die Sachen auf diesem Punkte standen und die Florentiner Gemeindegeld zusammenzubringen suchten, erhoben sich einige Schwierigkeiten, die eine Beschlußnahme verhinderten, und die Angelegenheit ins Stocken brachten. Da aber Vasari und Ammannato unterdes in Carrara den nötigen Marmor hatten brechen lassen, so schickten sie den größten Teil davon nach Rom, auch ging Ammannato selbst dahin und Vasari schrieb durch ihn an Buonarroti, daß er dem Papst sagen möchte, wo er die Grabmäler hin haben möchte und daß er nach erhaltener Vollmacht den Grund legen möchte. Sobald Michelagnolo diesen Brief erhalten, redete er mit unserem Herrn und schrieb an Vasari eigenhändig, wie folgt:

»Mein lieber Messer Giorgio. Sobald Bartolommeo hier angelangt war, ging ich mit dem Papste zu sprechen, und da ich sah, daß er die Grabmäler doch in San Montorio wollte aufführen lassen, so sorgte ich für einen Maurer aus S. Pietro. Der Herr Vielerlei erfuhr es und wollte einen nach seinem Sinn hinschicken, ich aber zog mich zurück, um nicht mit einem zu streiten, der den Winden gebietet, denn es ist ein leichtsinniger Mensch und ich möchte nicht gern in eine Unannehmlichkeit verwickelt werden. Genug, mir scheint an die Florentiner Kirche ist nicht weiter zu denken. Kommt bald wieder und bleibt gesund. Sonst nichts.

Den 13. Oktober 1550.«

Unter dem Herrn Vielerlei verstand Michelagnolo den Monsignore Furli,[120] weil er immer alles tun wollte. Er war Oberkämmerer des Papstes, Aufseher über die Medaillen, Edelsteine, Kameen, Bronzefiguren, Malereien und Zeichnungen, und meinte, alles hinge von ihm ab. Michelagnolo ging diesem Menschen gern aus dem Wege, weil seine Dienstleistungen ihm stets hinderlich gewesen waren, und er zweifelte deshalb nicht, daß er durch den Ehrgeiz eines solchen Mannes in irgend eine Unannehmlichkeit verwickelt werden könnte. Das Ende der Sache war, daß der Florentiner-Gemeinde eine schöne Gelegenheit für Vollendung ihrer Kirche verloren ging, die sich Gott weiß wann wieder darbieten wird, und mir geschah dies unendlich leid.[121] Ich habe nicht unterlassen wollen, diese Geschichte in Kürze zu erzählen, damit man sehe wie Michelagnolo sich stets bemühte, seinen Mitbürgern, seinen Freunden und der Kunst Nutzen zu schaffen.

120 Es handelt sich um Pier Giovanni Aliotti, Bischof von Forlì.

121 Michelangelo beschäftigte sich 1559/60 mit S. Giovanni dei Fiorentini, der Florentiner Nationalkirche in Rom, und plante einen Zentralbau, wozu einige Zeichnungen überliefert sind. Seine Pläne kamen nicht zur Ausführung.

Kaum war Vasari nach Rom zurückgekehrt, als vor Anfang des Jahres 1551 die Sangallische Sippschaft einen Handel wider Michelagnolo anzettelte, und begehrte, der Papst solle alle Bauleute und alle Beamten der Peterskirche zusammenkommen lassen, wobei sie Sr. Heiligkeit durch verleumderische Vorspiegelungen darzutun gedachten, daß der Bau durch Michelagnolo verdorben worden sei. Denn da er schon die Königsnische aufgeführt hatte mit den drei Kapellen, denen er in der Höhe drei Fenster gegeben, jene aber nicht wußten, was er mit der Wölbung vorhabe, so hatten sie mit ihrer dürftigen Einsicht dem alten Kardinal Salviati und Marcello Cervino, dem nachmaligen Papste, zu verstehen gegeben: S. Pietro werde nicht Licht genug bekommen. Nachdem nun alle versammelt waren, sprach der Papst zu Michelagnolo: »Die Abgeordneten sind der Meinung, jene Nische werde zu wenig Licht erhalten.« »Wer sind diese Abgeordneten?« fragte Michelagnolo; »ich möchte sie sprechen.« Und der Kardinal Marcello antwortete: »Das sind wir.« »So wißt denn Monsignore«, sprach Michelagnolo, »daß über diesen Fenstern in der Wölbung, die von Travertin gebaut wird, noch drei Fenster kommen.« »Dies habt Ihr uns aber nie gesagt«, entgegnete der Kardinal. »Weil ich«, sagte Michelagnolo dazu, »nicht verpflichtet bin und noch weniger verpflichtet sein mag Ew. Herrlichkeit, oder irgendwem vorher zu berichten was ich vorhabe; Eures Amtes ist Geld herbeizuschaffen und es vor Dieben zu sichern, für die Zeichnungen des Baues aber müßt Ihr mich sorgen lassen.« Hierauf wandte er sich zu dem Papste und sprach: »Heiliger Vater, Ihr seht welchen Gewinn ich davontrage; kommt die Arbeit nicht meiner Seele zu Gute, so verliere ich Zeit und

Mühe!« Der Papst aber, der ihn liebte, legte die Hände auf seine Schultern und sagte: »Es soll Eurer Seele zu Gute kommen und Eurem Leibe! Verlaßt Euch darauf!« Die Liebe das Papstes aber gegen ihn nahm unglaublich zu, darum daß er gewußt hatte sich jene vom Hals zu schaffen, und er beschied Michelagnolo und Vasari am folgenden Tag beide nach der Vigna Julia zu kommen, und hier hatte er viele Unterredungen mit Michelagnolo, in Folge deren fast alle die Schönheiten für den Bau angeordnet wurden, welche wir nunmehr zur Ausführung gebracht sehen; auch tat und beschloß der Papst in allem wobei Zeichnungen erforderlich waren, niemals etwas ohne Michelagnolo um sein Urteil und seine Meinung zu befragen. So verlangte er auch einmal als Michelangelo, wie er öfters tat, mit Vasari zu dem Brunnen von Aqua Vergine kam, und dort den Papst mit zwölf Kardinälen fand, so verlangte, sage ich, der Heilige Vater ausdrücklich, Michelagnolo solle sich an seine Seite setzen, obwohl dieser voller Ehrerbietung sich weigerte, und ehrte hier wie überall seine Kunst so viel er nur konnte. Er ließ ihn das Modell zu der Fassade eines Palastes machen, den er mit Benutzung der Mauerüberreste vom Mausoleum des Augustus neben S. Rocco zu erbauen dachte; als Zeichnung einer Fassade so mannigfaltig und schmuckreich als immer möglich, und nach neuer Ordnung und Regel ausgeführt, da Michelagnolo sich hier wie bei allen seinen Arbeiten weder an ein älteres noch an ein späteres Gesetz der Baukunst binden mochte, als ein Künstler, der stets geschickt war neue, mannigfaltige und nicht minder schöne Dinge zu erfinden. Dieses Modell findet man gegenwärtig bei Herzog Cosimo von Medici, dem es Papst Pius schenkte, als er nach Rom kam, und er bewahrte es unter seinen liebsten Schätzen.[122]

Dieser Papst achtete Michelagnolo so hoch, daß er gegen Kardinäle und andere, welche ihn zu verleumden suchten, immer seine Verteidigung übernahm, auch von den vorzüglichsten und berühmtesten Künstlern stets verlangte, sie sollten ihn in seinem Hause aufsuchen; ja seine Ehrfurcht für diesen Meister war so groß, daß er aus Furcht ihm beschwerlich zu fallen, viele Dinge nicht von ihm begehrte, welche Michelagnolo seines Alters ungeachtet wohl tun konnte.

Michelagnolo hatte zur Zeit Pauls III. angefangen in seinem Auftrag die Brücke von Santa Maria in Rom neu zu befestigen, da sie durch die stete Strömung des Wassers wie durch Alter schwach worden war und den Einsturz drohte.[123] Ihre Fundamente wurden nach seiner Anordnung mit Hülfe von Kasten erneuert und sorgfältige Schutzwehren für die Pfeiler gebaut, und schon hatte er einen bedeutenden Teil zu Ende geführt und eine beträchtliche Summe für große Balken und Travertinblöcke aufgewendet, als zur Zeit von Julius III. mit den Schatzkammerräten Beratung gehalten wurde, wie man die Arbeit vollenden könne, und der Baumeister Nanni di Baccio Bigio sich anheischig machte, in wenig Zeit und gegen geringe Kosten damit zu Stande zu kommen, falls sie ihm um bedungenen Lohn übertragen werde. Dabei erschien es in gewissem Sinne, als denke man Gutes zu tun, und Michelagnolo, der schon hoch an

122 Dieses Palastprojekt, datierbar 1551/52, wurde nie ausgeführt. Das Modell ist verloren. Condivi (S. 80) erwähnt lediglich eine Zeichnung.

123 Die Restaurierung der Brücke von S. Maria in Rom (der antike »Pons Emilius«) fällt in das Jahr 1548.

Jahren nicht mehr um diese Angelegenheit sich kümmern könne, so daß sie unter seiner Leitung nie ein Ende gewinnen würde, eine Last abzunehmen. Der Papst um jeden Streit zu vermeiden und nicht bedenkend, welche Folgen es haben könne, gab den Schatzkammerräten Vollmacht, für jenen Bau wie für eine eigne Angelegenheit Sorge zu tragen, und sie übergaben ihn ohne Vorwissen Michelagnolos mit allem Material zu freier Verfügung an Nanni, der auf die Befestigung der Brücke und auf Erneuung der Fundamente wenig bedacht war, und ihr vielmehr eine große Zahl Travertinblöcke abnahm und verkaufte, mit denen sie von alters her befestigt und gepflastert gewesen, die ihr Gewicht vermehrt und ihr größere Stärke, Sicherheit und Dauer gegeben hatten, und an deren Stelle Material von Kies und Mörtel setzte, die einen Fehler im Innern nicht gewahr werden ließen, und außen Brustwehren und andere Dinge anbrachte, so daß sie dem Anschein nach ganz hergestellt, der Tat nach aber völig schwach und haltlos geworden war. Als demnach fünf Jahre darauf, 1557, die große Überschwemmung eintrat, wurde die Brücke in einer Weise zerstört, daß sich die geringe Einsicht der Schatzkammerräte und der Schaden zeigte, den Rom erfahren, als man sich von dem Rate Michelagnolos entfernt hatte, der den Einsturz der Brücke seinen Freunden und auch mir vielmals vorausgesagt, und ich entsinne mich sehr wohl, daß er eines Tages als wir miteinander darüber ritten, zu mir sagte: »Giorgio, diese Brücke bebt unter uns, reiten wir schnell, auf daß sie nicht zusammenbreche, während wir darauf sind.«

Doch noch einmal zu dem früher genannten Werke in Montorio zurückzukehren, so ward es sehr zu meiner

Zufriedenheit vollendet, und ich ging nach Florenz zurück, dem Herzog Cosimo zu dienen; dies war im Jahr 1554. Die Abreise Vasaris tat beiden, ihm und Michelagnolo sehr leid, und da kein Tag verging, an dem nicht Michelagnolos Widersacher ihn auf eine oder die andere Weise quälten, so schrieben sie sich täglich, und als im April desselben Jahres Vasari an Michelagnolo meldete, seinem Neffen Lionardo sei ein Sohn geboren, welchen man unter ehrenvollem Geleite vieler angesehener Damen zur Taufe getragen und zu seinem Andenken Buonarroti genannt habe, antwortete Michelagnolo folgendermaßen:

»Mein lieber Freund Giorgio! Ich habe große Freude über Euern Brief gehabt, da ich sehe, daß Ihr Euch doch des armen Alten noch erinnert und noch mehr, daß Ihr, wie Ihr mir schreibt, an dem Triumph Teil genommen habt, einen zweiten Buonarroti geboren zu sehen. Für diese Nachricht danke ich Euch so viel ich weiß und kann, doch sehr mißfällt mir jener Glanz, denn der Mensch soll nicht lachen, wenn die ganze Welt trauert. Denn nach meiner Meinung sollte Lionardo um ein Kindlein, das geboren wird, nicht so große Festlichkeiten veranstalten, und die Freude aufsparen auf den Tod dessen, der gut gelebt hat. Wundert Euch nicht, daß ich Euch nicht umgehends antwortete; ich tat es nicht, um nicht für einen Kaufmann zu gelten. In betreff der vielen Lobeserhebungen, die Ihr mir in Eurem Briefe schenkt, sage ich Euch, daß, käme nur eine davon mir zu, ich glauben würde Euch doch etwas gegeben zu haben, wenn ich mich selbst mit Seele und Leib Euch gegeben, und somit einen wenn im kleinsten auch noch so kleinen

Teil meiner Schuld an Euch abgetragen zu haben, da ich Euch allezeit erkenne als meinen Gläubiger für viel mehr, als ich je bezahlen kann; da ich als ein alter Mann nicht hoffen darf in diesem, sondern erst in einem andern Leben jenseits die Rechnung auszugleichen. So bitte ich Euch um Geduld und bin der Eurige. Und so geht's in der Welt!!«

Schon zur Zeit Pauls III. war Tribolo im Auftrag von Herzog Cosimo nach Rom gegangen, um zu sehen, ob er Michelagnolo zur Rückkehr nach Florenz und zur Beendigung der Sakristei von San Lorenzo bereden könne. Michelagnolo entschuldigte sich jedoch mit seinem hohen Alter, für welches diese Arbeit zu beschwerlich sei, und führte viele Gründe an, weshalb er von Rom nicht fortgehn könne. Endlich fragte Tribolo nach der Treppe in der Bibliothek von San Lorenzo,[124] wozu Michelagnolo viele Steine hatte zuhauen lassen, ein Modell aber nicht da war, noch irgend eine bestimmte Angabe über ihre Form, und obwohl sich einige Zeichen in Ton und auf dem Fußboden von Backsteinen und einige Skizzen von Ton vorfanden, so fehlte doch die besondere und letzte Bestimmung, und auf alle Bitten Tribolos, in die er nicht unterließ den Namen des Herzogs zu verflechten, antwortete Michelagnolo stets nur: er entsinne sich der Sache nicht mehr. Da erhielt Vasari von

124 Der Ausbau des Treppenhauses der Biblioteca Laurenziana im Konventsbereich von S. Lorenzo, Florenz, war seit den 1520er Jahren liegengeblieben, bis Erzherzog Cosimo I. auf die Fertigstellung drängte. Hauptproblem war die Treppe, für die zunächst Tribolo, dann Ammannati und schließlich auch Vasari eine Lösung suchten. Letztlich wurde Michelangelo um ein neues Modell gebeten, das zusammen mit einem Brief am 13. Januar 1559 in Florenz eintraf, wonach Ammannati die Treppe ausführte.

Herzog Cosimo den Auftrag, an Michelagnolo zu schreiben und ihn zu fragen, welches Ende es mit der gedachten Treppe gewinnen solle? Denn so hoffte man, er werde vielleicht aus Freundschaft und Liebe für Vasari einen Bescheid geben, wodurch man zu einer Entscheidung komme und das Werk ausführen könne. Vasari schrieb nun an Michelagnolo die Meinung des Herzogs, daß alles, was bei jenem Baue zu tun sei, ihn angehe, daß er ihn ausführen, und daß er dies mit aller möglichen Treue wie bei seinen eignen Werken tun werde. Hierauf schickte Michelagnolo die Bestimmung über jene Treppe in einem, am 28. Sept. 1555 von ihm selbst geschriebenen Briefe:

»Messer Giorgio, mein lieber Freund. Was die Treppe zu der Bibliothek anlangt, von der mir schon so vieles vorgeredet ist, so glaubt, daß wenn ich mich entsinnen könnte, wie ich sie angeordnet hatte, ich mich nicht so lange würde bitten lassen. Zwar erinnere ich mich wie im Traume einer gewissen Treppe; glaube aber nicht daß es die war, welche ich damals im Sinne hatte, da jener Plan mir wie eine Torheit vorkommt; dennoch werde ich ihn mitteilen. Ich nahm eine Menge ovaler Schachteln, jede eine Palme tief, doch nicht von gleicher Länge und Breite; die erste und größte legte ich auf den Fußboden so weit von der Türmauer als Ihr wollt, daß die Treppe sanft oder steil hinansteigen soll. Auf diese stellte ich eine zweite, nach allen Seiten hin so viel kleiner, daß bei der ersten darunter genug Raum frei blieb, um beim Steigen den Fuß aufsetzen zu können, und so ließ ich sie gleichmäßig von Stufe zu Stufe kleiner werden, mehr zurückweichen und endlich nach der Türe hinanführen, die oberste Stufe aber gerade so breit als der Raum, den die Türe einnimmt. Dieser Teil der ovalen Treppe muß gleichsam zwei Flügel haben, einen rechts und einen links, mit ebenso vielen Stufen, doch nicht in ovaler Form. Der Aufgang der mittleren Stufen ist für den Herrn; von der Mitte ab nach oben müssen die Windungen der Flügel sich an die Mauer lehnen, von der Mitte ab nach unten bis auf den Fußboden aber mitsamt der ganzen Treppe ungefähr drei Palmen von der Mauer entfernt sein, so daß der Sockel des Vorsaales nirgend beengt wird und alle Wände frei bleiben. Ich schreibe Dinge zum Lachen, weiß aber wohl, daß Ihr etwas herausfinden werdet, was Euch taugt.«

In denselben Tagen schrieb Michelagnolo an Vasari, daß nunmehr, da Julius III. gestorben und Marcellus erwählt sei, die ihm feindliche Partei die Ernennung des neuen Papstes benutze und wiederum anfange ihn zu quälen. Dies hörte der Herzog, und da es ihm leid tat, ließ er ihm durch Giorgio schreiben: er möge von Rom fortgehn und nach Florenz kommen; der Herzog begehre nichts als zuweilen bei seinen Bauten Rat und Zeichnungen von ihm zu erhalten; dagegen solle er alles von diesem Herrn haben was er wünsche, ohne an irgend etwas Hand anzulegen; auch Herr Lionardo Marinozzi, der geheime Sekretär Herzog Cosimos, mußte ihm eine zweite schriftliche Aufforderung von Sr. Exzellenz und auch von Vasari bringen; doch war unterdes Marcellus gestorben und Paul IV. erwählt, von welchem er gleich im Anfang, als er kam um ihm den Fuß zu küssen, so viele Anerbietungen erhielt, weil man den Bau der Peterskirche vollendet sehen wollte, daß die Verbindlichkeit, die Michelagnolo hiefür zu haben meinte, ihn festhielt. Deshalb schrieb er an den Herzog und entschuldigte sich, daß er für jetzt nicht in seine Dienste treten könne, und an Vasari einen Brief folgenden Inhalts:

»Messer Giorgio, mein lieber Freund. Ich rufe Gott zum Zeugen auf, wie ich vor zehn Jahren meinem Willen entgegen, mit großer Gewalt von Papst Paul III. beim Bau der Peterskirche in Rom angestellt wurde, und hätte man bis heute fortgefahren an jenem Werke zu arbeiten wie damals, so würde ich jetzt so weit sein, daß ich wünschen könnte heimzukehren. Mangel an Geld hat indes die Sache sehr verzögert und verzögert sie, wo die mühevollsten und schwierigsten Dinge auszuführen sind, in solcher Weise, daß wollte ich mich jetzt davon losmachen, es nichts anderes heißen würde, als zu großer Schmach und zu eigenem Verderb den Lohn der Mühen dahingeben, welche ich aus Liebe zu Gott zehn Jahre lang aufgewendet habe. Dies als Antwort auf Euren Brief, weil ich vom Herzog einen Brief habe, der mich in Erstaunen gesetzt durch die Güte, mit welcher Se. Herrlichkeit zu schreiben mich gewürdiget. Ich danke dafür Gott und Sr. Exzellenz so viel ich weiß und kann. Doch ich komme von meinem Gegenstande ab, das macht, ich habe Gedächtnis und Verstand verloren, und Schreiben ist mir eine große Beschwerde, da es ohnehin nicht mein Beruf ist. Nun gut. Ich wollte Euch nur dartun, was daraus folgen würde, wenn ich den oben genannten Bau verlassen und von hier fortgehn wollte. Das erstere würde verschiedenen Spitzbuben ganz recht sein, und ich würde dadurch den Verfall des Werkes oder auch dessen gänzliches Aufgeben bewirken.«

Ferner schrieb Michelagnolo an Giorgio und sagte ihm, um sich beim Herzog zu entschuldigen: er besitze in Rom ein Haus und andere Dinge zu seiner Bequemlichkeit von mehreren tausend Scudi Wert, auch sei er nicht gesund, leide an Nierenschmerzen, Seitenstechen und andern Beschwerden des Alters, wie Herr Eraldo, sein Arzt, bezeugen könne, dem er nächst Gott das Leben zu danken habe; er möge um aller dieser Ursachen willen nicht von Rom, und bemerkte endlich, es fehle ihm Mut zu allem, außer zum Sterben. In spätern Briefen, die Vasari von ihm aufbewahrt, bat er diesen, ihn dem Herzog zu empfehlen und bei ihm zu entschuldigen, nachdem er doch schon (wie ich sagte) seine Entschuldigung an den Herzog geschrieben; ja wäre Michelagnolo im Stande gewesen zu reiten, so würde er alsbald nach Florenz gekommen sein, und ich glaube, er hätte dann nicht mehr gewußt, wie loskommen und nach Rom zurückgehn, so groß war seine Liebe und Zärtlichkeit für den Herzog, und so sehr verlangte er mehrere Teile des Baues von S. Lorenzo zu leiten, bis er fest genug stehe, um keine Veränderung mehr zuzulassen.[125]

Unterdes war ihm von einigen Personen berichtet worden, Papst Paul IV. wolle an der Wand der Kapelle auf der sein Weltgericht gemalt war, einiges verändern lassen, weil ihm jene Gestalten ihre Blößen gar zu unanständig zu zeigen schienen. Von dieser Ansicht des Papstes unterrichtet, sprach Michelagnolo: »Sagt Sr. Heiligkeit: dies sei ein kleines und könne leicht geschehn; er

125 Vasari schildert die Begebenheit aus Gründen seines florentinischen Patriotismus etwas übertrieben, denn Michelangelo hat sich in seinen Briefen nachhaltig gesträubt, nach Florenz zu kommen, was auch auf sein distanziertes Verhältnis zu den Medici zurückzuführen ist.

möge nur die Welt ändern, Malereien ließen sich schnell ändern.«[126]

Das Amt bei der Kanzlei zu Rimini war Michelagnolo genommen worden; er wollte es jedoch dem Papst nicht sagen, der nichts davon wußte, da sein Mundschenk es eingezogen hatte, in der Absicht, Michelagnolo auf Rechnung des Baues von St. Peter monatlich hundert Scudi zu zahlen; die dieser jedoch, als sie eines Monats ins Haus geschickt wurden, nicht annahm. In demselben Jahre starb ihm Urbino sein Diener, oder richtiger sein Gefährte, denn dies war er ihm geworden. Er war im Jahr 1530 nach Florenz und zu Michelagnolo gekommen, als die Belagerung überstanden und dessen Schüler Antonio Mini nach Frankreich gegangen war, und hatte in Verlauf von sechsundzwanzig Jahren, daß er Michelagnolo gedient, diesem so viel Ergebenheit und Anhänglichkeit bewiesen, daß Michelagnolo ihn zum reichen Manne gemacht und ihn also liebte, daß er ihn, obwohl selber ein Greis, in seiner letzten Krankheit pflegte, ja des Nachts in Kleidern schlief um sein zu warten. Darum als er gestorben war, schrieb Vasari an Michelagnolo, um ihn zu trösten, und erhielt darauf folgende Antwort:

126 Vasari schildert die Episode 1568 anekdotenhaft mit der scherzhaften Zustimmung Michelangelos zu den Übermalungen einiger nackter Partien bei Figuren des »Jüngsten Gerichts«. Damit zollt er der neuen Situation nach den Tridentiner Beschlüssen zur Kunst 1564 und der in den Jahren danach einsetzenden Kritik an Michelangelos Werk Tribut. Michelangelo hatte noch kurz vor seinem Tod 1564 den Beschluß zur Übermalung hinnehmen müssen. Vasari versucht hier im nachhinein die Problematik dieses Werks zu entschärfen und mit seinem überschwenglichen Lob für die künstlerische Leistung die Intentionen Michelangelos zu rechtfertigen. Die Übermalungen nahm Daniele da Volterra vor, der von der Nachwelt dafür mit dem Spottnamen »Höschenmaler« (»braghettone«) bedacht wurde. Anläßlich der Restaurierung des »Jüngsten Gerichts« 1989–94 wurde beschlossen, die Übermalungen bestehen zu lassen.

»Mein geliebter Messer Giorgio. Es fällt mir schwer zu schreiben, doch will ich als Antwort auf Euern Brief etwas sagen. Ihr wißt, daß Urbino gestorben ist; dabei erfuhr ich eine große Gnade von Gott, doch unter herbem Verlust und unsäglichem Schmerz. Diese Gnade ist, daß während er mich im Leben lebendig erhielt, er mich sterbend gelehrt hat, nicht ungern, sondern mit Verlangen nach dem Tode zu streben. Sechsundzwanzig Jahre habe ich ihn bei mir gehabt und habe ihn herrlich und treu erfunden, und nun, da ich ihn reich gemacht hatte und hoffte, er solle Stab und Hüter meines Alters werden, ist er mir entrückt, und bleibt mir keine andere Hoffnung, als ihn im Paradiese wiederzusehen. Und dafür hat Gott mir ein Zeichen gegeben in seinem glückseligen Tod, denn mehr als dieser schmerzte es ihn, mich wie ein Treuloser unter so vielen Sorgen zu verlassen. Wohl ist der größere Teil von mir mit ihm gegangen und bleibt nichts von mir da als unsäglicher Jammer. Laßt mich Euch empfohlen sein!«

Zur Zeit Pauls IV.[127] wurde Michelagnolo bei den Festungswerken zu Rom an mehreren Orten beschäftigt, auch von Salustio Peruzzi, welchen der Papst, wie anderwärts schon erzählt worden, das große Tor vom Kastell Sant'Agnolo erbauen ließ, das gegenwärtig zur Hälfte eingestürzt ist; auch nahm er sich darum an, die Statuen für dies Werk zu verteilen und die Modelle der Bildhauer anzusehen und zu korrigieren.

Um diese Zeit kam das französische Heer nahe vor Rom, und Michelagnolo der fürchtete, es könne ihm zusamt der ganzen Stadt übel ergehen, beschloß mit Anto-

127 Im Original fälschlich »Paul VI.«.

nio Francese von Castel Durante,[128] den Urbino ihm als Diener nach seinem Tode zurückgelassen, von Rom zu fliehen, und begab sich heimlich in die Berge von Spoleto, wo er einige Einsiedlerwohnungen besuchte. Damals schrieb ihm Vasari, und sandte ihm ein kleines Werk, welches Carlo Lenzoni, ein florentinischer Bürger, bei seinem Tode dem Herrn Cosimo Bartoli vermacht hatte, mit dem Auftrag es drucken zu lassen und Michelagnolo zu weihen.[129] Es war in jenen Tagen erschienen, und Vasari, der es Michelagnolo schickte, erhielt von ihm folgende Antwort:

»Messer Giorgio, geliebter Freund. Das Büchlein von Herrn Cosimo, welches Ihr mir zuschickt, habe ich bekommen und sage hier meinen Dank dafür, den ich Euch bitte ihm zu bringen und mich ihm zu empfehlen.

Ich habe in diesen Tagen mit vieler Beschwerde und vielen Kosten, doch zu meinem großen Vergnügen unternommen, die Einsiedler in den Bergen von Spoleti zu besuchen, daß ich kaum mit halbem Herzen nach Rom heimgekehrt bin; fürwahr nur in den Wäldern wohnt Frieden. Anderes weiß ich Euch nicht zu sagen; ich freue mich daß Ihr wohl und fröhlich seid und befehle mich Eurem Andenken. Den 18. Sept. 1556.«

Michelagnolo meißelte damals zu seinem Zeitvertreib fast jeden Tag an dem Steine mit den vier Gestalten, von denen schon die Rede war, und zerbrach ihn endlich,

128 Antonio (del) Francese da Castel Durante bekam von Michelangelo die vierfigurige »Pietà« geschenkt, die heute im Florentiner Dommuseum aufbewahrt wird.

129 Das Werk *La lingua fiorentina di Dante* blieb von Lenzoni unvollendet. Pier Francesco Giambullari fügte den Schluß hinzu und Cosimo Bartoli ließ es 1556/57 drucken.

weil er viele schwarze Adern hatte, hart war und beim Bearbeiten oft Feuer gab, oder auch weil dieser Mann so strenge Anforderungen stellte, daß er sich nie an dem genügte was er vollbrachte. Dies sieht man daraus, daß er im Mannesalter nur wenige Statuen vollendete, daß die, welche er ganz zum Schluß brachte, in der Jugend von ihm ausgeführt sind, als der Bacchus, die Pietà della febbre, die Kolossalstatue in Florenz und der Christus in der Minerva, bei denen nicht möglich wäre ein Körnlein hinzuzutun oder fortzunehmen, ohne ihnen zu schaden. Die übrigen Statuen dagegen von Herzog Lorenzo und Giuliano, die Nacht, die Aurora, den Moses und die beiden dazugehörigen Figuren, zusammengenommen nicht einmal elf, die übrigen, sage ich, blieben unvollendet und sind deren wohl eine noch viel größere Zahl; auch pflegte er zu sagen: wenn er sich in seinen Werken wirklich hätte genügen wollen, so würde er wenig oder gar nichts ans Licht gebracht haben. So schritten bei ihm Geschick und Einsicht gemeinschaftlich voran, daß deckte er eine Figur auf und erkannte daran den mindesten Fehler, so ließ er sie stehen und nahm einen andern Marmor zur Hand, in der Meinung, es werde nicht wiederum so kommen; dies aber gab er oftmals als den Grund an, weshalb er so wenige Statuen und Bilder ausgeführt habe.

Die Pietà[130] mit den vier Figuren gab er, zerbrochen wie sie war, an Francesco Bandini. Es war um die Zeit, daß der florentinische Bildhauer Tiberio Calcagni durch Francesco Bandini und Herrn Donato Gianotti nahe mit Michelagnolo bekannt worden und eines Tages

130 Zur »Pietà« vgl. S. 191.

in dessen Hause die zerbrochene Pietà sah und ihn nach einer langen Unterredung frug, um welcher Ursache willen er sie zerschlagen und eine so bewundrungswürdige Arbeit zunichte gemacht habe? Und Michelagnolo antwortete: daran sei sein Diener Urbino schuld, der ihn auf die lästigste Weise Tag für Tag getrieben habe, die Arbeit zu vollenden; auch sei ihm ein Stück vom Daumen der Madonna abgesprungen und das Werk ihm schon früher zum Überdruß worden, weil eine Ader im Marmor ihm viel zu schaffen gemacht habe; durch dies alles wäre ihm die Geduld ausgegangen, er habe es zerbrochen und würde es ganz zertrümmert haben, hätte nicht Antonio, sein Diener, ihn gebeten, er möge es ihm geben wie es sei. Als dies Tiberio vernommen, redete er mit Francesco Bandino, der ein Werk seiner Hand zu erhalten wünschte, und Bandino bewirkte, daß Tiberio dem Antonio 200 Gold-Scudi versprach, Michelagnolo dagegen ersuchte, ihm zu gestatten mit Hülfe seiner Modelle das Werk für Bandino zum Schluß zu bringen und auf diese Weise zu verhindern, daß er eine solche Arbeit ganz umsonst gemacht habe. Und so schenkte er sie ihnen. Sie wurde sogleich fortgeschafft, Tiberio setzte sie zusammen und erneute, ich weiß nicht welche Stücke, doch blieb sie unvollendet, weil Bandino, Michelagnolo und Tiberio starben. Gegenwärtig wird sie von Pier Antonio Bandini, dem Sohne Francescos, auf dessen Vigna zu Monte Cavallo aufbewahrt. Michelagnolo aber, zu dem wir zurückkehren wollen, mußte irgend etwas in Marmor arbeiten, um sich jeden Tag mit dem Meißel die Zeit zu vertreiben, und nahm einen andern Block, den er schon zu einer andern Pietà, verschieden von der vorigen und um vieles kleiner, zugehauen hatte.

Damals war der Baumeister Pirro Ligorio bei Paul IV. in Dienste getreten, und bei dem Baue von St. Peter beschäftigt, quälte er Michelagnolo und sagte ihm nach, er sei kindisch worden. Hierüber erzürnt, wäre dieser gerne nach Florenz heimgekehrt, auch wurde er aufs neue von Giorgio in Briefen dazu aufgefordert; er erwog jedoch sein hohes Alter, da er bereits im einundachtzigsten Jahre stand; und äußerte daher, als er nach Gewohnheit an Vasari schrieb um ihm verschiedene sinnreiche Sonette zu senden, gegen diesen: das Ende des Lebens liege ihm nahe, er müsse Acht geben wohin seine Gedanken gerichtet wären, aus seinen Briefen werde er wohl sehen, daß es Abend geworden bei ihm; und kein Gedanke steige in ihm auf, in den nicht der Tod sein Zeichen gedrückt. Und so sagt er in einem seiner Briefe:

»Gott gebe, Vasari, daß ich die Beschwerde einiger Jahre noch aushalte. Ich weiß wohl, daß Ihr mir sagen werdet ich sei alt und töricht, da ich Sonette dichten will, weil aber einige mich versichern ich sei zum Kinde worden, wollte ich tun was meines Amtes ist. Aus Eurem Briefe erkenne ich die Liebe, die Ihr zu mir tragt; glaubt daß ich meine Gebeine sicherlich gerne neben denen meines Vaters zur Ruhe legen würde, wie Ihr mich bittet; wollte ich aber von hier fort, so würde ich dem Baue von St. Peter großes Verderben bereiten, eine große Schande und sehr großen Nachteil veranlassen. Ist erst alles daran so fest geordnet, daß nichts mehr geändert werden kann, so hoffe ich zu tun was Ihr schreibt, falls es nicht sündlich ist einigen Schurken ärgerlich zu sein, welche erwarten ich solle alsbald von dannen gehn.«

Mit diesem Briefe kam von seiner Hand geschrieben das folgende Sonett:

Auf sturmbewegten Wogen ist mein Leben
In schwachem Schiff zum Hafen schon gekommen,
Wo von den bösen Taten und den frommen
Uns allen obliegt Rechenschaft zu geben.

Und wohl erkenn ich nun mein innig Streben,
Das für die Kunst abgöttisch heiß entglommen,
Hat oft des Irrtums Bürden aufgenommen
Und töricht ist der Menschen Tun und Weben.

Was kann der eitlen Liebe Reiz noch bieten,
Nun da sich mir zwiefacher Tod bereitet?
Der ein' ist fest, der andre droht, und Frieden

Kann Farb' und Meißel nicht dem Geiste geben,
Der jene Liebe sucht, die ausgebreitet
Die Arm' am Kreuz, um uns empor zu heben.

Hieraus sah man offenbar, daß er seine Gedanken Gott zuwandte und die Sorgen der Kunst von sich warf, wegen der Anfechtung von seiten boshafter Künstler und einiger Vorsteher des Baues, die, wie er sich ausdrückte, gern ihre Hand auftaten.

Vasari antwortete Michelagnolo in Auftrag von Herzog Cosimo, ermunterte ihn nochmals zur Rückkehr ins Vaterland und erwiderte die Verse Michelagnolos mit einem ähnlichen Sonett.

Michelagnolo würde Rom gerne verlassen haben, und hatte, wie ich später sagen werde, seine Abreise schon festgestellt; allein er war müde und alt, der Geist war willig, aber das Fleisch war schwach, und das hielt ihn in Rom. Da fiel im Jun. des Jahres 1557, als man das Gewölbe über der Nische in der Königskapelle, wozu er das Modell gemacht hatte, von Travertin aufmauerte, ein Irrtum vor, weil er nicht wie gewöhnlich nach der Arbeit sehen konnte; indem nämlich der Werkmeister das Maß der ganzen Wölbung mit einem einzigen Lehrbogen nahm, während ihrer unendlich viele hätten sein sollen. Michelagnolo schickte an Vasari, als an seinen Freund und Vertrauten, einige seiner Zeichnungen, mit folgenden Worten unter zweien derselben.

»Das Maß zu dem mit Rot bezeichneten Lehrbogen nahm der Werkmeister über dem eigentlichen Körper der Wölbung; als man nun über den Halbkreis auf der Höhe der Wölbung kam, sah er den Irrtum, in den er in betreff des Lehrbogens gefallen, wie hier in der Zeichnung mit Schwarz angezeigt ist. Durch diesen Fehler ging die Wölbung so weit über ihr Maß, daß eine große Menge Steine verworfen werden müssen, da bei dieser Wölbung nichts von Backsteinen, sondern alles von Travertin zusammengefügt ist, und der Durchmesser der Kreise beträgt außer dem sie umschließenden Gesimse 22 Palmen. Daß solches Versehen begangen wurde, nachdem ich das Modell genau gearbeitet hatte, wie ich bei jedem Dinge tue, ist nur möglich gewesen, weil ich um meines Alters willen nicht oft nachsehen konnte, und während ich glaubte jene Wölbung sei fertig, wird sie in diesem ganzen Winter nicht vollendet. Könnte man vor Scham und Schmerz sterben, so wäre ich nicht mehr am Leben. Ich bitte Euch es beim Herzog zu bevorworten, daß ich jetzt nicht in Florenz bin.«

Auf dem andern Blatte, auf dem er den Grundriß des genannten Werkes gezeichnet hatte, äußerte er sich folgendermaßen:

»Messer Giorgio! Euch die Schwierigkeit der Wölbung anschaulich zu machen, und ihre Konstruktion von unten auf zu zeigen, so war es nötig, sie in drei Wölbungen zu teilen, die an der Stelle, wo unten die Fenster sind, durch Pilaster geschieden sind, wie Ihr sie nach der innern Mitte der obersten Höhe der Wölbung pyramidenartig laufen seht, ganz entsprechend dem Fundament und den Seitenwänden der Wölbung. Sie mußte durch eine große Menge Lehrbogen gestützt werden, die sich vielfach und nach allen Seiten von Punkt zu Punkt verändern, so daß man da keine feste Regel angeben kann, und Kreise und Quadrate, welche in die Mitte ihrer Vertiefungen kommen mußten, nach so vielen Seiten zu- und abnehmen und nach so verschiedenen Punkten laufen, daß es ein schwieriges Ding ist, die wahre Verfahrungsweise zu finden. Da ich indes ein Modell gearbeitet hatte, wie ich bei allen Dingen tue, mußte niemals ein so großer Fehler begangen werden, als der ist, jene drei Decken durch einen einzigen Lehrbogen halten zu wollen; dies war schuld, daß man zu Scham und Schaden eine Menge Steine verwerfen mußte und noch weiter verwerfen muß; die Wölbung aber, die Gliederungen und die Laibungen sind gleich dem untern Teil der Kapelle ganz von Travertin, eine in Rom ungewöhnliche Sache.«

Der Herzog bedrängte nun Michelagnolo nicht weiter, da er sah, welche Hindernisse sich seinem Kommen entgegenstellten, und ließ ihm sagen, daß er nur wünsche ihn zufrieden zu sehn, und daß er den Bau der Peterskirche fortführen möge, als das Beste, was er in der Welt tun könne, und daß er sich dabei vollkommen beruhigen möge. Hierauf bezüglich schrieb Michelagnolo auf demselben Blatte an Vasari: er danke dem Herzog so viel er wisse und könne für seine große Liebe, Gott möge ihm Gnade geben, damit er Sr. Exzellenz durch seine arme Person Dienste zu leisten vermöge, denn Gedächtnis und Verstand seien schon von dannen gegangen, um sein anderswo zu warten. Der Datum dieses Briefes war vom August des Jahres 1557. Und so hatte Michelagnolo erkannt, wie der Herzog ihn, sein Leben und seine Ehre achtete mehr als er selber, den er vergötterte. Dieses und vieles andere, dessen Erwähnung nicht not tut, weiß ich aus seinen mir geschriebenen Briefen.

Michelagnolo wurde zu einem Entschlusse gedrängt, und da er sah, daß für den Bau von St. Peter wenig geschah, er aber bereits einen großen Teil vom innern Fries der Fenster und vom äußern der doppelten Säulen vollendet hatte, welche über dem runden Gesimse fortlaufen, auf dem (wie später gesagt werden wird) die Kuppel aufsetzen sollte, – von seinen besten Freunden, dem Kardinal di Carpi, Herrn Donato Gianotti, Francesco Bandini, Tommaso de' Cavallieri und Lottino geradezu gezwungen, mindestens ein Modell zu der Kuppel zu machen, da er sehe, wie sehr man mit der Wölbung zögere.[131] Viele Monate verstrichen, in denen er sich für nichts entschied, bis er endlich Hand anlegte und allmählich ein kleines Tonmodell ausführte, um nach diesem Vorbilde und den von ihm gezeichneten Grundrissen und Aufrissen ein größeres von Holz machen zu lassen. Dies wurde im Verlauf von nicht viel mehr als einem Jahre unter seiner Aufsicht durch den Meister Gio-

131 Das Kuppelmodell ist noch erhalten und wird in den Vatikanischen Museen aufbewahrt.

vanni Franzese[132] mit Eifer und Mühe vollendet, und zwar in solcher Größe, daß die kleinen Maße und Verhältnisse, nach antiken römischen Palmen gerechnet, völlig mit dem großen Werke übereinstimmen. Er ließ alle Glieder der Säulen, Basen, Kapitäle, Türen, Fenster, Gesimse, Vorsprünge und jede Kleinigkeit daran mit möglichstem Fleiß arbeiten, geleitet von der Ansicht, daß man bei einem solchen Werke nicht weniger tun dürfe, damit in der ganzen Christenheit, ja in der ganzen Welt kein großartigeres, an Schmuck reicheres Gebäude gefunden werde; auch scheint mir, nachdem wir uns Zeit genommen haben geringere Dinge zu schildern, sei es viel nützlicher und vielmehr unsere Schuldigkeit die Zeichnung zu beschreiben, nach welcher dies Gebäude und die Tribune in der Form, Ordnung und Regel ausgeführt werden soll, die Michelagnolo ihr zu geben dachte.[133] So wollen wir denn in möglichster Kürze eine schlichte Erzählung davon liefern, damit, sollte je geschehen (was Gott verhüte) daß der Fortgang dieses Werkes nach Michelagnolos Tode wie zu dessen Lebzeiten durch Neid und Bosheit vermessener Menschen Hindernis erführe, diese meine Schrift, wie sie auch sei, den Treuen Gewinn schaffe, welche die Gedanken dieses seltnen Meisters ausführen werden, und dem Streben der Übelwollenden Schranken setze, die störend dazwischen treten möchten, wobei wir darauf trachten, so-

132 Das Kuppelmodell wird Michelangelo (Entwurf), Giacomo della Porta und Luigi Vanvitelli (spätere Änderungen) zugeschrieben. Es wurde nicht von einem Franzosen (Giovanni Francese) ausgeführt, sondern in drei Jahren (Zahlungen 1558–61) von Tommaso da San Gimignano, Tullio da Parma und Battista da Carrara.

133 Die Kuppel wurde nicht in der von Michelangelo geplanten Form ausgeführt, sondern von Giacomo della Porta in den Proportionen gestreckt.

wohl Nutzen als Vergnügen zu bereiten und edlen, unsern Beruf liebenden Geistern das Verständnis zu erleichtern.

Um also einen Anfang zu machen, sage ich, daß nach dem Modelle Michelagnolos die innere Weite der Kuppel im Großen 186 Palmen betragen werde, das heißt in ihrer Breite von einer Mauer zur andern, oberhalb des großen innen im Kreis umherlaufenden Hauptgesimses von Travertin, der auf den vier großen, doppelten Pilastern ruht, die mit ihren Kapitälen von korinthischem Laubwerk, dem Architrav, Fries und Gesims von Travertin von der Erde an emporsteigen; welches Gesims rings um die großen Nischen laufend auf den vier großen Bogen der drei Nischen und der Eingangstüre ruht, die in dieser Kirche die Kreuzpunkte bilden. Von da ab beginnt die Kuppel, deren Anfang ein Postament von Travertin, mit einer sechs Palmen breiten Fläche bildet, auf der man umhergehen kann. Dies Postament läuft im Kreis, wie bei einem Brunnen, seine Dicke beträgt 33 Palmen 11 Zoll, seine Höhe bis zum Gesims 11 Palmen 10 Zoll; das Gesims darüber mißt ungefähr 8 Palmen und der Vorsprung 6 1/2 Palmen. Durch dieses runde Postament führen vier, oberhalb der großen Nischenbogen angebrachte Eingänge nach der Kuppel; die Stärke des Postamentes aber ist in drei Teile geteilt: der innere mißt 15 Palmen, der äußere 11 Palmen, der mittlere 7 Palmen 11 Zoll, was zusammengenommen 33 Palmen 11 Zoll macht. Der mittlere ist frei und dient als Gang, und ist zwei seiner Breiten hoch; er läuft verbunden mit einem Tonnengewölbe im Kreis und in der Linie der vier Eingänge sind acht Türen, zu deren jeder vier Stufen hinanführen; von einer gelangt man nach der Fläche des Gesimses beim ersten 6½ Palmen breiten Postament, die andere führt zu dem innern Gesims, der 8¾ Palmen breit um die Kuppel herläuft. Durch jeden dieser Eingänge kann man mit Gemächlichkeit in diesem Gebäude ein- und ausgehn, und von einem Eingang zum andern führt im Kreislauf eine Strecke von 201 Palmen; dies beträgt, da vier Zwischenräume sind, zusammengenommen 804 Palmen. Geht man weiter, so gelangt man von der Fläche dieses Postamentes dahin, wo die Säulen und Pilaster aufstehen und der Fries innen ringsum über den Fenstern 14 Palmen 1 Zoll hoch hinläuft, um welchen an der Außenseite unten und oben ein kleines Gesims sich befindet, nur 10 Zoll vorspringend und ganz von Travertin. In der Dicke des dritten Teiles oberhalb jenes innern, von dem wir sagten er sei 15 Palmen breit, befindet sich in jedem Viertel eine Treppe, deren erste Hälfte sich nach der einen, die andere nach der andern Seite wendet und deren Breite 4¼ Palmen beträgt. Sie führt nach dem Fußgesims der Säulen, über welchem genau in der Richtung vom Mauerkern des Postamentes 18 ganz große Pfeiler von Travertin beginnen (ein jeder außen mit zwei Säulen, innen mit Pilastern verziert, wie später gesagt werden wird), zwischen denen die ganze Breite für die Fenster bleibt, durch welche die Tribune Licht erhält. Diese großen Pfeiler sind an der Seite, die gegen den Mittelpunkt der Tribune sieht, 36 Palmen, an der entgegengesetzten Seite dagegen 19½ Palmen lang; ein jeder hat an der äußern Seite zwei Säulen, deren Würfel unten 8¾ Palmen mißt und 1½ Palmen hoch ist; die Basis ist 5 Palmen 8 Zoll breit und -- Palmen 11 Zoll hoch; der Säulenschaft mißt 43½ Palmen in die Länge und unten 5 Palmen 6 Zoll, oben 4 Palmen 9 Zoll in die

Breite; das korinthische Kapitäl ist 6½ Palmen hoch und in den Gesimsgliedern 9 Palmen. Von diesen Säulen sieht man nur drei Viertel, da das letzte Viertel in die Ecken eingelassen ist, in der Mitte aber (des Pfeilers) tritt ein Pilaster (nach innen) vor, der an der innern Seite den Mauerkern bildet und die eine Seite eines gewölbten Durchgangs in der Mitte zwischen Pilaster und Mauer ausmacht, von 5 Palmen Breite und 13 Palmen 5 Zoll Höhe, weiter hinauf aber bis zu dem Kapitäl der Pilaster und Säulen von festem Mauerwerk und sodann mit zwei andern Pilastern gegenüber verbunden, denen ähnlich, welche den Mauerkern neben den Säulen bilden. Diese Pilaster setzen sich rückwärts fort und zieren die Seiten von sechzehn Fenstern, die ringsum bei der Tribune an der Trommel angebracht sind und deren Öffnung ungefähr 12½ Palmen breit und 22 Palmen hoch ist; außen sind sie durch verschiedene 2¾ Palmen breite Architrave und innen durch eine ähnlich abwechselnde Ordnung von Frontespizen und unterbrochnen Bogen geziert, und sind außen weiter und innen enger, um mehr Licht aufzunehmen, auch sind sie innen am Fußende abgedacht, damit Licht auf den Fries und das Gesims fallen kann. Jedes Fenster schließen zwei flache Pilaster ein, deren Höhe mit den äußern Säulen übereinstimmt, so daß sich außen 36 Säulen, innen 36 Pilaster befinden, über welchen letztern innen der Architrav ist, 4 Palmen und 5 Viertel hoch; der Fries 4½ Palmen, das Gesims 4⅔ Palmen hoch und 5 Palmen vorspringend mit einer Balustrade, so daß man sicher ringsum gehen kann; damit man aber von dem Absatz wo die Säulen beginnen, gemächlich emporsteigen könne, führt genau über dem untern Gang in der Dicke des 15 Palmen breiten Raumes eine Treppe, der untern an Bauart und Größe gleich, mit zwei Abteilungen oder Absätzen, hinauf bis zum Ende der Säulenhöhe, nebst Kapitäl, Architrav, Fries und Gesims, so daß diese Treppe ohne das Licht der Fenster zu behindern, oben in eine Schneckentreppe von derselben Breite übergeht, welche bis zu dem Absatze fortläuft, von wo die Tribune sich zu wölben beginnt. Diese Anordnung, Verteilung und Verzierung ist so mannigfaltig, bequem, stark, dauerhaft und reich, stützt so sicher die beiden Wölbungen der Kuppel, die sich darüber erheben, ist so sinnreich und wohl berechnet und so gut gemauert, daß die Augen eines Sachverständigen nichts Anmutigeres, Schöneres und Kunstreicheres sehen können, in Rücksicht der Verbindungen und Verkettungen der Steine, der Stärke und ewigen Dauer eines jeden Teiles, der großen Einsicht mit welcher das Regenwasser durch verborgene Abflüsse fortgeführt wird, und der Vollkommenheit, die dem Ganzen verliehen ist. Alle andern Bauten, die man bis jetzt hat aufführen sehen, verschwinden im Vergleich zu der Großartigkeit des eben geschilderten, und es ist ein sehr bedeutender Verlust, daß von denen, welchen es zukam, nicht alle Kraft aufgeboten wurde, um zu bewirken, daß wir dies herrliche, mächtige Gebäude gewölbt sehen konnten, ehe der Tod uns jenen seltenen Menschen raubte.

So weit hat Michelagnalo die Aufmauerung des Werkes gebracht, und uns bleibt nur noch die Kuppel zu wölben, deren Anordnung wir schildern wollen, da er ein Modell hinterlassen hat, nach dem sie ausgeführt werden soll. Er hat die Bogen der Wölbung aus drei Punkten gezogen, die in folgender Weise ein Dreieck bilden:

A B

C

Der Punkt C, welcher am tiefsten steht, ist der hauptsächlichste, von dem aus er den ersten Halbkreis der Kuppel geschlagen, wodurch er Form, Höhe und Weite der Wölbung bestimmt, die nach Michelagnolos Anordnung von wohlgebrannten Backsteinen fischgrätenartig gemauert werden soll. Dieser Wölbung gibt er 4 ½ Palmen Dicke, unten so viel wie oben, und läßt am Rande einen Zwischenraum frei, unten 4 ½ Palmen weit, um die Treppen darin anzubringen, die von dem Absatz des Gesimses, auf dem die Balustrade steht, nach der Laterne hinaufführen. Der Bogen aber des innern Teils der zweiten Wölbung, die unten weit ist und nach oben enger wird, ist von dem Punkte B aus geschlagen, die Stärke der Wölbung zu machen, die unten 4 ½ Palmen beträgt. Der letzte Bogen, der die Außenseite der Wölbung beschreibt, so daß sie unten weit ist und oben sich zusammenzieht, wird von dem Punkt A aus geschlagen. Dieser Bogen gibt oben den ganzen hohlen Zwischenraum, in dem die Treppen sich befinden, zur Höhe von 8 Palmen, so daß man aufrecht darin gehen kann, und die Dicke der Wölbung nimmt allmählich so ab, daß während sie, wie ich schon sagte, unten 4 ½ Palmen stark beginnt, sie oben nur 3 ½ Palmen noch beträgt, und die äußere Wölbung ist mit der innern durch Bänder und Treppen so wohl verbunden, daß eine die andere hält, so daß von acht Teilen, in die sie im Plane geteilt ist, vier über dem Bogen hohl sind, um sie weniger zu belasten, und die vier andern durch Bänder mit den Pfeilern verbunden und verkettet sind, um ihnen ewige Dauer zu geben. Die Treppen in der Mitte zwischen den beiden Wölbungen sind in folgender Weise erbaut: bei dem Absatz wo die Kuppel beginnt, erheben sie sich in je einem der vier Teile; jede hat zwei Eingänge, so daß die Treppen sich aufsteigend in Form eines X durchkreuzen, bis sie zur Mitte des Bogens C über der Wölbung gelangen. Hat man nun solchermaßen geradeauf die erste Hälfte des Bogens erstiegen, so geht man die übrige bequem auf einer im Kreis herumgeführten Treppe zum Rande der runden Öffnung, wo die Laterne beginnt. Um diese her brachte er, entsprechend der kleiner werdenden Felder-Abteilung, die, wie unten gesagt werden wird, oberhalb der Pilaster ihren Anfang nimmt, eine kleinere Ordnung doppelter Pilaster und Fenster, gleich den innern an.

Über dem ersten großen Gesimse im Innern der Tribune (Trommel) beginnt die Abteilung der Kassetten, die inwendig an der Wölbung der Kuppel angebracht und durch 16 vorspringende Rippen geschieden sind, welche unten die Breite haben von zweien der Pilaster zwischen den Fenstern in der Trommel unter der Wölbung der Kuppel, dann pyramidenartig abnehmen und bis zur Öffnung der Laterne reichen; unten aber auf einem Piedestal von gleicher Breite und zwölf Palmen Höhe ruhen. Dies Piedestal steht auf der Fläche des rings um die Kuppel fortlaufenden Gesimses, über welchem in den mittleren Kassetten, zwischen den Rippen acht große Ovale, jedes von 29 Palmen Höhe sind; über diesen folgt eine Abteilung von Vierecken, welche unten breit, nach oben schmäler werden und 24 Palmen hoch sind, wo aber die Rippen enger zusammenlaufen, kommt oberhalb jedes Vierecks ein Rund von 14 Palmen Höhe, so daß acht Ovale, acht Vierecke und acht Runde sind, deren jedes der Folge nach immer flacher vertieft ist – eine überaus reiche Verzierung, indem Michelagnolo die Rippen, Ovale, Vierecke und Runde überall mit Gesimsen von Travertin zu umgeben dachte.

Noch bleibt uns zu erwähnen, wie die Oberfläche und Verzierung der Kuppel in dem Teile beschaffen ist, wo das Dach sich befindet. Dieses erhebt sich über einem 25 1/2 Palmen hohen Sockel, der unten einen Absatz hat, welcher gleich der Leiste an der Oberschwelle um zwei Palmen vorspringt. Das Dach beabsichtigt er mit Blei zu decken, in derselben Weise wie jetzt bei der alten Kirche von St. Peter der Fall ist; es bildet von einem Absatz zum andern fortlaufend sechzehn Abteilungen, welche beginnen, wo die Doppelsäulen aufhören, welche die untern Abteilungen einschließen. In der Mitte jeder Abteilung brachte er zwei Fenster an, durch die der mittlere Raum sein Licht erhält, wo zwischen den beiden Wölbungen die Treppen hinansteigen, somit in allem 32 Fenster. Diese ließ er mit Hülfe von vorstehenden, viertelkreisrunden Tragsteinen also decken, daß die hohe und neue Aussicht vor dem Regen geschützt war. Auf der Linie der Säulen und in der Mitte dazwischen erhoben sich die Rippen von da an, wo das Gesims endet, unten weiter, nach oben sich verjüngend, in allem 16 Rippen von 5 Palmen Breite, in deren jeder sich in der Mitte ein rechteckiger, 1 1/2 Palmen breiter Kanal befand, darin eine Treppe angebracht ist, mit Stufen von ungefähr 1 Palme Höhe, auf denen man vom Boden bis dahin wo die Laterne beginnt, hinauf und wieder herab steigen kann. Diese Kanäle sollen von Travertin, kassettenartig gemauert und gegen den Regen durch die Verkittungen vor Wasser und Eis geschützt werden.

Die Zeichnung zu der Laterne zeigt dasselbe System der Verjüngung wie das ganze Werk, so daß, wenn man ringsum den Faden geschlagen hat, alles ebenmäßig abnimmt, und es erhebt sich nach gleichem Verhältnis ein kleiner Tempel mit runden Säulen, die zu zwei und zwei nebeneinander stehen wie die untern auf dem Sockel mit Pilastern sich gegenüber, so daß man ringsum gehen und vom Zwischenraum der Pilaster, wo die Fenster sich befinden, in das Innere der Kirche sehen kann. Architrav, Fries und Gesims laufen oben im Kreis, so daß sie über die Doppelsäulen vorragen, gerade über welchen einige Schnecken aufsitzen, die in Verbindung mit einer Folge von Nischen zwischen ihnen an die Haube reichen, die sich bei einem Drittel ihrer Höhe im Bogen zusammenzuziehen beginnt und als eine runde Pyramide zum Knopf aufsteigt, auf welchem als letzter Schluß ganz oben ein Kreuz gestellt werden soll.

Ich hätte viele Einzelheiten und Besonderheiten anführen können: als Luftlöcher zum Schutz gegen Erdbeben, Wasserleitungen, verschiedene Fenster und andere Bequemlichkeiten, unterlasse es jedoch, da das Werk noch nicht vollendet ist und mir genügt der Hauptsachen erwähnt zu haben, so gut ich es vermochte. Alles ist im Werden und liegt vor Augen, deshalb wird dieser unser kurzer Abriß hinreichen, denen, die gar nichts davon wissen, einige Anschauung zu geben.

Die Vollendung des Modells gereichte Michelagnolos Freunden, ja ganz Rom zu großer Befriedigung, und die Anordnung und Bestimmung über den Bau hatte auch dann noch Bestand, als Paul IV. starb und Pius IV.[134] zu seinem Nachfolger erwählt wurde, der, indem er den

134 Gianangelo Medici, Papst 1559–65, war kein Mitglied der florentinischen Medici-Familie.

kleinen Palast im Garten von Belvedere durch Pirro Ligorio, der Palastbaumeister blieb, weiterführen ließ, Michelagnolo viele Anerbietungen tat und viele Artigkeiten erwies. Das Motuproprio über den Bau von St. Peter, welches Paul III. ausgefertigt und Julius III. und Paul IV. erneut hatten, bestätigte er, gab außerdem Michelagnolo einen Teil der Einkünfte wieder, die Paul IV. ihm entzogen hatte, beschäftigte ihn bei vielen seiner Unternehmungen, und ließ am Bau der Peterskirche während seiner Regierung rüstig fortarbeiten. Vornehmlich mußte ihm Michelagnolo die Zeichnung zu dem Grabmale seines Bruders, des Marchese Marignano[135] fertigen, welches Se. Heiligkeit im Dom von Mailand aufstellen wollte, und übertrug es dem Cavaliere Lione Lioni, einem Aretiner und trefflichen Bildhauer, einem nahen Freunde Michelagnolos. Von der Form aber dieses Grabmals werden wir an seinem Orte reden. Gleichzeitig fertigte der Cavaliere Lione eine Medaille mit dem sehr ähnlichen Bildnis Michelagnolos, und stellte aus Artigkeit gegen ihn auf der Kehrseite einen Blinden dar, den ein Hund leitet, und schrieb umher folgende Worte:

DOCEBO INIQVOS VIAS
TVAS ET IMPII AD
TE CONVERTENTVR.[136]

Michelagnolo, dem diese Medaille recht wohl gefiel, gab Lione das von seiner Hand gearbeitete Modell zu einem Hercules der den Antäus erdrückt und einige seiner Zeichnungen. In Farben ausgeführte Bildnisse von

135 Michelangelo hat den Entwurf des Bildhauers Leone Leoni nur begutachtet und für gut befunden. Das Grabmal wurde 1560–64 ausgeführt und im Mailänder Dom aufgestellt.
136 Ich werde die Feinde deine Wege lehren, und die Frevler werden sich zu dir hinwenden.

Michelagnolo hat man nur zwei, eines von der Hand Bugiardinos, das andere von Jacopo del Conte; ein erhobenes Bronzebildnis von ihm arbeitete Daniello Ricciarelli und der Cavaliere Lione das eben genannte, davon so viele Kopien gemacht wurden, daß ich deren an vielen Orten Italiens und auch außerhalb eine ziemliche Zahl gesehn habe.[137]

In demselben Jahr ging der Kardinal Giovanni von Medici, der Sohn Herzog Cosimos, nach Rom, um von Pius IV. den Kardinalshut zu empfangen, und es kam dem Vasari als seinem Diener und Vertrauten zu, ihn zu begleiten; er tat es gerne und blieb etwa einen Monat in Rom, den Umgang Michelagnolos zu genießen, der ihn sehr lieb hatte und bei dem er sich stets aufhielt.

Auf Befehl Sr. Exzellenz hatte Vasari das Holzmodell des herzoglichen Palastes zu Florenz und die Zeichnungen der neuen von ihm aufgeführten und gemalten Zimmer mitgebracht, die Michelagnolo in Modellen und Zeichnungen zu sehen wünschte, da er seines hohen Alters wegen die Werke selbst nicht in Augenschein nehmen konnte;[138] sie waren reich, mannigfaltig und voll

137 Leonis Bildnismedaille ist noch erhalten (1561, Washington, National Gallery, Kress Collection). Die weiteren Porträts von Michelangelo: Daniele Ricciarelli da Volterra schuf direkt nach dem Tod Michelangelos auf Wunsch des Neffen Leonardo zwei Bronzebüsten (ein Exemplar Florenz, Casa Buonarroti), für die noch 1564 die Wachsbüste gefertigt war, der Guß erfolgte 1565. Giuliano Bugiardini, der Jugendfreund, schuf in den 1520er Jahren ein heute verlorenes Porträtgemälde, auf dem Michelangelo mit Turban (als Staubschutz bei der Bildhauerarbeit) dargestellt ist (Kopien haben sich in Florenz, Paris und Mailand erhalten). Jacopo del Conte malte Michelangelo um 1540 im Hüftausschnitt mit Hut und einer Hand. Von diesem Porträt sind viele Kopien und abgewandelte Varianten überliefert, wobei jedoch die Frage nach dem Original nicht geklärt ist. Vgl. zur Gestalt Michelangelos S. 268 f. und Condivi, S. 93.

138 Es handelt sich um die nach Leo X. benannten Räume im Palazzo Vecchio in Florenz, die 1555–62 von Vasari, Giovanni Stradano, Marco da Faenza u. a. ausgestaltet wurden.

von Erfindungen und Phantasien, und begannen mit der Entmannung des Uranus, mit Saturn, Rhea, Ceres, Jupiter, Juno, Hercules. Jedes Zimmer trug einen dieser Namen, den Bildern in den Feldern entsprechend, die Stuben und Säle darunter aber waren nach den Helden aus der Familie Medici benannt: nach dem alten Cosimo, Lorenzo, Leo X., Clemens VII., dem Signor Giovanni, Herzog Alexander und Herzog Cosimo; in jedem dieser Zimmer sah man nicht nur Darstellungen ihrer Taten, sondern auch ihre Bildnisse, die ihrer Kinder und aller vordem in der Verwaltung, in den Waffen und Wissenschaften bedeutenden Personen, sämtlich nach der Natur gezeichnet. Ein von Vasari geschriebener Aufsatz, worin alle jene Bilder, so wie der Zweck der ganzen Erfindung erklärt und gesagt war, in welchem Zusammenhang die Fabeln oben zu den Bildern unten stunden, wurde Michelagnolo von Annibale Caro vorgelesen und er freute sich sehr daran. Vasari aber denkt jenen Aufsatz herauszugeben, sobald er Zeit dazu findet.

Bei diesen Verhandlungen kam zur Sprache, daß Vasari den großen Saal, der, wie ich an einem andern Orte sagte,[139] durch die niedrige Decke zwerghaft erschien und wenig Licht hatte, neu auszubauen und zu erhöhen wünsche, während Herzog Cosimo sich nicht entschließen konnte dies zu gestatten; nicht aus Scheu vor den Kosten, wie sich nachmals zeigte, sondern nur aus Furcht vor der Gefahr, die es bringen werde, wenn man die Dachsparren um dreizehn Fuß nach oben rücke. Se. Exzellenz, als ein Mann von Einsicht, war damit einverstanden, das Gutachten Michelagnolos einzuholen und ihm das Modell

139 Vasari schildert in seiner eigenen Lebensbeschreibung die Arbeiten im Palazzo Vecchio in Florenz ausführlich; vgl. Schorn/Förster, Bd. 6, S. 284 bis 288.

des Saales in seiner frühern Gestalt vorzulegen, dann alle jene Hölzer fortzunehmen und andere dahin zu legen nach neuer Erfindung der Decke und der Wände in der Art, wie später geschehn ist; auch war darauf die Anordnung sämtlicher Bilder gezeichnet. Alles gefiel Michelagnolo und er gab nicht sowohl sein Urteil, als seine Teilnahme rasch zu erkennen, nachdem er auch gesehn, wie leicht man die Dachreiter samt dem Dach in die Höhe bringen, und in wie kurzer Zeit man das ganze Werk ausführen könne; deshalb schrieb er bei Vasaris Rückkehr an den Herzog: er möge das Unternehmen als seiner Macht vollkommen würdig doch ja ausführen.

In demselben Jahr kam Herzog Cosimo mit seiner Gemahlin Signora Leonora nach Rom, und Michelagnolo ging sogleich nach seiner Ankunft zu ihm, und der Herzog erwies ihm viele Artigkeit, ließ ihn aus Achtung vor seiner großen Kunst neben sich setzen, redete mit vieler Vertraulichkeit von allem was er an Maler- und Bildhauer-Werken in Florenz hatte ausführen lassen, wie von dem was er weiter vorhabe und ganz besonders von dem Saale. Zu diesem Unternehmen ermutigte ihn Michelagnolo aufs neue und beklagte es, daß er nicht mehr jung sei um ihm dienen zu können, da er ihn wirklich lieb hatte. – Der Herzog erzählte ihm unter andern auch, daß er die Methode gefunden Porphyr zu bearbeiten, und schickte, da Michelagnolo es nicht glauben wollte, ihm, wie im ersten Kapitel der »Theorien«[140] gesagt ist, den Christus-Kopf von dem Bildhauer Francesco del

140 Vasari meint die allgemeine Einleitung der Viten, wo er in einzelnen Kapiteln über theoretische Aspekte der Gattungen Architektur, Malerei und Skulptur schreibt sowie die jeweiligen künstlerischen Techniken abhandelt. Diese Kapitel sind bei Schorn/Förster nicht und im Nachdruck der von Kliemann herausgegebenen Ausgabe (Worms 1983, ²1988) nur teilweise übersetzt.

Tadda, worüber er sich sehr verwunderte. Während der Herzog in Rom war, wiederholte Michelagnolo öfters seinen Besuch zu seiner großen Befriedigung und tat ein gleiches, als bald nachher der durchlauchtige Don Francesco von Medici, dessen Sohn, auch nach Rom kam. Bei ihm gefiel sich Michelagnolo überaus wohl, wegen der Freundlichkeit und Artigkeit des durchlauchtigen Prinzen gegen ihn, der aus Achtung vor einem so seltnen Manne stets mit dem Barett in der Hand zu ihm redete; auch schrieb Michelagnolo an Vasari: es schmerze ihn daß er alt und krank sei, da er gern etwas für diesen Herrn gearbeitet haben würde, nun aber suche er einige schöne Altertümer zum Kauf zu erhalten, die er ihm nach Florenz schicken wolle.

Um diese Zeit wünschte der Papst eine Zeichnung zu der Porta Pia von Michelagnolo zu erhalten, und er fertigte deren drei, alle außerordentlich schön, davon der Papst diejenige zur Ausführung wählte, welche die wenigsten Kosten verursachte, wie man sie gegenwärtig sehr zum Lobe ihres Meisters erbaut sieht.[141] Und da er sah, daß der Papst Lust bezeige auch die andern Tore Roms durch ihn in Stand setzen zu lassen, so fertigte er dazu eine Menge Zeichnungen; ein gleiches tat er auf Begehren desselben Papstes, als dieser die neue Kirche von Santa Maria degl'Angeli in den Thermen Diocletians erbauen, und somit jenes Gebäude zu einer christlichen Kirche umgestalten wollte.[142] Seine Zeichnung übertraf die vieler andern trefflichen Baumeister, durch wohlüberlegte Rücksicht auf die Gemächlichkeit der Kartäu-

141 Die »Porta Pia« (1561–64) in Rom wurde zu Lebzeiten Michelangelos nicht ganz fertiggestellt.

142 Die Kirche S. Maria degli Angeli wurde 1561–64 in die zum großen Teil noch erhaltenen Thermen des Diocletian hineingebaut.

sermönche, die sie nunmehr fast beendet haben, so daß Se. Heiligkeit und alle Prälaten und Herren des Hofes erstaunten über den Verstand, mit welchem er alle Hauptteile der Thermen nutzte und daraus einen sehr schönen Tempel aufführte, mit einem Eingang über Erwarten aller Baumeister schön, so daß er Lob und hohen Ruhm dadurch erntete.

Für denselben Ort fertigte er in Auftrag Sr. Heiligkeit die Zeichnung zu einem Sakramenthaus von Bronze, das größtenteils von dem sehr geschickten Erzgießer-Meister Jacopo Siciliano gegossen worden, der diese Kunst also versteht, daß die Sachen sehr zart zum Vorschein kommen und nur wenig Nachhülfe in der Ziselierung bedürfen; ein in der Art ausgezeichneter Künstler, an dem Michelagnolo großes Gefallen fand.

Die Florentiner Gemeinde war öfter in Beratung getreten, um den Bau der Kirche von San Giovanni in Strada Giulia ernstlich zu beginnen. Sämtliche Häupter der reichsten Familien versammelten sich und versprachen durch Beiträge nach Maßgabe ihres Vermögens das Unternehmen zu fördern; eine gute Summe Geldes wurde eingetrieben und es handelte sich nur noch darum, ob es besser sei, bei der alten Anordnung zu bleiben, oder etwas anderes und Besseres zu beginnen. Zuletzt beschloß man auf den alten Fundamenten etwas Neues aufzuführen, ernannte drei Vorsteher für den Bau: Francesco Bandini, Uberto Ubaldini, und Tommaso de' Bardi, und diese wandten sich sodann an Michelagnolo mit der Bitte, ihnen eine Zeichnung zu fertigen, und legten ihm ans Herz, wie es eine Schande für die Gemeinde sei, so viel Geld fortgeworfen und nie einen Gewinn davon gehabt zu haben, und wie, wenn seine Kunst ihnen nicht beistehe das Werk zu Stande zu bringen, sie völlig ratlos sein würden. Michelagnolo gab seine Zusage mit der größtmöglichen Bereitwilligkeit, denn in diesem seinem hohen Alter beschäftigte er sich gerne mit heiligen Dingen, die zur Ehre Gottes unternommen wurden, und tat es hier überdies aus Liebe für seine Landsleute, denen er stets im Treuen anhing.

Bei der Beratschlagung hatte über diesen Gegenstand Michelagnolo den florentinischen Bildhauer Tiberio Calcagni bei sich, einen Jüngling, der sehr danach verlangte die Kunst zu lernen und sich in Rom dem Studium der Baukunst zuwendete. Michelagnolo, der ihn liebte, ließ ihn, wie ich vorher schon sagte, die von ihm zertrümmerte Pietà von Marmor vollenden und übertrug ihm außerdem die Ausführung der mehr als lebensgroßen Marmorbüste eines Brutus,[143] daran er nur den Kopf mit feinen Gradierstrichen nach einem Bildnis des Brutus ausgeführt hatte, welches in einen antiken Karneol geschnitten und sehr altes Besitztum des Herrn Giuliano Cesarini war; Michelagnolo aber fertigte jene Büste, ein seltnes Werk, auf Bitten seines nahen Freundes des Herrn Donato Gianotti, für den Kardinal Ridolfi.

Da nun Michelagnolo um seines hohen Alters willen nicht mehr zeichnen und scharfe Linien ziehen konnte, benutzte er bei Werken der Baukunst Tiberios Hülfe, den er als liebenswürdig und bescheiden kannte. Er verlangte auch bei dem genannten Werke seinen Beistand und gab ihm Auftrag einen Grundriß von dem Platze

143 Michelangelo schuf die Büste des »Brutus« (Florenz, Museo Nazionale del Bargello) um 1539/40 für den republikanischen Florentiner Donato Gianotti, der in Rom im Exil lebte.

aufzunehmen, den man für jene Kirche bestimmt hatte. Sobald dieser gezeichnet und in Michelagnolos Händen war, noch während man dachte daß nichts geschehe, ließ er den Vorstehern durch Tiberio sagen, er habe ihrem Wunsche entsprochen und legte ihnen fünf Plane zu den herrlichsten Kirchen vor, die sie in Staunen versetzten, und sagte ihnen, sie möchten sich eine davon nach Gefallen wählen; und als sie sich dessen weigerten und seinem Urteil die Auswahl anheimgaben, bestand er doch darauf, die Entscheidung müsse von ihnen kommen; und da sie nun einstimmig sich für eine der reichsten entschieden hatten, sagte ihnen Michelagnolo: wenn sie diesen Plan wirklich zur Ausführung brächten, so würden weder Griechen noch Römer in ihren besten Zeiten etwas Ähnliches aufzuweisen haben; Worte, wie sie Michelagnolo nicht vorher und nachher nie wieder gesprochen, denn er war sehr bescheiden. Man beschloß die Anordnung des Werkes solle ganz dem Michelagnolo, die Ausführung dagegen Tiberio übertragen werden – ein Vorschlag, den beide billigten. Michelagnolo versprach den Vorstehern aufs beste zu dienen, gab Tiberio die Plane um sie ins reine zu zeichnen und genau auszuführen, gab alle Profile innen und außen an und ließ ihn ein Tonmodell machen, wobei er ihn unterrichtete wie man es ausführe und feststelle. In zehn Tagen fertigte Tiberio das acht Palmen hohe Modell; es gefiel der Florentiner Gemeinde so, daß sie eines von Holz danach ausführen ließ, welches gegenwärtig in ihrem Konsulat aufbewahrt wird,[144] ein außerordentliches Werk, wie man nur einen Tempel sehen kann, schön, reich und mannigfaltig. Der Bau wurde begonnen, als aber 5000 Scudi darauf ver-

144 Das Modell ist verloren.

wendet waren, fehlte es an weitern Geldanweisungen und das Werk blieb liegen, zu Michelagnolos großem Verdruß.[145]

Er bewirkte, daß dem Tiberio die Ausführung einer Kapelle in Santa Maria maggiore nach seiner Angabe übertragen wurde; sie war für den Kardinal von Santa Fiore begonnen, blieb jedoch unvollendet, wegen des Todes vom Kardinal, Michelagnolo und von Tiberio, dessen frühes Ende sehr zu beklagen war.[146]

Siebzehn Jahre hatte Michelagnolo dem Baue von St. Peter vorgestanden, und die Mitglieder der Bauverwaltung hatten schon mehrfach versucht ihn von dem Amt zu entfernen; und da ihnen dies nicht gelungen war, so trachteten sie jetzt, bald auf diese, bald auf eine andre ganz unglaubliche Weise ihm überall Hindernisse in den Weg zu legen, in der Hoffnung, er werde sich aus Überdruß davon losmachen, da er schon alt war und nicht mehr viel ausdauern konnte. Als nun in jenen Tagen Cesare da Castel Durante, einer der Aufseher des Baues, starb, so stellte Michelagnolo, der nicht wollte, daß das Werk darunter leide, einstweilen (bis er jemand nach seinem Sinn gefunden haben würde) Luigi Gaeta an seine Stelle, einen allerdings noch sehr jungen, doch hinlänglich erfahrenen Mann. Die Bauverwalter dagegen, deren einige verschiedene Male versucht hatten Nanni di Baccio Bigio ins Amt zu bringen, der sie drängte und große Dinge versprach, schickten Luigi Gaeta weg, in

145 S. Giovanni dei Fiorentini wurde schließlich nach Plänen von Giacomo della Porta (Hauptentwurf), Carlo Maderno (Kuppel) und Alessandro Galilei (Fassade, 1734) gebaut.

146 Nach Michelangelos Tod wurde die Cappella Sforza in S. Maria Maggiore nach seinen Plänen von Giacomo della Porta bis 1573 ausgeführt.

der Absicht, die Angelegenheiten nach ihrem Sinn zu leiten. Hierüber erzürnt, erklärte Michelagnolo, nicht länger die Oberaufsicht des Baues führen zu wollen, und nun sprengten sie aus: er könne nicht mehr fort, man müsse ihm einen Stellvertreter geben, und er habe selbst den Wunsch geäußert, der Sorge für den Bau von St. Peter enthoben zu sein. – Alles kam Michelagnolo zu Ohren; er sandte Daniello Ricciarelli aus Volterra zum Bischof Ferratino, einem der Vorsteher, der dem Kardinal Carpi erzählt hatte, Michelagnolo habe gegen einen seiner Diener geäußert: er möge sich nicht länger mit dem Baue abgeben; dies, versicherte Daniello, sei keineswegs Michelagnolos Absicht; Ferratino aber beklagte sich darüber, daß Michelagnolo seine Plane nicht mitteile, und fügte hinzu, es werde gut getan sein, ihm einen Stellvertreter zu geben und er würde sehr gerne Daniello als solchen annehmen, und hiemit schien Michelagnolo sich einverstanden zu erklären; Ferratino ließ hierauf der Bauverwaltung im Namen Michelagnolos zu wissen tun, daß sie einen Stellvertreter hätten, stellte jedoch nicht Daniello, sondern an seiner Statt Nanni Bigio ihnen vor, welcher kaum eingetreten und von den Vorstehern angenommen, die neue Gewalt geltend machte und sogleich Befehl gab, ein Gerüst von Holz an der Seite der päpstlichen Ställe, wo der Berg ist, aufzuschlagen, damit man auf die große Nische an derselben Seite steigen könne; er ließ auch einige starke Balken von Tannenholz absägen, indem er sagte: es gingen beim Emporziehen der Gerätschaften zu viele Seile zu Grunde und sei besser sie auf diesem Wege hinaufzubringen.

Von dem allen unterrichtet, begab Michelagnolo sich alsbald zum Papste, der gerade auf dem Platz des Campidoglio sich befand, und da Michelagnolo etwas laut wurde, ließ Se. Heiligkeit ihn ins Zimmer treten, wo er also sprach: »Heiliger Vater, die Bauverwaltung hat mir einen Stellvertreter gegeben, von dem ich nicht weiß wer er ist; wenn aber sie und Ew. Heiligkeit der Meinung sind, ich könne jenem Amte nicht mehr genügen, so will ich weiter kein Hindernis entgegenstellen, ich werde dann nach Florenz gehn, mich zur Ruhe begeben und mich der Gunst des mächtigen Herzogs freuen, der so sehr nach mir verlangt und mein Leben in meinem Hause beschließen, und so bitte ich Euch, Ihr wollet mich in Gnaden entlassen.« Das war nicht nach des Papstes Sinn; er suchte ihn mit Worten zu begütigen und beschied ihn am folgenden Tag zu einer Unterredung nach Araceli; dorthin ließ er sämtliche Abgeordnete der Bauverwaltung berufen und verlangte Auskunft über das was vorgefallen und über die Ursachen ihres Benehmens. Sie antworteten: das Werk gehe zu Grunde und viele Fehler würden dabei begangen, von der andern Seite aber vernahm der Papst, daß diese Beschuldigung wider die Wahrheit sei, und so beauftragte er Herrn Gabrio Scierbellone nach dem Baue zu gehen und sich von Nanni, der die Beschuldigungen vorgebracht, sie durch Augenschein beweisen zu lassen. Dies geschah, und da nun Herr Gabrio fand, daß alles Bosheit sei und Lüge, wurde Nanni angesichts vieler Herren mit eben nicht sonderlich höflichen Worten vom Baue fortgejagt, wobei man ihm noch vorwarf, daß durch seine Schuld die Brücke Santa Maria zu Grunde gehe, und daß in Ancona, wo er sich breit gemacht und die Reinigung des Hafens mit wenig Kosten verheißen hatte, durch seine Schuld in einem Tage mehr verschlämmt worden, als das

Meer in zehn Jahren getan habe. Also endete Nannis Tätigkeit beim Baue von St. Peter.

Bei diesem Baue hatte Michelagnolo siebzehn Jahre lang fast ausschließlich danach getrachtet, ihn von allen Seiten her durchaus fest zu machen, aus Besorgnis, er könne durch neidische Verfolgungen nach seinem Tode eine Änderung erleiden; nunmehr aber steht er so sicher, daß man ihn ruhig wölben kann. Hieraus sieht man, daß Gott, der Schutz der Guten, ihn, so lang er lebte, behütet, und seine waltende Hand über diesem Baue und seinem Meister gehalten hat bis zu seinem Tode. Pius IV., der noch nach ihm lebte, befahl den Vorstehern: es solle nichts an dem geändert werden, was Michelagnolo bestimmt habe, und mit noch größerer Strenge hielt sein Nachfolger Pius V. daran, indem er, Unordnungen zu verhüten, befahl, daß man sich bei der Ausführung mit unverbrüchlicher Treue an die Zeichnungen Michelagnolos halten solle, obwohl die Architekten Pirro Ligorio und Jacopo Vignola den Bau zu führen hatten, und so ernst nahm es der Papst, daß Pirro, als er vermessener Weise diesen Befehl umgehen und verletzen wollte, ohne Umstände vom Bau entfernt und Vignola allein dabei gelassen wurde; ja so eifrig war dieser Papst für die Ehre des Baues von St. Peter, wie für die christliche Religion selbst, daß er mit Vasari im Jahr 1565, als dieser kam Sr. Heiligkeit den Fuß zu küssen, und im darauf folgenden 1566, wo er ihn noch einmal zu sich berief, von nichts anderem sprach, als von der Vorsorge, daß die von Michelagnolo hinterlassenen Zeichnungen genau beachtet würden, und zur Verhütung von Unordnungen dem Vasari befahl, in seinem Auftrag mit Messer Guglielmo Sangaletti, dem geheimen Schatzmeister Sr.

Heiligkeit, zu dem Bischof Ferratino, dem Haupt der Kirchenvorsteher von St. Peter, zu gehen und ihm zu sagen: er möge alle wichtigen, ihm durch Vasari mitgeteilten Angaben und Erinnerungen beachten, auf daß niemals durch Reden eines Übelwollenden oder Vermessenen etwas an der Anordnung geändert werde, die Michelagnolo in trefflichen Zeichnungen und schriftlichen Erklärungen zurückgelassen habe; bei welcher Zusammenkunft Messer Giovanbattista Altoviti, ein naher Freund Vasaris und Verehrer der Kunst, zugegen war. Ferratino aber nahm nach Anhörung von Vasaris Vortrag jede Erinnerung gern an und versprach unverbrüchlich bei dem genannten Baue jede von Michelagnolo zurückgelassene Zeichnung und Anordnung zu beachten und beachten zu lassen, und überhaupt Beschützer, Verteidiger und Erhalter der Arbeit eines so großen Geistes zu sein.

Zu Michelagnolo zurückzukehren, so hatte Vasari etwa ein Jahr vor dessen Tode heimlich dahin gewirkt, daß Herzog Cosimo von Medici durch Herrn Averardo Serristori, seinen Gesandten, den Papst veranlaßte, jetzt, wo Michelagnolo sehr hinfällig wurde, sorgsam auf diejenigen Acht zu haben die bei ihm waren, sein pflegten und in seinem Hause aus- und eingingen, dazu Vorkehrung zu treffen, daß wenn irgend ein plötzlicher Zufall über ihn komme, wie bei alten Leuten zu geschehn pflegt, ein Verzeichnis seiner Sachen, Zeichnungen, Kartons, Modelle, seines Geldes und aller seiner hinterlassenen Besitztümer aufgenommen, und alles in Sicherheit gebracht werde, was für den Bau von St. Peter, für die Sakristei, die Bibliothek und die Fassade von San Lorenzo vorrätig sei, und zu verhüten, daß nicht Sachen verschleppt würden, wie oftmals geschieht, – eine Sorgfalt, die sich vollkommen rechtfertigte und eines glücklichen Vollzugs zu erfreuen hatte.

Lionardo, der Neffe Michelagnolos, welcher den nahen Tod seines Oheims ahnte, wünschte die kommenden Fasten nach Rom zu gehn, und Michelagnolo war um so lieber damit einverstanden, als er noch vor jener Zeit an einem langsamen Fieber erkrankt war. Er ließ alsbald durch Daniello schreiben: Lionardo möge kommen; als indes ungeachtet der Pflege seines Arztes des Herrn Federigo Donati und anderer das Übel zunahm, so machte er bei klarem Bewußtsein sein Testament und zwar in drei Worten: er übergebe Gott seine Seele, der Erde den Leib, seine Besitztümer den nächsten Anverwandten und forderte die Seinen auf, ihn beim Sterben an die Leiden Christi zu erinnern, und schied vom Leben am 17. Febr. des Jahres 1563 um 23 Uhr nach florentinischer Zeitrechnung, nach römischer 1564, um zu einem bessern Dasein hinüberzugehn.[147]

Michelagnolo war der Kunst leidenschaftlich ergeben, da er sah, daß jede noch so schwierige Sache ihm leicht gelang, denn die Natur hatte ihm einen Geist verliehen, der in der herrlichen Kunst des Zeichnens überaus geschickt und ausdauernd war. Hierin ganz vollkommen zu werden, beschäftigte er sich vielfältig mit Anatomie, indem er selbst viele Leichname sezierte, um die Grundformen und Verbindungen der Knochen, Muskeln, Nerven und Adern zu sehen, die verschiedenen Bewegungen und alle Stellungen des menschlichen Körpers kennen zu

147 Michelangelo starb am 18. Februar 1564, nachmittags gegen 17 Uhr. Die Zeitdifferenz von einem Jahr ergibt sich durch den florentinischen Kalender, der damals ein Jahr weniger zählte.

lernen, und nicht nur des Menschen, sondern auch der Tiere, vornehmlich der Pferde, deren er sich zu seinem Vergnügen hielt, da er von allem Ordnung und Zusammenhang in Bezug auf die Kunst kennen lernen wollte, und zeigte dies so sehr bei dem was er zu tun hatte, daß derjenige, der sich ausschließlich damit beschäftigt, nicht mehr darin leisten kann. Seine Arbeiten mit dem Pinsel und dem Meißel wurden dadurch fast unnachahmlich; er verlieh, wie schon gerühmt wurde, seinen Werken so viel Kunst, Anmut und Lebendigkeit, daß er (wie ich ohne Kränkung von irgendwem sagen darf) die Alten übertroffen hat; auch wußte er die Schwierigkeiten bei der Arbeit so leicht zu überwinden, daß sie nicht mit Mühe ausgeführt zu sein scheint, obgleich der, welcher seine Sachen zeichnet, sie beim Kopieren wohl darin erkennt.

Die Kunst Michelagnolos fand während seines Lebens und nicht wie bei vielen zu geschehn pflegt, erst nach seinem Tode Anerkennung, denn wir haben gesehn, daß die hohen Päpste Julius II., Leo X., Clemens VII., Paul III., Julius III. und Pius V. ihn immer in ihrer Nähe haben wollten, und wissen dasselbe von Soliman dem türkischen Sultan, Franz Valois, dem König von Frankreich, Kaiser Carl V., der Signoria von Venedig und Herzog Cosimo von Medici, welche alle sich erboten ihm ehrenvollen Gehalt zu zahlen aus keiner andern Ursache, als um Anteil zu haben am Glanze seiner Kunst. Dies geschieht nur Menschen von hohem Wert gleich ihm; man hatte erkannt und gesehn, daß die drei Künste in ihm zu einer Vollkommenheit gediehen seien, wie sie weder bei alten noch bei neuern Meistern gefunden wird, und in so vielen und vielen Jahren als die Sonne kreist, keinem außer ihm von Gott verliehen war. Er besaß eine so gewaltige Einbildkraft, daß seine Hände die großen und schrecklichen Gedanken nicht darstellen konnten, die sein Geist in der Idee erfaßte, und er oft seine Arbeiten stehen ließ, oder richtiger viele verdarb; wie ich denn weiß, daß er kurz vor seinem Tode eine Menge von ihm ausgeführter Zeichnungen, Skizzen und Kartons verbrannte, damit niemand sehe, welche Mühen er aufgewandt und wie er seinen Geist geprüft hatte, um nur Vollkommnes ans Licht zu bringen. Einige in Florenz von mir aufgefundene Zeichnungen seiner Hand sind in meinem Zeichenbuche, und obwohl sie die Größe jenes Geistes kundgeben, erkennt man darin doch auch, daß er, um Minerven aus dem Haupte Jupiters zu heben, den Hammer Vulcans bedurfte. Deshalb pflegte er seine Gestalten von neun bis zehn und zwölf Kopflängen zu machen, aus keiner andern Absicht, als um bei der Zusammenstellung auf eine gewisse übereinstimmende Anmut zu kommen, die sich in der Natur nicht findet, wobei er dann sagte: man müsse den Zirkel in den Augen und nicht in den Händen haben, da die Hand arbeite und das Auge urteile; und so verfuhr er auch in der Baukunst. Niemand wird es seltsam finden, daß Michelagnolo die Einsamkeit liebte, da er sich so ganz der Kunst ergeben hatte, die den Menschen für sich und seine Gedanken allein haben will, und denen die ihr sich widmen, zur Pflicht macht, die Gesellschaft zu meiden, da, wer mit ihren Betrachtungen sich beschäftigt, nie allein ist noch ohne Gedanken, und wer dies für Grillenfängerei und Wunderlichkeit achtet, hat sehr unrecht, da man, um etwas wahrhaft Gutes zu leisten, sich von Sorgen und Widerwillen fern halten muß. Die Kunst heischt Nachdenken, Einsamkeit und Gemächlichkeit und kann Zerstreuungen nicht vertragen. Bei alledem schätzte Michelagnolo zu rechter Zeit den Umgang mit ausgezeichneten gelehrten und geistreichen Männern sehr hoch und wußte ihre Freundschaft sich zu erhalten, wie die des erhabenen Kardinals Hippolyt von Medici, der ihn so zärtlich liebte, daß er, als er eines Tages hörte, sein türkisches Pferd gefalle Michelagnolo um seiner Schönheit willen wohl, dasselbe ihm sogleich schenkte und ihm zugleich zehn mit Futter beladene Maulesel nebst einem Pferdeknecht sandte; was alles Michelagnolo gern annahm. Sehr befreundet war ihm der erlauchte Kardinal Polo, dessen Tugend und Güte Michelagnolo hoch verehrte; der Kardinal Farnese und Santa Croce, nachmaliger Papst Marcellus, der Kardinal Ridolfi, der Kardinal Maffeo, Monsignore Bembo, Carpi und viele Kardinäle, Bischöfe und Prälaten, die zu nennen nicht nottut; Monsignore Claudio Tolomei, der prachtliebende Ottavian von Medici, sein Gevatter dem er ein Söhnchen über die Taufe gehalten; Messer Bindo Altoviti (dem er den Karton von dem Bilde in der Kapelle gab, worin Noah berauscht von einem seiner Söhne verspottet, von den beiden andern verhüllt wird), M. Lorenzo Ridolfi, Messer Annibale Caro und Messer Giovan Francesco Lottini aus Volterra; weit mehr als diese alle liebte er jedoch Herrn Tommaso de' Cavalieri, einen römischen Edelmann, der noch jung und der Kunst sehr ergeben war, dem Michelagnolo, damit er zeichnen lerne, eine Menge wundervoller Blätter geschenkt, darauf mit schwarzem und rotem Stift göttliche Köpfe ausgeführt waren; er hatte ihm einen Ganymed, den der Vogel Jupiters emporträgt, gezeichnet, einen Tityos, dem der Geier das Herz frißt, Phaëton, der mit dem Sonnenwagen in den Po stürzt, und ein Bacchanal von Kindern;[148] alles ganz überaus herrliche Blätter, wie man sie sonst nirgend sieht. Michelagnolo stellte Herrn Tommaso in einem großen Karton nach der Natur dar, er, der weder vorher noch nachher jemals ein Bildnis fertigte, da es ihm ein Greuel war, etwas nach dem Leben zu machen, wenn es nicht von höchster Schönheit war.[149] Diese Blätter gaben die Veranlassung, daß Herr Tommaso, ein Verehrer solcher Dinge, noch eine ziemliche Zahl dazu erhielt, welche Michelagnolo früher für Bastiano Veneziano gearbeitet hatte, damit er sie in Farben ausführe. Sie sind bewundrungswürdig und Herr Tommaso betrachtet sie mit Recht als Reliquien, erlaubt jedoch Künstlern mit großer Gefälligkeit sie zu benutzen. In Wahrheit Michelagnolo wandte seine Liebe stets edeln, verdienstvollen Personen zu, so daß er Urteil und Geschmack in allen Dingen zeigte. Herr Tommaso ließ ihn viele Zeichnungen für seine Freunde fertigen; unter andern für den Kardinal von Cesis die Tafel mit der Verkündigung Mariä; eine neue Komposition, die nachmals von Marcello aus Mantua[150] gemalt und in der Marmorkapelle aufgestellt wurde, die jener Kardinal in der Kirche della Pace zu Rom erbaut hat; desgleichen eine andere Verkündigung, die gleichfalls Marcello in Farben ausgeführt auf einer Tafel für die Kirche von S. Giovanni in Laterano und zu welcher die Zeichnung Herzog Cosimo von Medici besitzt, der sie nach Michelagnolos

148 Diese vier Zeichnungen sind um 1533 entstanden: »Raub des Ganymed« (Cambridge, Mass., Fogg Art Museum), »Tityos«, »Sturz des Phaëton« und »Kinderbacchanal« (alle Windsor, Royal Library).

149 Dieses Porträt des Tommaso de' Cavalieri ist verschollen.

150 Marcello aus Mantua (Irrtum Vasaris) ist Marcello Venusti aus Como, Schüler Michelangelos.

Tode von seinem Neffen Lionardo Buonarroti zum Geschenk erhalten und als ein Juwel achtet, mit einem Christus am Ölberg und vielen andern Zeichnungen, Skizzen und Kartons von der Hand Michelagnolos, samt der fünf Ellen hohen Statue der Siegesgöttin, die einen Gefangenen unter sich liegen hat,[151] und vier aus dem Gröbsten gearbeitete Gefangene,[152] daraus man lernen kann, wie Figuren sicher aus dem Stein herauszuarbeiten sind, ohne ihn zu verstümmeln. Das Verfahren aber ist folgendes: Nimmt man eine Figur von Wachs, oder von einem andern harten Stoff und legt sie in ein Becken mit Wasser, so werden, da das Wasser oben von Natur eine ebne Fläche bildet, bei der Figur, wenn man sie gleichmäßig allmählich emporhebt, zuerst die höchsten Teile sichtbar werden und die tiefer liegenden verborgen bleiben, bis endlich die ganze Gestalt heraufkommt. In derselben Weise muß man mit dem Meißel die Figuren aus dem Marmor herausarbeiten; erst die höchsten Teile, dann allmählich die tiefer liegenden – ein Verfahren, welches Michelagnolo, wie man sieht, bei der Gruppe der Gefangenen beobachtete, von denen Se. Exzellenz wünscht, sie möchten seinen Akademikern zum Vorbild dienen.

Michelagnolo liebte die Meister seines Berufes und hatte Umgang mit ihnen: so mit Jacopo Sansovini, Rosso,[153] Puntormo, Daniello da Volterra und Giorgio Va-

151 Es handelt sich um die Statue des Siegers (»La vittoria«) im Palazzo Vecchio, Florenz.

152 Gemeint sind die vier Sklaven (»Jugendlicher«, »Bärtiger«, »Atlas«, »Erwachender«, entstanden 1520–30, Florenz, Galleria dell'Accademia), die nach dem Tod Michelangelos in dessen Florentiner Werkstatt in der Via Mozza gefunden wurden.

153 Rosso Fiorentino.

sari aus Arezzo, dem er unendlich viele Freundlichkeiten erwies. Er veranlaßte ihn sich mit der Baukunst in einer Weise zu beschäftigen, daß er sie einst ausüben könne, unterredete sich gerne mit ihm und sprach zu ihm über Gegenstände der Kunst. Wer Michelagnolo nachsagt, er habe nicht unterrichten mögen, der trägt die Schuld davon in sich; er tat es bei jedem mit dem er vertraut war und der seinen Rat begehrte; auch war ich oftmals gegenwärtig wo dies geschah, schweige aber aus Rücksicht, um nicht die Fehler anderer aufzudecken. Richtig ist nur, daß er mit denen Mißgeschick hatte, die im Hause bei ihm lernten, da sie sich wenig eigneten ihn nachzuahmen. Der Pistojese Pietro Urbano, sein Schüler, hatte Talent, wollte sich aber niemals anstrengen. Antonio Mini hätte dies wohl tun mögen, allein es fehlte ihm am Besten und wo das Wachs hart ist, prägt sich's nicht gut. Ascanio dalla Ripa Transone wandte große Mühe auf, ohne daß man einen Erfolg davon sah, sei es in Werken oder nur in Zeichnungen; er pinselte mehrere Jahre an einer Tafel herum, wozu Michelagnolo ihm den Karton gegeben hatte, und die guten Erwartungen, die man von ihm hegte, lösten sich endlich in Rauch auf. Ich entsinne mich, daß Michelagnolo, seine Not bemitleidend, ihm mit eigener Hand half, es frommte aber wenig. Hätte er (wie er mir mehrmals sagte) jemand gehabt, der dafür geeignet gewesen wäre, so würde er, unbekümmert um sein hohes Alter, oft Leichname anatomiert und zum Nutzen der Künstler über diesen Gegenstand geschrieben haben; von mehreren war er hintergangen worden und mißtraute sich selbst, da er schriftlich nicht wohl zu sagen wußte, was er im Sinn hatte, und im Reden keine Übung besaß, obwohl er in Briefen mit wenig

Worten seine Meinung wohl ausdrückte und großes Vergnügen an den Dichtern der Volkssprache fand, vornehmlich an Dante, den er hoch verehrte und in Gedanken wie in Erfindungen nachahmte; ebenso Petrarca, wie er sich selbst damit abgab, Madrigale und sehr ernste Sonette zu dichten, über welche nachgehends Kommentare verfaßt worden sind, und Herr Benedetto Varchi hat in der Florentiner Akademie eine berühmte Vorlesung über das Sonett gehalten, welches beginnt:

Non ha l'ottimo artista alcun concetto
Ch'un marmo solo in se non circonscriva etc.

Ein guter Meister fasset nie Gedanken
Dafür nicht eines Marmors Maß genüget.

Unzählige Sonette sandte er an die Marquisin von Pescara[154] und erhielt Antwort von ihr in Versen und in Prosa, in deren Vorzüge er so verliebt war, wie sie in die seinigen, und häufig kam sie von Viterbo nach Rom, ihn zu besuchen, und Michelagnolo fertigte ihr mehrere Zeichnungen: den Leichnam Christi im Schoß der Madonna, dabei zwei kleine bewundrungswürdig schöne Engel, einen Christus am Kreuz, der das Haupt nach oben wendet und seinen Geist Gott befiehlt – ein unvergleichliches Werk; auch einen Christus, der mit der Samariterin am Brunnen redet.

Als ein guter Christ fand Michelagnolo großes Gefallen an der Heiligen Schrift und war ein Verehrer der Werke von Fra Girolamo Savonarola, dessen Stimme er von der Kanzel herab vernommen hatte. Menschliche Schönheit liebte er überaus, um sie in der Kunst nachzu-

154 Vittoria Colonna, Marchesa (Markgräfin) von Pescara.

ahmen, das Schöne vom Schönen auszuwählen, weil nur hiedurch Vollkommnes geleistet werden kann, doch nicht wegen üppiger unehrbarer Gedanken, das hat er durch sein Leben gezeigt. Er war sehr mäßig und genügte sich, um anhaltend bei der Arbeit zu bleiben, in der Jugend mit ein wenig Brot und Wein, und pflegte in spätern Jahren, bis zu der Zeit, wo er das Weltgericht in der Kapelle malte, abends nach vollbrachtem Tagewerk ein sparsames Mahl einzunehmen. Obwohl reich, lebte er gleich einem Armen, nie oder doch selten aß ein Freund mit ihm, auch wollte er von niemand Geschenke annehmen, da er sich demjenigen, der ihm etwas gab, für verpflichtet hielt. Seine Mäßigkeit war Ursache, daß er äußerst wachsam war und nur wenig Schlaf bedurfte; oft stand er nachts auf, wenn er nicht ruhen konnte, um mit dem Meißel zu arbeiten, für welchen Zweck er sich eine Kappe von starkem Papier gemacht hatte in deren Mitte oben er ein brennendes Licht befestigt, welches überall wo er arbeitete einen hellen Schein verbreitete, ohne die Hände zu behindern. Vasari hatte diese Kappe oft gesehn und bemerkt, daß Michelagnolo nicht Wachs- sondern Talglichte von reinem Ziegenfett dazu verwendete, die vortrefflich sind, weshalb er ihm einstmals deren vier Pakete vierzig Pfund an Gewicht zuschickte; sein Diener brachte sie ihm um zwei Uhr des Abends und wollte sie ihm höflich übergeben, aber Michelagnolo weigerte sich sie anzunehmen. Da nun hierauf der Diener sprach: »Monsignore, die Pakete haben mir auf dem Wege von der Brücke bis hierher die Arme lahm gemacht, und ich habe nicht Lust sie zurückzutragen, sondern vor Eurer Türe ist dicker Schlamm, worin sie bequem aufrecht stehen werden, dort werde ich sie anzünden«; – so sagte

Michelagnolo: »Lege sie hierher, ich will nicht, daß du vor meiner Türe Possen treibest.«

In seiner Jugend hat Michelagnolo, wie er mir selbst erzählt, oft in Kleidern geschlafen, wenn er ermüdet von der Arbeit sich nicht ausziehen mochte, um sich dann wieder anziehen zu müssen. Einige haben ihn für geizig gehalten, aber mit Unrecht, da er bei Werken der Kunst und andern Besitztümern das Gegenteil bewiesen hat. Kunstsachen schenkte er wie wir wissen Herrn Tommaso de' Cavalieri, gab Messer Bindo und Fra Bastiano Zeichnungen von vielem Wert, Antonio Mini, seinem Schüler, aber seine sämtlichen Zeichnungen und Kartons, das Bild der Leda und alle Wachs- und Erdmodelle, die er je arbeitete. Sie blieben, wie ich schon sagte, in Frankreich bei dem nahen Freunde desselben, Hrn. Gherardo Perini, einem florentinischen Edelmanne. Drei Blätter, auf denen einige Köpfe mit schwarzer Kreide göttlich schön von ihm gezeichnet sind, kamen nach seinem Tode in die Hände des durchlauchtigen Don Francesco Prinzen von Florenz und werden von ihm gleich ein Juwel geachtet, wie sie es wirklich sind. Bartolommeo Bettini schenkte er einen Karton: Venus mit Cupido der sie küßt, ein herrliches Werk, heutigen Tages Besitztum von Bettinos Erben in Florenz, und fertigte für den Marchese del Vasto den Karton zu einem Noli me tangere in seltner Schönheit, welche beide von Puntormo trefflich in Farben ausgeführt wurden, wie ich oben schon sagte.[155] Die zwei Gefangenen gab er dem Sig. Ruberto Strozzi; Antonio seinem Diener und Francesco Bandini aber die Pietà von Marmor, die er zerschlagen hatte. Worin mag man nun diesen Mann des

155 Das Gemälde Pontormos befindet sich in der Casa Buonarroti in Florenz.

Geizes anklagen, nachdem er so viele Dinge weggegeben hat, aus denen Tausende von Scudi hätten gewonnen werden können? Was läßt sich da sagen? nicht zu gedenken, daß ich weiß und sah wie er eine Menge Zeichnungen fertigte und Bilder und Gebäude prüfte, ohne je etwas dafür anzunehmen. Kommen wir nun auf die Gelder, die er mit Anstrengung gewonnen hat, nicht durch Einkünfte, nicht durch Handel, sondern durch Fleiß und Arbeit, so frage ich, kann man geizig nennen, wer gleich ihm vielen Armen Hülfe leistete? viele Mädchen in der Stille verheiratete, und diejenigen bereicherte, welche ihm bei seinen Arbeiten nützlich waren oder ihm sonst beistanden, wie Urbino seinen Diener, der durch ihn sehr vermögend wurde, nachdem er ihm lange Zeit als sein Schüler hülfreich gewesen war. »Wenn ich sterbe«, fragte er Urbino, »was fängst du an?« »Ich werde einem andern dienen«, entgegnete er. »O du Armer!« sprach Michelagnolo, »ich will deiner Not abhelfen« und schenkte ihm auf einmal 2000 Scudi, eine Weise wie Kaiser und hohe Personen zu verfahren pflegen. Überdies gab er seinem Neffen zu drei oder vier Malen tausend Scudi und hinterließ ihm, als er starb, außer den Besitztümern in Rom ein Vermögen von 10 000 Scudi.

Michelagnolo hatte ein sehr gutes, viel umfassendes Gedächtnis. Er brauchte die Arbeiten anderer nur einmal zu sehen um sie ganz zu behalten und sich ihrer in einer Weise zu bedienen, daß niemand es je gewahr wurde; auch hat er nie etwas ausgeführt, das einem seiner früheren Werke ähnelt, weil er sich alles dessen erinnerte, was er gearbeitet hatte. In seiner Jugend da er einmal mit befreundeten Malern zusammen war, scherzten sie beim Abendessen, wer eine Figur darstellen könne, die gar keine Zeichnung habe, die häßlich sei, gleich den Fratzen derjenigen, die gar nichts verstehen und die die Mauern besudeln. Hier half ihm sein Gedächtnis, denn er erinnerte sich auf einer Mauer eine derartige tölpische Figur gesehn zu haben, er stellte sie dar, gleich als ob sie ihm eben erst vor Augen gewesen sei und übertraf damit alle jene Maler; eine schwierige, nicht leicht mit Geschick zu lösende Sache für einen in der Zeichnung so herrlichen und an ausgesuchte Dinge gewöhnten Meister.

Er war zornmütig und dies gerechter Weise gegen diejenigen, welche ihn beleidigten, niemals aber strebte er nach Rache, war viel eher geduldig, bescheiden in seinen Sitten, im Sprechen sehr verständig, gab Antworten voll Weisheit und Ernst und führte bisweilen auch sinnreiche, lustige und scharfe Reden. Wir haben eine Menge seiner Äußerungen aufgezeichnet und wollen einige davon hier anführen, weil es zu lange dauern würde, alle wiederzugeben.

Einst da ein Freund vom Tode mit ihm redete und sagte, er müsse wohl mit Schmerz an ihn denken, da er in beständigen Mühen für die Kunst lebe und nie Ruhe habe, antwortete er: »Durchaus nicht! denn wenn das Leben uns gefällt, muß auch der Tod, der von der Hand desselben Meisters kommt, uns nicht mißfällig sein.« Ein Bürger, der ihn vor Or San Michele in Florenz stehen und den St. Marcus von Donato betrachten sah, fragte: was er von dieser Figur halte? Nie, antwortete Michelagnolo, habe er eine Figur gesehn, welche mehr das Gepräge eines rechtlichen Mannes an sich trage, und wenn St. Marcus so ausgesehn habe, könne man ihm wohl glauben, was von ihm geschrieben sei. Einstmals wies man ihm eine Zeichnung, die Arbeit eines Kindes, welches eben zu lernen angefangen hatte, und empfahl ihm dies, indem einige entschuldigend hinzufügten: es treibe die Kunst erst seit kurzem. »Das merkt man«; antwortete Michelagnolo. In ähnlicher Weise sprach er zu einem Maler, der eine Pietà dargestellt und sich nicht gut dabei gehalten hatte: es sei wirklich eine Pietà, sie anzusehen. Als er hörte daß Sebastiano Veneziano in der Kapelle von San Pietro a Montorio einen Mönch malen solle, bemerkte er: er würde damit dies Werk verderben; und befragt »Warum?« antwortete er: »Haben sie die Welt verdorben die so groß ist, so wird es niemand wundern wenn sie eine Kapelle verderben, die so klein ist.« Ein Maler hatte mit großer Mühe und vielem Zeitaufwand ein Bild zu Stande gebracht, und als er es aufdeckte, reichlichen Gewinn davon. Als man Michelagnolo frug, was er von dem Urheber des Werkes halte? erwiderte er: »Der wird, wie viel Mühe er sich geben mag reich zu werden, ewig arm bleiben.« Einer seiner Freunde, der sonst Messe las und Mönch war, kam nach Rom im Büßergewand mit dem Stachelgürtel; er grüßte Michelagnolo, dieser stellte sich aber, als sehe er ihn nicht, und der Freund war gezwungen ihm seinen Namen zu nennen. Da zeigte sich Michelagnolo verwundert ihn in solchem Kleid zu sehen und fügte fast freudig hinzu: »Ihr seid schön; wenn Ihr innerlich ausseht wie äußerlich, so wird es Eurer Seele zum Gewinn gereichen.« Derselbe Mönch empfahl ihm einen seiner Freunde, welchen Michelagnolo eine Statue hatte arbeiten lassen, und bat ihn zu bewirken, daß jener etwas mehr bezahlt erhalte. Dies tat Michelagnolo höchst liebevoll, der neidische Freund aber, der sich an ihn gewendet hatte, in der Meinung, er werde nicht tun was er verlangte und nun sah, daß es doch der Fall gewesen war, beschwerte sich über ihn. Michelagnolo, dem dies erzählt wurde, entgegnete: solche Kloakenmenschen mißfielen ihm gründlich, mit denen, um im Gleichnis der Baukunst zu bleiben, wegen doppelter Mündung schlecht zu verkehren sei. Ein Freund fragte ihn um sein Urteil über einen Künstler, der einige der gefeiertsten antiken Statuen in Marmor nachgebildet hatte und sich rühmte, er habe hiebei die Alten weit übertroffen. »Wer andern nachgeht«, sprach Michelagnolo, »kommt ihnen nie voraus, und wer für sich nicht etwas Gutes zu leisten vermag, weiß die Werke anderer nicht wohl zu benutzen.«[156] Ein Maler, ich weiß nicht welcher, hatte ein Bild ausgeführt, worin ein Ochse um vieles besser gemalt war als alles übrige; man fragte Michelagnolo, weshalb dieser mehr Leben habe als die andern Gegenstände: »Weil«, antwortete er, »jeder Maler sich selbst gut darstellt.« Als er einstmals an San Giovanni[157] in Florenz vorüberging, fragte man ihn, was er von diesen Türen meine: »Sie sind so schön«, antwortete er, »daß sie die Pforten des Paradieses sein könnten.« Er diente einem Fürsten, der jeden Tag seine Plane änderte und bei keinem Ding beharrte: »Der Sinn dieses Gebieters«, sagte Michelagnolo zu einem Freunde, »gleicht einer Wetterfahne; bei jedem Winde, der dagegen bläst, dreht sie sich.« Einst da er ein Bildwerk betrachtete, das vollendet war und an seinen

156 Diese Anekdote bezieht sich auf Baccio Bandinellis Kopie nach dem »Laokoon«, die nach Bandinellis Ansicht besser als das Original gearbeitet ist.

157 Das Baptisterium; Michelangelos berühmte Sentenz bezieht sich auf die von Ghiberti geschaffenen Reliefs am Ost- und Nordportal.

Ort gestellt werden sollte, gab sich der Bildhauer sehr viel Mühe das Licht durch die Fenster so hereinfallen zu machen, daß seine Arbeit ein gutes Ansehen gewinne. Da sagte Michelagnolo: »Bemühe dich nicht, nur das Licht auf dem Platze wird von Bedeutung sein«, und wollte damit andeuten, daß wenn die Sachen öffentlich aufgestellt werden, das Volk urteilt ob sie gut oder schlecht sind. In Rom war ein angesehner Fürst, der für einen Baumeister gelten wollte und einige Nischen hatte mauern lassen, in der Absicht Figuren darin aufzustellen. Eine jede war drei ihrer Bodenflächen hoch und hatte ganz oben einen Ring; er versuchte verschiedene Statuen hineinzubringen, da sie sich jedoch nicht gut darin ausnahmen, fragte er Michelagnolo, was wohl hinein passe? »Hängt Bündel Aale in dem Ringe oben auf«, erwiderte er. Den Aufsehern über den Bau von St. Peter wurde ein Herr beigesellt, welcher sich einen Beruf daraus machte, sich auf den Vitruvius zu verstehen und den Zensor dessen abzugeben was ausgeführt war: »Ihr habt einen Mann beim Baue«, sagte man zu Michelagnolo, »der einen großen Geist besitzt.« »Das ist wahr«, antwortete er, »aber er hat einen schlechten Verstand.« Ein Maler hatte ein Bild ausgeführt, dessen Gegenstände verschiedenen Blättern und Gemälden entnommen waren, so daß in dem Werke nichts ihm eigen gehörte. Man zeigte es Michelagnolo, und ein naher Freund fragte ihn, was ihm davon dünke: »Es ist gut gemacht«, antwortete er, »aber ich weiß nicht, was am Jüngsten Tage, wenn jeder Körper seine Glieder sammelt, aus diesem Bilde werden soll, es wird ihm nichts bleiben«; eine Warnung für diejenigen, welche die Kunst üben, daß sie sich gewöhnen selbst zu schaffen. Einstmals als er durch Modena kam, sah er viele schöne, von dem modenesischen Bildhauer Antonio Bigarino geformte Figuren von gebrannter Erde, denen dieser Künstler Marmorfarbe gegeben hatte; sie schienen ihm herrlich, und da jener Bildhauer nicht in Marmor arbeiten konnte, sprach er: »Wenn diese Erde Marmor würde, dann wehe den antiken Statuen!« Man sagte Michelagnolo, er solle sich doch gegen Nanni di Baccio Bigio rühren, der jeden Tag mit ihm zu wetteifern trachte; er aber entgegnete: »Wer mit solchen streitet, die nicht viel haben, gewinnt gar nichts.« Ein Priester, der sein Freund war, sagte ihm: »Es ist schade, daß Ihr nicht eine Frau genommen habt, Ihr würdet viele Kinder bekommen und ihnen den ehrenvollen Lohn so langer Mühen als Erbe hinterlassen haben.« »Nur zu viel«, antwortete er, »habe ich mit einer Frau zu schaffen gehabt, das ist die Kunst, die mich stets gequält hat, und meine Kinder sind die Werke, die von mir zurückbleiben, die wenn sie auch nichts taugen, doch eine Zeitlang leben. Wehe dem guten Lorenzio di Bartoluccio Ghiberti, wenn er die Türen von San Giovanni nicht gearbeitet hätte, denn seine Kinder und Neffen haben verkauft und zu Grunde gehen lassen was er hinterließ; die Türen aber sind noch da.«

Vasari wurde einstmals in später Nachtstunde von Papst Julius III. zu Michelagnolo geschickt, um eine Zeichnung von ihm zu fordern. Dieser war gerade beschäftigt an der Pietà von Marmor zu meißeln, welche er nachmals zerschlug, erkannte jedoch an der Weise des Pochens wer vor der Türe sei, stand von der Arbeit auf, indem er eine Lampe beim Henkel in die Hand nahm, sandte von Vasaris Begehren unterrichtet, Urbino nach oben, um die Zeichnung zu holen und kam sodann auf andere Gegenstände des Gespräches. Da wandte Vasari die Blicke nach dem Beine des Christus, an dem Michelagnolo meißelte, um es zu verändern; er wollte nicht, daß Vasari dies gewahr werde, ließ die Lampe auf die Erde fallen, so daß sie im Dunkeln standen, rief dann nach Urbino, daß er Licht bringen solle und sprach aus dem Verschlag getreten, wo die Arbeit stand: »Ich bin so alt, daß der Tod mich oft am Käppchen zupft, und mich mahnt mit ihm zu kommen; nächstens werde ich niederfallen wie diese Lampe und das Licht meines Lebens wird erlöschen.« Bei alledem hatte er Freude an gewissen Leuten nach seinem Geschmack, als z. B. dem Dutzendmaler Menighella aus Valdarno, einem dummen aber sehr drolligen Menschen, der bisweilen zu Michelagnolo kam, damit er ihm die Zeichnung zu einem St. Rochus oder St. Antonius fertige, die er für Landleute zu malen hatte. Michelagnolo, der schwer daran ging für einen König etwas zu arbeiten, ließ alles liegen und machte ihm eine Zeichnung wie sie für seine Manier und seinen Geschmack paßte, wie Menighella sich ausdrückte. Unter andern erhielt dieser von ihm das sehr schöne Modell zu einem Kruzifix, machte eine Form darüber, preßte Kruzifixe darin von Pappe und andern Substanzen, und ging auf dem Lande umher sie zu verkaufen, was Michelagnolo lachen machte, daß er bersten wollte, vornehmlich wenn jenem lustige Dinge begegneten, wie mit einem Landmann, der einen St. Franciscus bei ihm bestellt hatte und sich dann unzufrieden zeigte ihn in ein graues Gewand gekleidet zu sehn, da er es von schönerer Farbe gewünscht habe; worauf ihm Menighella einen Regenmantel von Brokat darüber malte und den Landmann vollkommen zufrieden stellte.

Michelagnolo liebte auch den Steinmetz Topolino, der sich einbildete ein trefflicher Bildhauer zu sein, doch an Geist sehr schwach war. Er hielt sich viele Jahre in den Steinbrüchen von Carrara auf, um Michelagnolo Marmore zuzusenden, und würde nie ein beladenes Boot haben fortgehen lassen, ohne drei bis vier von ihm entworfene Figuren beizugeben, über die Michelagnolo vor Lachen fast starb. Endlich nach Rom zurückgekehrt und beschäftigt mit der Skizze eines Mercurius in Marmor, gab er sich daran, sie zu vollenden; und eines Tages, als nur noch wenig daran fehlte, bat er Michelagnolo, zu ihm zu kommen das Werk zu sehen, und drängte ihn sehr, ihm seine Meinung darüber zu sagen. »Du bist nicht gescheit, Topolino (sagte Michelagnolo), daß du Figuren machen willst! Siehst du denn nicht, daß bei deinem Mercur von den Knieen bis zu den Füßen mehr als eine Drittelelle fehlt? daß er ein Zwerg ist und du ihn zum Krüppel gemacht hast?« »O«, entgegnete er, »das heißt nichts, wenn sonst nichts fehlt, dem werde ich abhelfen, laßt mich nur machen.« Michelagnolo lachte noch einmal über die Einfalt dieses Menschen; als er aber fort war, nahm Topolino ein Stück Marmor, schnitt seinem Mercur eine Viertelelle unterhalb der Knie die Beine ab, fugte sie in das Marmorstück ein, verband es zierlich damit, indem er dem Mercur ein paar Stiefel machte, deren Rand über die Stelle fortging, wo der Marmor anstieß, und gab auf diese Weise der Gestalt die gehörige Länge. Hierauf ließ er Michelagnolo noch einmal sein Werk sehen, und dieser mußte freilich lachen und wunderte sich, wie solche ungeschickte Leute von Not getrieben auf Einfälle kommen welche die vorzüglichsten Meister nicht haben würden.

Während der Vollendung des Grabmals von Papst Julius II. ließ er einen Steinmetzen eine Herme ausführen, die er bei dem Grabmale in San Pietro in Vincula aufstellen wollte in der Weise, daß er ihm sagte: »Heute nimmst du dies hier weg; das mach eben, das poliere!« so, daß der Steinmetz ohne es geahnt zu haben eine Figur zu Stande brachte. Als sie vollendet war, betrachtete er sie mit Verwundern: »Wie scheint dir das?« fragte ihn Michelagnolo; »gut scheint es mir«, antwortete er, »und ich bin Euch großen Dank schuldig.« »Weshalb?« sprach Michelagnolo. »Weil ich«, erwiderte jener, »durch Euch eine Geschicklichkeit in mir gefunden habe, von der ich nicht wußte, daß ich sie hätte.«

Doch um es kurz zu machen, füge ich nur noch hinzu: Michelagnolo hatte einen sehr gesunden Körper, mager, mit guten Nerven ausgestattet. Als Kind war er schwächlich und mußte als Mann zwei bedeutende Krankheiten durchmachen, ertrug indes jede Beschwerde leicht und hatte kein Übel, als daß er im Alter an Nierenschmerzen litt, weshalb Herr Realdo Colombo, sein naher Freund, ihn jahrelang ärztlich behandelte und sorgfältig kurierte. Er war von mittlerer Größe, hatte breite Schultern, die jedoch in richtigem Verhältnis zu seinem übrigen Körperbau standen. Als er alt wurde, trug er Stiefel von Hundefellen monatelang fortgesetzt über den bloßen Füßen, so daß oft, wenn er sie endlich ausziehen wollte, die Haut mit herunterging. Über den Strümpfen pflegte er zum Schutze gegen Feuchtigkeit innen zugeschnallte Stiefel von Corduan zu tragen. Sein Gesicht war rund, die Stirne eckig und frei, mit sieben Furchen quer überhin. Die Schläfen ragten weiter vor als die Ohren; die Ohren waren eh ein wenig groß und von den Wangen abstehend. Der Körper hatte richtiges Verhältnis zum Gesicht und war ziemlich groß; die Nase ein wenig gequetscht,wie ich im Leben Torrigianos sagte, der sie ihm mit der Faust einschlug. Die Augen waren mehr klein als groß, rabenschwarz, mit gelblichen und hellblauen Punkten untermischt. Die Augenbrauen hatten wenig Haare, die Lippen waren fein, die untere dicker und ein wenig vorstehend; das Kinn stimmte gut zu dem übrigen Gesicht, Haupt und Barthaare waren schwarz mit vielen grauen untermischt, der Bart nicht sehr lang, gabelartig geteilt und nicht sehr dick.

Sicherlich war er, wie ich zu Anfang schon sagte, zur Welt gesandt als ein Vorbild für die Meister unseres Berufes, damit sie durch sein Leben Sitte lernen und durch seine Werke Einsicht gewinnen möchten, was ein wahrer und trefflicher Künstler sei. Ich, der Gott für unendlich viele Wohltaten zu danken habe, wie sie Künstlern nur selten widerfahren, erkenne als eine der größesten, daß ich zur Zeit Michelagnolos lebte und würdig geachtet wurde ihn zum Beschützer zu haben, daß er mir vertraute und so sehr mein Freund war, als ein jeder weiß und die Briefe bezeugen, die er mir geschrieben hat. Seiner Aufrichtigkeit und seiner mir bewiesenen Liebe danke ich's, daß ich eine Menge Dinge von ihm der Wahrheit gemäß erzählen konnte, die viele andere nicht zu berichten vermochten. Das zweite mir widerfahrene Glück ist jenes, welches Michelagnolo oft hervorhob, indem er sprach: »Giorgio, danke Gott, daß er dich in die Dienste des Herzogs Cosimo gebracht hat, der keine Kosten gespart, um die Freude zu haben, daß du mauern, malen und seine Gedanken und Zeichnungen zur

Ausführung bringen konntest, während, wie du wohl siehst, andere, deren Leben du aufzeichnest, nicht gleiches erfahren haben.«

Michelagnolo wurde mit ehrenvollen Exequien, unter Zuströmen der ganzen Kunstgenossenschaft, aller seiner Freunde und der Florentiner Gemeinde, im Angesicht von ganz Rom in einer Gruft in St. Apostolo beigesetzt, da Se. Heiligkeit die Absicht hatte, ihm in St. Peter in Rom ein besonderes Denkmal und Grabmal zu errichten.

Sein Neffe Lionardo kam an, nachdem alles vorüber war, obwohl er mit Post reiste; und als Herzog Cosimo die Nachricht von dem was sich begeben erhielt, beschloß er, da er Michelagnolo lebend nicht hatte haben und ehren können, die Leiche nach Florenz bringen zu lassen, um ihm im Tode mit aller Pracht die höchsten Ehren zu erweisen. Wie ein Kaufmannsgut in einem Ballen verpackt, schaffte man ihn heimlich fort, damit in Rom nicht Lärm gemacht und man vielleicht verhindert werde ihn von dort weg nach Florenz zu bringen.

Schon ehe der Körper Michelagnolos dahin kam, versammelten sich bei der Nachricht von seinem Tode auf Berufung des Prorektors ihrer Akademie die dort lebenden hauptsächlichsten Maler, Bildhauer und Baumeister. Der Prorektor, damals der ehrwürdige Don Vincenzio Borghini, stellte ihnen vor, sie wären durch ihre Satzungen verpflichtet, jedem ihrer Brüder im Tod Ehre zu erweisen, und nachdem sie dies höchst liebevoll und zu so allgemeiner Befriedigung bei den Exequien von Fra Giovann Agnolo Montorsoli getan hätten, der vor Errichtung der Akademie gestorben sei, würden sie wohl der Ansicht sein, daß etwas geschehen müsse zur Ehrenauszeichnung Buonarrotis, den weiland die gesamte Gesellschaft einstimmig zum ersten Akademiker und zu ihrem Haupte erwählt habe. Diesem Vorschlag stimmten alle einmütig bei, indem sie sich der Kunst eines so hohen Menschen aufs höchste verpflichtet und geneigt erklärten und der Meinung waren, daß man auf alle Weise sich Mühe geben solle, ihn aufs beste und herrlichste zu ehren. Es wurden um nicht jeden Tag so viele Menschen durch die wiederkehrenden Versammlungen zu belästigen und die Angelegenheiten ruhiger zu ordnen, vier Männer erwählt, welche das Nähere über die zu veranstaltenden Exequien bestimmen sollten: Agnolo Bronzino und Giorgio Vasari als Maler, Benvenuto Cellini und Bartolommeo Ammannati als Bildhauer, alle von berühmten Namen und vorzüglich in ihrer Kunst. Diese sollten sich gemeinschaftlich mit dem Prorektor beraten, wie jedes Ding zu veranstalten sei, indem ihnen das Recht verliehen wurde, über die gesamte Akademie zu verfügen, und sie übernahmen dies Amt um so lieber, als alle Künstler, die jungen wie die alten sich freiwillig erboten: jeder in seinem Berufe die Bilder und Statuen auszuführen, welche diesem Ereignis zu Ehren angeordnet werden würden.

Vorerst bestimmte man, der Prorektor solle kraft seines Amtes und die Vorsteher im Namen der Akademie die ganze Sache dem Herzog vortragen und seine Hülfe und Gunst bei dem in Anspruch nehmen, wo sie ihrer bedürftig wären, vornehmlich nachsuchen daß man jene Exequien in San Lorenzo, der Kirche der erlauchten Familie Medici, feiern dürfe, woselbst die meisten in Florenz befindlichen Werke Michelagnolos aufbewahrt werden. Außerdem bat man Se. Exzellenz möge gestatten, daß Herr Benedetto Varchi die Leichenrede halte, damit die herrliche Kunst Michelagnolos durch die Beredsamkeit eines so ausgezeichneten Mannes wie Varchi gefeiert werde; er könne als besonderer Diener Sr. Exzellenz ohne besondre Erlaubnis jenes Amt nicht übernehmen, obwohl er es, höchst liebevoll und dem Andenken Michelagnolos sehr geneigt, für sich nie zurückgewiesen haben würde, wie sie fest überzeugt wären.

Nachdem man alle diese Abreden getroffen und die Akademiker entlassen hatte, schrieb der Prorektor an den Herzog einen Brief folgenden Inhaltes:

»Die Akademie und Gesellschaft der Maler und Bildhauer hat beschlossen, wenn es mit Bewilligung Ew. durchlauchtigen Exzellenz geschehen kann, das Andenken Michelagnolos in irgend einer Weise zu ehren, sowohl aus allgemeiner Verpflichtung gegen die in ihrem Berufe geübte seltne Trefflichkeit des größten Meisters, welcher vielleicht je gelebt hat und der ihr durch gemeinsames Vaterland besonders angehört, als auch wegen des bedeutenden Nutzens, der der Kunst durch die Vollkommenheit von Michelagnolos Werken zu Teil worden ist. Wegen alledem scheint es ihr Pflicht, seine Vorzüge nach Kräften in Liebe zu verherrlichen. Sie hat Ew. Exzellenz diesen ihren Wunsch in einem Schreiben angezeigt und Euch, als ihrem besondern Beistand, um einige Hülfe gebeten. Dies zu tun bin auch ich aufgefordert und achte mich dazu verpflichtet, weil Ew. durchlauchtige Exzellenz zufrieden war, daß ich dies Jahr wiederum unter dem Namen Ihres Prorektors jener Gesellschaft angehöre, auch scheint mir das Unternehmen großmütig und würdig tugendhafter, dankbarer Seelen. Noch viel mehr aber gilt mir, daß ich weiß wie sehr Ew. Exzellenz die Kunst begünstigt, in unserer Zeit Schutz und Schirm vorzüglicher Geister ist, so daß Ihr hierin sogar Ew. erhabenen Voreltern übertrefft, die den vorzüglichen Meistern unseres Berufes seltne Gunst erwiesen: als der prachtliebende Lorenzo, der lange vor seinem Tode in der Hauptkirche dem Meister Giotto eine Statue errichten[158] und auf seine eigenen Kosten Fra Filippo ein schönes Marmorgrab bauen ließ,[159] während viele andere bei verschiedenen Veranlassungen Nützliches und Ehrenvolles stifteten. In Erwägung aller dieser Gründe habe ich Mut gefaßt Ew. durchl. Exzellenz das Gesuch der Akademie zu empfehlen, welche wünscht die Kunst Michelagnolos, eines besondern Zöglings aus der Schule des prachtliebenden Lorenzo, nach Möglichkeit zu ehren; dies wird ihr eine seltne Freude, der ganzen Stadt eine große Befriedigung, den Künstlern nicht geringer Antrieb und ganz Italien ein Beweis von dem schönen Sinn und der reichen Güte Ew. durchl. Exzellenz sein, welcher Gott dauernde Glückseligkeit verleihen möge, zum Segen Eures Volkes und zum Gedeihen der Kunst.«

Auf diesen Brief antwortete der Herzog folgendermaßen:

»Verehrter und sehr Geliebter. Der Eifer, welchen die Akademie gezeigt hat und zeigt das Andenken Michelagnolo Buonarrotis zu ehren, der zu einem bessern

158 Lorenzo der Prächtige ließ 1490 im Florentiner Dom eine Büste Giottos von Benedetto da Maiano aufstellen, die zusammen mit anderen Künstler- und Gelehrtenbüsten eine Ehrengalerie ergeben sollte.

159 Fra Filippo Lippi starb am 8. Oktober 1469. Sein Grabmal wurde 1490 nach einem Entwurf seines Sohnes Filippino im Dom S. Maria Assunta in Spoleto errichtet.

Leben hinübergegangen ist, hat Uns nach dem Verlust eines solchen Mannes vielen Trost gewährt, und Wir wollen ihr Begehren nicht nur in dem erfüllen, warum sie Uns in ihrem Memorial bittet, sondern auch bewirken, daß die Gebeine jenes Künstlers nach Florenz gebracht werden, indem Wir hierin seinem Uns kund gewordenen Wunsche genügen. Dies alles melden Wir der Akademie, um sie noch mehr zu ermuntern, daß sie die Vorzüge eines solchen Mannes auf alle Weise ehren möge. Gott lasse es Euch wohl gehen.«

Der Brief, oder richtiger das Memoriale, von dem oben gesagt wurde, daß die Akademie es an den Herzog gesandt habe, lautet:

»Durchlauchtigster etc. Die Akademie und die Mitglieder der Gesellschaft der Zeichenkunst, welche unter dem Schutze und der Gnade Ew. durchl. Exzellenz gestiftet ist, hat in Erfahrung gebracht mit wie vieler Mühe und Liebe Ihr durch Vermittlung Eures Gesandten in Rom den Leichnam Michelagnolo Buonarrotis habt nach Florenz bringen lassen; sie versammelte sich alsbald und beschloß einmütig seine Exequien so feierlich zu begehn, als in ihrem Vermögen steht. Da sie nun weiß, daß Ew. durchl. Exzellenz von Michelagnolo so hoch verehrt war, als Ihr ihn liebtet, so bittet sie, es möge Euch gefallen aus unendlicher Güte und Großmut zu gestatten, daß erstens jene Exequien in der Kirche von San Lorenzo begangen werden, die Eure Voreltern erbaut haben, die so viele schöne Werke der Baukunst und Bildhauerkunst von jenem Meister in sich faßt, und in deren Nähe Ihr die Wohnung zu erbauen denkt, welche für die Akademie und Gesellschaft der Zeichenkunst gleichsam ein dauernder Sitz des Studiums in Architektur, Bildhauerei und Malerei werden soll. Zweitens ersuchen Wir Euch, Ihr wollet Herrn Benedetto Varchi beauftragen, daß er nicht nur die Leichenrede abfasse, sondern auch halte, was zu tun er uns sehr liebreich versprach, sobald nur Ew. durchl. Exzellenz damit einverstanden sei. Drittens endlich bitten wir in Demut, Ihr wollet aus gleicher Güte und Freigebigkeit der Akademie in dem helfen, was bei der Feier jener Exequien ihr geringes Vermögen überschreiten würde. Alle diese Dinge und jedes besonders sind in Gegenwart und mit Zustimmung des glorreichen Herrn Vincenzio Borghini, Prior der Innocenti und Prorektor anstatt Ew. durchl. Exzellenz bei unserer Akademie und Gesellschaft der Zeichenkunst, verhandelt und beschlossen worden, welche etc.«

Auf diesen Brief der Akademie erwiderte der Herzog:

»Vielgeliebte! Wir sind gerne bereit allen Euern Ansuchen zu genügen, denn wir hegten jederzeit große Liebe zu der seltenen Kunst Michelagnolo Buonarrotis und zu Euer aller Beruf. Bringt deshalb zur Ausführung was Ihr bei seinen Exequien veranstalten wollt, wir werden nicht ermangeln Euch in dem was Ihr bedürft Hülfe zu leisten. Unterdes haben wir an Herrn Benedetto Varchi wegen der Rede und an den Spitalverwalter über das geschrieben, was wir für jenes Vorhaben dienlich erachten. Bleibt gesund. Aus Pisa.«

Der Brief an Varchi lautet:

»Sehr teurer Messer Benedetto. Die Liebe, welche Wir zu der Kunst Michelagnolo Buonarrotis tragen, läßt Uns wünschen sein Andenken auf alle Weise geehrt zu sehn; es wird Uns deshalb sehr lieb sein, wenn Ihr um Unsretwillen für die Rede Sorge tragt, die nach Bestimmung der Abgeordneten der Akademie bei seinen Exequien gehalten werden soll, und Uns noch viel mehr erfreuen, wenn Ihr selbst sie sprechen mögt. Bleibt gesund.«

Außerdem schrieb Messer Bernardino Grazzini den genannten Abgeordneten: Der Herzog gebe für ihre Sache jeden nur zu hoffenden Eifer kund, und sie möchten sich von Sr. durchl. Exzellenz aller Hülfe und Gunst versichert halten.

Während man diese Dinge in Florenz verhandelte, hatte Lionardo Buonarroti, der Neffe Michelagnolos, der sich auf die Nachricht von der Krankheit seines Oheims mit Post nach Rom begeben, ihn aber nicht mehr am Leben gefunden, durch Daniel von Volterra aber, einen vertrauten Freund Michelagnolos, wie auch von andern jenem heiligen Greis nahe stehenden Personen unterrichtet, er habe verlangt und gebeten, man möge seinen Leichnam nach Florenz, seiner edeln, von ihm stets hochverehrten Vaterstadt, bringen, rasch und mit kluger und sicherer Entschlossenheit den Leichnam von Rom fortgeschafft, indem er ihn wie ein Kaufmannsgut in einen Ballen verpackt nach Florenz schickte. Nicht zu verschweigen ist hier, daß diese letzte Bestimmung Michelagnolos gegen den Glauben einiger kund tat, was gewißlich wahr ist, daß er sich nämlich viele Jahre lang einzig um der Beschaffenheit der Luft willen von Florenz fern hielt. Erfahrung hatte ihn gelehrt, die dortige Luft sei um ihrer Schärfe und Feinheit willen seiner Natur sehr nachteilig, während die Weiche und Milde der römischen ihm bis zum neunzigsten Jahre Gesundheit bewahrte, ihn bei unveränderter Frische und Lebendigkeit der Sinne und nach Maßgabe des Alters bei so viel Kräften erhielt, daß er bis zum letzten Tage nicht unterließ etwas zu arbeiten.

Die plötzliche und fast unerwartete Ankunft der Leiche Michelagnolos gestattete nicht alsbald zu veranstalten, was nachmals geschah. Man trug den Sarg, sowie er nach Florenz kam, das war eines Sonnabends den 11. März, auf Verlangen der Abgeordneten nach dem Lokal der Gesellschaft der Himmelfahrt Mariä unter dem Hauptaltar und den Treppen hinter San Pietro maggiore,[160] ohne irgend etwas damit vorzunehmen. Tages darauf, als am Sonntag in der zweiten Woche der Fasten, versammelten sich alle Maler, Bildhauer und Baumeister in aller Stille bei St. Peter, wohin sie nichts als eine ganz mit Gold verzierte und durchnähte Sammetdecke brachten, um sie über die Bahre und den Sarg zu legen, auf welchem ein Kruzifix lag. Nachts halb zwölf Uhr ungefähr umstanden alle dicht die Leiche; die ältern und vorzüglichsten Meister ergriffen plötzlich eine Menge Fackeln, welche ihnen zugereicht wurden, und die jüngern hoben die Bahre so schnell empor, daß sich glücklich pries, wer herzutreten und die Schulter darunter schieben konnte, um des Ruhmes willen in kommenden Zeiten sagen zu können: sie hätten die Gebeine des größten Meisters getragen, der je ihrem Berufe angehört habe. Diese Versammlung bei St. Peter veranlaßte, wie

160 Die Kirche S. Pier Maggiore, ursprünglich eine der ältesten (11. Jh.) und wichtigsten Kirchen von Florenz, wurde 1783 wegen Baufälligkeit abgerissen. Sie lag im Viertel von Santa Croce an der heutigen Piazza S. Pier Maggiore.

bei derlei Gelegenheiten zu geschehn pflegt, daß viele Personen stehen blieben, um so mehr, als die Nachricht sich verbreitete: die Leiche Michelagnolos sei angelangt und werde nach Santa Croce gebracht werden. Obwohl daher, wie ich eben sagte, alle Sorgfalt angewendet war, damit die Sache nicht bekannt werde und, in der Stadt verbreitet, die Menge herbeilocke, die unabweislich eine gewisse Unruhe und Verwirrung herbeiführen mußte, obwohl man wünschte, das wenige was für jetzt geschehn, möge mit mehr Stille als Pomp vor sich gehen, und alles übrige für eine passendere und bequemere Zeit verspart werden, geschah doch von beidem das Gegenteil. Denn was die Menge anlangt, so füllte sich, indem die Neuigkeit von Mund zu Munde ging, die Kirche augenblicklich in solchem Maße, daß zuletzt der Sarg nur mit großer Mühe von dort nach der Sakristei getragen werden konnte, woselbst man ihn von der Emballage frei machen und nach der dafür bestimmten Gruft bringen wollte. Was aber die Ehren anlangt, so ist zwar nicht zu leugnen, daß es ein prächtiges, köstliches Ding sei, bei feierlichen Leichenbegängnissen eine Menge Geistlicher, viele Wachskerzen und viele verhüllte und in Trauer gekleidete Personen zu sehen, gewiß aber war es auch ein Großes, als die trefflichen Männer, welche jetzt hochberühmt sind, und es in Zukunft noch mehr sein werden, sich mit so liebevoller Dienstbeflissenheit und Zuneigung unvorbereitet um jene Leiche scharten.

Die Zahl der Künstler (die sich alle einfanden) ist zu jeder Zeit in Florenz sehr groß gewesen, weil die Künste dort stets in einer Weise geblüht haben, daß ich glaube, man könne ohne Beleidigung anderer Städte sagen: Florenz sei ihre eigentlichste Wiege und Heimat, gleichwie

Athen es vordem für die Wissenschaften gewesen ist; außer den Künstlern aber folgten der Leiche so viele Bürger und so viele Leute von den Straßen, durch welche sie getragen wurde, als nur Raum fanden. Ja was mehr ist, man hörte von jedermann die Verdienste Michelagnolos feiern und sagen: Wahre Kunst übe eine solche Macht, daß sie, wenn man bereits alle Hoffnung auf Ruhm und Gewinn durch einen Künstler habe aufgeben müssen, dennoch um ihrer Natur und eigentümlichen Vorzüge willen geliebt und geehrt werde.

Durch alle diese Dinge hatten jene Ehrenbezeugungen mehr Leben und Wert, als Prunk und Gold und Teppiche ihnen irgend hätten verleihen können. Nachdem die Leiche unter so schönem Gefolge nach Santa Croce gebracht war, feierten die Mönche die bei Verstorbenen üblichen Zeremonien, und man trug sie durch die herzugeströmte Volksmenge hindurch nicht ohne Schwierigkeit nach der Sakristei, wie ich oben schon sagte. Der Prorektor, der sich gemäß seins Amtes dort befand, beschloß den Sarg öffnen zu lassen, überzeugt dies werde vielen sehr lieb sein, und von dem Wunsche getrieben (wie er nachmals bekannte), den Anblick desjenigen wenigstens im Tode zu haben, den er lebend nie, oder doch in so frühem Alter gesehen hatte, daß ihm keine Erinnerung davon geblieben war. Es geschah, und während er und wir alle, die wir gegenwärtig waren, einen verwesten Körper erwarteten (denn schon war er 25 Tage tot und hatte 22 Tage im Sarg gelegen), fanden wir ihn in allen Teilen wohl erhalten und so ganz frei von jedem üblen Geruch, daß wir fast des Glaubens wurden, er liege in einem sanften und ruhigen Schlaf. Nicht nur waren seine Züge genau wie zur Zeit da er lebte (ausgenommen, daß sein Angesicht ein wenig Leichenfarbe hatte), sondern es war auch an keinem Gliede eine Beschädigung oder Unsauberkeit zu sehen, und fühlte man Kopf und Wangen an, so glaubte man, er sei erst vor wenigen Stunden verstorben.

Nachdem das Gedränge des Volkes vorüber war, wurde Anordnung getroffen, ihn durch die Türe, die nach dem Klostergang des Kapitels führt, in eine Gruft der Kirche neben dem Altar der Cavalcante zu bringen. Es hatte sich jedoch unterdes das Gerücht dieser Begebenheit in der Stadt verbreitet, und strömte eine solche Menge junger Leute herbei um die Leiche zu sehen, daß man das Grab nur mit Mühe schließen konnte. Ja wäre es Tag gewesen, wie es Nacht war, so hätte man es, um der Menge Genüge zu tun, viele Stunden offen lassen müssen.

Am folgenden Morgen, während Maler und Bildhauer zu den kommenden Ehrenbezeugungen Anstalt zu treffen begannen, beeilten sich viele schöne Geister, an denen Florenz stets überreich war, Verse in Latein und in der Volkssprache an das Grab zu heften, und geschah dies lange Zeit, obwohl die Zahl der damals gedruckten Gedichte im Vergleich zu den vielen später verfaßten gering war.

Um nun auf die Exequien zu kommen, die nicht am Tag nach St. Johannis, wie man gemeint hatte, sondern erst am 14. Juli gefeiert wurden,[161] so wählten die drei Abgeordneten (denn Benvenuto Cellini, der sich anfangs

161 Der Zeitraum zwischen Tod und Begräbnis ist beträchtlich. Ablauf der Ereignisse 1564: 18. Februar Tod Michelangelos; 11. März, der Leichnam wird heimlich nach Florenz überführt; 12. März, Leichnam in S. Croce aufbewahrt; 16. März, Leichenfeier der Akademie; 14. Juli, Exequien in S. Lorenzo. 1564–68 Ausführung des Grabmals in S. Croce nach Entwurf von Vasari durch die Bildhauer Battista Lorenzi und Valerio Cioli.

etwas unwohl fühlte, war nie zu den Beratungen gekommen) vorerst den Bildhauer Zanobi Lastricati zu ihrem Proveditore[162] und beschlossen hierauf eine mehr sinnreiche, der Kunst würdige, als prächtige und kostbare Festlichkeit zu veranstalten. In Wahrheit (so sagten die Abgeordneten und ihr Proveditore), da man einen Mann wie Michelagnolo, und zwar durch Meister des vordem von ihm selbst geübten Berufes ehren wolle, die an Geschick reicher seien als an Vermögen, so müsse dies nicht mit königlichem Pomp oder überflüssiger Eitelkeit, sondern viel lieber durch Werke voll Geist und Anmut geschehn, hervorgebracht durch unser Wissen und die Fertigkeit unserer Hände, auf daß die Kunst von der Kunst geehrt werde. Obwohl wir deshalb alles nötige Geld von der Geneigtheit des Herzogs erwarten durften, der bewilligt habe was bis jetzt begehrt worden sei, mußten wir doch den Gedanken festhalten, man fordere von uns eher was durch Erfindung und Kunst, als was durch Kostenaufwand oder glänzende Pracht ausgezeichnet und reich sei. Dessenungeachtet war zuletzt der Prunk den Werken gleich, die aus den Händen der Akademiker hervorgingen, und jene Totenfeier war nicht minder kostbar als sinnvoll und reich an wunderbaren, rühmenswerten Erfindungen.

Endlich wurde demnach bestimmt, man wolle im Mittelschiff von San Lorenzo, den beiden Seitentüren gegenüber, von denen eine nach außen die andere nach dem Kreuzgang führt, den Katafalk errichten, in viereckiger Form, achtundzwanzig Ellen hoch, elf Ellen lang, neun Ellen breit, und oben darauf eine Fama stellen, wie nachmals geschah. Auf dem Postament des Katafalkes,

162 Vorsteher.

von der Erde auf zwei Ellen hoch, sah man auf der Seite, die nach der Haupttüre der Kirche gewendet ist, zwei sehr schöne liegende Flußgötter: den Arno und den Tiber. Der Arno hielt ein Füllhorn mit Blumen und Früchten, Bild der Früchte der Kunst, die in Florenz ans Licht gekommen sind und so vielfältig und herrlich waren, daß sie der Welt und ganz vornehmlich Rom seltnen Schmuck verliehen. Dies wurde durch den andern Flußgott sehr anschaulich, der wie ich sagte den Tiber darstellte: er streckte einen Arm aus und hielt in den Händen Blumen und Früchte aus dem Füllhorn des Arno, der ihm zu seiten und gegenüber lag, und zeigte indem er die Früchte des Arno genoß, daß Michelagnolo eine lange Reihe Jahre in Rom gelebt und dort die Wunder geschaffen hat, welche die Welt in Staunen versetzen. Das Abzeichen des Arno war ein Löwe, das des Tiber die Wölfin mit den kleinen Kindern Romulus und Remus, beide Kolosse waren von seltner Größe und Schönheit und erschienen wie Marmor. Den Tiber hatte Giovanni Benedetto von Castello,[163] ein Zögling Bandinellos, den Arno Battista di Benedetto,[164] ein Schüler Ammannatos, gearbeitet, ein paar treffliche Jünglinge, die zu großen Erwartungen berechtigen.

Von dem genannten Postament erhob sich an jeder der vier Seiten eine fünfeinehalbe Elle hohe Wand mit Gesimsen oben, unten und an den Ecken, so daß in der

163 Giovanni di Benedetto Bandini schuf für Michelangelos Grabmal (1565 bis 1575) in S. Croce, Florenz, die skulpturale Personifikation der »Architektur«.

164 Unklar, ob Battista di Benedetto gen. Fiammeri oder (Giovanni) Battista Lorenzi del Cavaliere; letzterer war auch an der Ausführung 1565–75 des Grabmals von Michelangelo beteiligt, und zwar schuf er die skulpturale Personifikation der »Malerei« und die Porträtbüste Michelangelos.

Mitte ein Raum zu vier Bildern frei blieb. Das erste auf der Seite wo die beiden Flußgötter sind, in Helldunkel gemalt, wie alle Bilder jenes Katafalkes, stellte den ehrwürdigen Lorenzo den Ältern von Medici dar, wie er Michelagnolo in seinem oft genannten Garten als Schüler aufnimmt, nachdem er Proben von ihm gesehn hat, deren erste Blüten die Früchte ahnen ließen, welche nachmals in reicher Fülle durch die Lebendigkeit und Größe seines Geistes zur Reife kamen. Dies Bild führten zwei Maler, nahe Freunde und Gefährten: Mirabello und Girolamo del Crocifissaio, wie man ihn nannte, gemeinsam aus. Man sah den prachtliebenden Lorenzo voll Leben in kühner Stellung in Lebensgröße, wie er den Knaben Michelagnolo, der ehrfurchtsvoll vor ihm steht, höchst liebevoll in seinen Garten aufnimmt und nach der Prüfung einigen Lehrern übergibt, damit sie ihn unterrichten.

In dem zweiten Bilde dieser Reihenfolge, der nach außen führenden Seitentüre gegenüber, war Papst Clemens dargestellt, der Michelagnolo (gegen die Meinung der Menge, die glaubte er zürne ihm wegen der Vorgänge bei der Belagerung von Florenz) nicht nur Schutz gewährt und sich liebevoll gegen ihn erweist, sondern auch bei der neuen Sakristei und Bibliothek von San Lorenzo ihm Beschäftigung gibt, wo er Göttliches leistete, wie schon gesagt ist. Dies Bild malte Federigo Fiammingo der Paduaner mit viel Geschick in zarter Manier. Man sah darin Michelagnolo, der dem Papst den Grundriß der Sakristei zeigt, hinter ihm kleine Engel und andere Gestalten mit den Modellen der Bibliothek, der Sakristei und der nachmals dort vollendeten Statuen; alles sehr wohl verteilt und mit Fleiß ausgeführt.

Auf dem dritten Felde, welches gleich den übrigen auf dem ersten Absatz ruhte und nach dem Hauptaltar gewendet war, stand eine große lateinische Inschrift vom gelehrten Messer Pier Vettori verfaßt, deren Sinn in der Volkssprache also lautet:

»Die Akademie der Maler, Bildhauer und Baumeister hat mit Hülfe Herzogs Cosimo von Medici, ihres Hauptes und des höchsten Beschützers der Künste, in Bewundrung der herrlichen Eigenschaften Michelagnolo Buonarrotis und in Anerkennung des Gewinnes, welchen seine göttlichen Werke ihnen gebracht haben, dies von ihren eigenen Händen ausgeführte Denkmal, aus voller Liebe, der Trefflichkeit und Kunstfertigkeit des größten, jemals lebenden Malers, Bildhauers und Baumeisters errichtet.«

Die lateinischen Worte waren folgende:

»Collegium pictorum, statuariorum, architectorum auspicio opeque sibi prompta Cosmi Ducis auctoris suorum commodorum, suspiciens singularem virtutem Michaelis Angeli Bonarrotae; intelligensque quanto sibi auxilio semper fuerint praeclara ipsius opera, studuit se gratum erga illum ostendere summum omnium, qui unquam fuerint. P. S. A. ideoque momentum hoc suis manibus extructum magno animi ardore ipsius memoriae dedicavit.«

Dies Epitaph trugen zwei kleine Engel, die weinend jeder eine Fackel auslöschten, gleich als ob sie klagten, daß so große und seltene Trefflichkeit erloschen sei.

In dem vierten Quadrate, gegenüber der Türe, die nach dem Kreuzgang führt, war Michelagnolo, der bei der Belagerung von Florenz die Festungswerke von Poggio a San Miniato baut, welche für uneinnehmbar und sehr bewundrungswürdig galten. Es war von Lorenzo Sciorini, dem Zögling Bronzinos, einem zu großen Erwartungen berechtigenden Jüngling, gemalt.

Dieser niedrigste Teil und gleichsam die Base der ganzen Maschine, hatte auf jeder Seite ein vorspringendes Piedestal und auf jedem dieser Piedestale stand eine überlebensgroße Figur, die eine andere Gestalt als besiegt und überwunden unter sich liegen hatte, gleich groß mit der obern, doch auf verschiedene, seltsame Weise gekrümmt. Die erste rechter Hand, wenn man nach dem Hauptaltar geht, war ein schlanker Jüngling mit einem Angesicht voll Geist und Leben. Er stellte das Genie dar und hatte zwei kleine Flügel an den Schläfen, wie Merkur bisweilen abgebildet wird. Unter diesem Jünglinge lag eine unglaublich fleißig gearbeitete, herrliche Figur mit Eselsohren: die Unwissenheit, die tödlichste Feindin des Genies. Beide Figuren waren von Vincenzio Danti aus Perugia; von ihm und von seinen Werken, die sich unter denen der neuern jungen Bildhauer auszeichnen, wird andern Ortes ausführlicher die Rede sein.

Auf dem Piedestal rechts vom Hauptaltar, gegen die neue Sakristei gewendet, stand eine Frau als die christliche Liebe. Erfüllt von Güte und Religion war sie eine Vereinigung aller Tugenden, welche wir die theologischen, die Heiden die moralischen nennen, und da geziemender Weise Christen die Tugend eines Christen feiern, den fromme Sitten schmücken, hatte man ihr einen passenden, ehrenvollen Platz angewiesen, als der Hüterin der Gesetze Gottes und des Seelenheiles, ohne welche aller Schmuck des Leibes und Geistes wenig oder gar nicht geachtet zu werden verdient. Unter dieser Figur lag, von ihren Füßen niedergetreten, das Laster, oder richtiger die Bosheit; beide Gestalten waren von Valerio Cioli, einem vorzüglichen, mit viel Geist begabten Jünglinge gearbeitet, dem das Lob eines urteilsvollen, fleißigen Bildhauers zukommt.

Dieser Gestalt gegenüber, nach der Seite der alten Sakristei, hatte man eine andere ähnliche Figur, die Göttin Minerva oder eigentlich die Kunst gestellt, da man in Wahrheit sagen kann, nächst den Vorzügen in Sitten und im Leben, welchen bei den Bessern stets der erste Platz ziemt, sei die Kunst es gewesen, welche diesem Manne nicht nur Ehre und Vermögen, sondern auch so großen Ruhm erwarb, daß er schon im Leben der Früchte genoß, die berühmte und ausgezeichnete Menschen sonst kaum nach dem Tode durch die Herrlichkeit ihrer Werke gewinnen. Ja was mehr sagt, er hat den Neid also besiegt, daß ihm ohne irgend eine Widerrede nach allgemeinem Urteil der Ruf und Name der hauptsächlichsten und größten Trefflichkeit zuerkannt wird. Aus diesem Grunde hatte jene Figur den Neid als besiegt unter sich liegen, eine magere, verstörte Frau, mit Otternaugen und Zügen, welche Gift und Galle atmen, mit einem Schlangengürtel um den Leib, und mit einer Viper in der Hand. Diese Statuen arbeitete ein sehr junger Künstler: Lazzaro Calamech von Carrara, der schon von früher Kindheit an durch Malereien und Bildwerke von seinem entschiedenen Talent Beweise gegeben hat.

Von Andrea Calamech, seinem Oheim und einem Schüler Ammannatos, waren die beiden Statuen auf dem vierten Piedestal, der Orgel gegenüber, nach der Haupttüre der Kirche gewendet, davon die erste den Fleiß darstellte, weil derjenige, welcher wenig oder träge arbeitet, niemals ein Ansehn gewinnen kann wie Michelagnolo es hatte, der, wie wir oben gesehn haben, vom ersten Knabenalter an, von seinem fünfzehnten Jahre bis zum neunzigsten nie untätig gewesen ist. Diese Statue des Fleißes, welche sich wohl für solchen Mann paßte, war ein kühner, kräftiger Jüngling; er hatte am Ende des Armes, ein wenig über dem Handgelenk zwei kleine Flügel, um die Schnelle und Vielseitigkeit in der Arbeit anzuzeigen; unter ihm aber lag als Gefangene die Faulheit oder der Müßiggang, eine schlaffe, müde, in allen ihren Bewegungen schwerfällige, schläfrige Frau. Diese vier, oder eigentlich acht Figuren, bildeten in der oben angeführten Weise verteilt eine sehr schöne Komposition und erschienen ganz als ob sie von Marmor wären, indem der Ton mit Weiß überzogen war und dadurch ein sehr gutes Ansehn hatte. Von dem Absatze darauf sie ruhten, erhob sich ein anderes Postament, wiederum viereckig und ungefähr vier Ellen hoch, doch kürzer und schmäler wie das untere, um so viel als der Vorsprung und die Einfassung betragen, auf welchen die genannten Figuren standen, und auf jeder der vier Wände war ein 6½ Ellen langes und 3 Ellen hohes Bild gemalt. Darüber kam ein Absatz gleich dem untern, nur kleiner und auf jeder Ecke saß auf dem Vorsprung eines Säulenfußes eine Figur in Lebensgröße oder darüber: Frauen, welche durch ihre Attribute leicht als die Malerei, Bildhauerei, Baukunst und Poesie zu erkennen waren, ganz passend wegen der Eigenschaften Michelagnolos, von denen wir oben in seinem Leben erzählt haben.

Ging man von der Haupttüre der Kirche nach dem

Hauptaltar, so sah man, bezüglich auf die Baukunst in dem ersten Bilde der zweiten Abteilung des Katafalkes, über dem Bilde worin Michelagnolo von Lorenzo von Medici in dessen Garten empfangen wird, wiederum ihn, wie er, mit dem Modell der bewundrungswürdigen Kuppel von St. Peter zu Rom in Händen, vor Papst Pius IV. steht. Dies sehr gerühmte Bild hatte der florentinische Maler Pietro Francia in schöner Weise mit vieler Erfindung ausgeführt. Die Statue, oder richtiger das Sinnbild der Baukunst, links von diesem Gemälde aber war von Giovanni di Benedetto von Castello, der, wie wir schon sagten, auch den Tiber, einen der Flußgötter vor dem Katafalk sehr zu seinem Lobe gearbeitet hatte. Im zweiten Bilde wenn man rechts geht, der nach außen führenden Seitentüre gegenüber, sah man bezüglich auf die Malerei: Michelagnolo, wie er sein vielfach und doch nie genugsam gerühmtes Weltgericht malt, das Vorbild der Verkürzungen und aller Schwierigkeiten der Kunst. Links von diesem Bilde, welches die Schüler von Michele di Ridolfo mit Anmut und Fleiß ausführten, stand als dazu gehörend auf der Ecke gegen die neue Sakristei die Statue der Malerei, von Battista del Cavaliere gearbeitet, einem Jünglinge, der sich in der Baukunst trefflich zeigt und durch Güte, Bescheidenheit und Sitte ausgezeichnet. Im dritten Bilde, dem Hauptaltar zugewendet, sah man oberhalb des vorher angeführten Epitaphs Michelagnolo im Gespräch, und wie es schien in Beratung mit einer Frau, die sich durch ihre Abzeichen als die Bildhauerei kund gab. Um Michelagnolo standen einige seiner trefflichsten Bildwerke, und die weibliche Gestalt hielt eine Tafel in Händen, darauf man die Worte des Boëthius las: Simili sub imagine formans.[165] – Links von diesem Bilde, welches Andrea del Minga nach schöner Erfindung und Manier gemalt hatte, war die Statue der Bildhauerkunst von Antonio di Gino Lorenzi sehr gut gearbeitet.

Im letzten der vier Bilder, der Orgel zugewendet, sah man als zur Poesie gehörig: Michelagnolo, der in Nachdenken versunken ein Gedicht niederschreibt; um ihn her die neun Musen in schöner Anmut, verschiedenartig gekleidet, wie die Dichter sie schildern, vor ihnen Apoll mit der Leier im Arm, mit dem Lorbeerkranz auf dem Haupt und einem zweiten Kranz in der Hand, womit er Michelagnolo schmücken zu wollen schien. Diese schöne, reizende Komposition voll Leben und Kraft, war in herrlicher Manier von Giovan Maria Butteri gemalt; ihr zur Linken die Statue der Poesie hatte Domenico Poggini gearbeitet, ein nicht nur in Bildhauerei und im Prägen sehr schöner Medaillen und Münzen, sondern auch in Bronzearbeiten und in der Poesie wohlerfahrener Meister.

In solcher Weise hatte man den Katafalk verziert, dessen Abstufungen stets so viel kleiner wurden, daß man ringsumher gehen konnte, und er glich dadurch fast dem Mausoleum des Augustus in Rom, vielleicht, da er viereckig war, noch mehr dem Septizonium des Severus;[166] nicht dem beim Capitol, welches aus Irrtum gemeiniglich also genannt wird, sondern dem wahren, welches man in den Nuove Rome neben den Antonianischen Thermen abgebildet sieht.

Bis hierher demnach hatte der Katafalk drei Abstu-

165 Seinem Bilde ähnlich schaffend.
166 Schaufassade des Palastes von Septimius Severus auf dem Palatin in Rom, erbaut 203 n. Chr., später unter Papst Sixtus V. (1585–90) abgetragen.

fungen; die erste mit den Flußgöttern, die zweite mit den doppelten und die dritte mit den einzelnen Figuren. Auf diesem letzten Absatze erhob sich eine Base oder richtiger ein Säulenfuß von einer Elle Höhe, doch von viel geringerem Umfang als der oberste Absatz, auf dessen Vorsprüngen die vier einzelnen Gestalten saßen, und man las darauf die Worte:

Sic ars extollitur arte.[167]

Auf dieser Base stand eine neun Ellen hohe Pyramide; auf zweien ihrer Seiten, das heißt auf der gegen die Haupttüre und jener gegen den Hauptaltar sah man unten in zwei Ovalen das erhobene Brustbild Michelagnolos sehr gut von Santi Buglioni nach der Natur gearbeitet. Auf der Spitze der Pyramide lag eine Kugel von passender Größe, gleich als ob in ihr die Asche dessen aufbewahrt werde, welchen man ehrte, und auf der Kugel stand eine Fama von übernatürlicher Größe, scheinbar von Marmor; ihre Stellung war als ob sie sich im Fluge bewege und zugleich die Welt von dem Lob und Preis eines solchen Meisters erfülle, indem sie in eine Trompete stieß, welche in drei Mündungen ausging. Diese Fama war von Zanobi Lastricati gearbeitet, der ungeachtet der Mühen die er als Proveditore des ganzen Werkes übernahm, doch, was ihm sehr hoch anzurechnen ist, nicht unterlassen wollte, mit Kopf und Hand als Künstler hülfreich zu sein. Die Höhe des ganzen Katafalkes von der Erde bis zum Haupte der Fama aber betrug achtundzwanzig Ellen.

Außerdem war die Kirche mit Boy und Sarsche behängt, nicht nur bei den Mittelsäulen, wie gewöhnlich

167 So wird die Kunst durch die Kunst erhöht.

zu geschehn pflegt, sondern rings umher bei den Kapellen, so daß zwischen den Pfeilern, welche jene Kapelle umschließen und mit den Säulen übereinstimmen, kein Raum war, der nicht durch irgend eine Malerei geziert gewesen wäre und zu Bewunderung und freudiger Teilnahme aufgefordert hätte.

Um an einer Seite zu beginnen, so sah man im Raum der ersten Kapelle, neben dem Hauptaltar wenn man nach der alten Sakristei geht, ein sechs Ellen hohes und acht Ellen langes Bild, nach neuer, fast poetischer Erfindung ausgeführt: Michelagnolo wie er in den Elysäischen Feldern anlangt. Zu seiner Rechten waren die berühmtesten Maler und Bildhauer des Altertums in übernatürlicher Größe abgebildet, jeder an einem bemerklichen Abzeichen kenntlich: Praxiteles an dem Satyr in der Vigna von Papst Julius III., Apelles am Bildnis Alexanders des Großen, Zeuxis an einer Tafel mit der Weintraube, welche die Vögel anlockte, Parrhasius an der täuschenden Decke des Gemäldes, andere an irgend einem andern Gegenstand. Links von Michelagnolo standen die Meister unserer Zeit, welche seit Cimabue in der Kunst berühmt waren. Giotto erkennt man an einer Tafel mit dem noch jugendlichen Bildnis Dantes, wie er ihn in Santa Croce gemalt hat. Masaccio an desssen eigenem, nach der Natur gemalten Bildnis. Auch Donato an seinem Bildnis und seinem Kahlkopf beim Glockenturm der neben ihm stand. Filippo Brunelleschi an der Abbildung der Kuppel von Santa Maria del Fiore. Auch fand man dort ohne weiteres Abzeichen, nach ihren Bildnissen dargestellt: Fra Filippo Taddeo Gaddi, Paolo Uccello, Fra Giov. Agnolo, Jacopo da Puntormo, Francesco Salviati und andere. Sie alle gleich den Meistern des

Altertums nahten Michelagnolo freundlich voll Liebe und Bewunderung, wie Virgil bei seiner Rückkehr von den andern Dichtern empfangen wurde nach des göttlichen Dante Darstellung, dem überhaupt der Gedanke hiezu und der Vers entnommen war, den man auf einem Blatte las, das der Flußgott Arno in der Hand hielt; er lag Michelagnolo zu Füßen in schöner anmutiger Stellung und die Worte lauteten:

Tutti l'amiran, tutto honor' gli fanno.

Alle bewundern ihn, alle erweisen ihm Ehre.[168]

Dies Bild hatte Alessandro Allori, ein Zögling Bronzinos, ein vorzüglicher Maler und nicht unwürdiger Schüler dieses Meisters, ausgeführt, und alle die es sahen rühmten es aufs höchste. Im Raum der Kapelle vom heiligen Sakrament am Ende des Kreuzschiffes war ein fünf Ellen langes und vier Ellen hohes Bild: Michelagnolo umgeben von den Schülern der Kunst, von Kindern, Knaben und Jünglingen jedes Alters bis zum vierundzwanzigsten Jahr. Sie brachten ihm als einer geheiligten und göttlichen Person die Erstlinge ihrer Arbeit: Gemälde, Bildwerke und Modelle dar, wurden freundlich von ihm empfangen und über Gegenstände der Kunst belehrt, während sie aufmerksam zuhörten und ihm in anmutigen Stellungen die schönen Angesichter zuwendeten. Wirklich hätte dies Bild in gewissem Sinne nicht besser zusammengestellt, hätte keiner jener Figuren größere Schönheit gewünscht werden können, so daß Battista,[169] der Zögling Puntormos, der es ausführte, unendliches Lob

168 Vgl. Dante, *Divina Commedia*, »Inferno« IV,133.
169 Battista Naldini.

erlangte. Die Worte, welche man unter dem Bilde las, lauteten:

> Tu pater, tu rerum inventor, tu patria nobis
> Suppeditas praecepta tuis ex, inclyte, chartis.[170]

Wandte man sich von dem Platze dieses Bildes nach der Haupttüre der Kirche, so folgte fast daneben, ehe man zur Orgel gelangte, im Raum einer Kapelle ein sechs Ellen langes und vier Ellen hohes Bild, worin eine sehr große und ungewöhnliche Gunstbezeugung dargestellt war, welche Papst Julius III. der seltenen Kunst Michelagnolos erwiesen hatte: Einst nämlich, da er das Urteil jenes vorzüglichen Mannes wegen einiger Bauten hören wollte, berief er ihn zu sich nach seiner Vigna, ließ ihn dort neben sich setzen und redete eine gute Weile mit ihm, während Kardinäle, Bischöfe und andere Hofleute umherstanden. Diese Begebenheit war in so schöner Zusammenstellung, mit so vieler Rundung, so viel Leben und Kraft gemalt, daß dies Werk vielleicht nicht besser aus den Händen eines trefflichen alten und geübten Meisters hervorgegangen wäre. Jacopo Zucchi, ein Jüngling und Schüler Giorgio Vasaris, der es in schöner Manier ausführte, zeigte damit, daß er es in der Kunst zu einer ehrenvollen Stelle bringen werde.

Nicht weit hievon auf derselben Seite unter der Orgel stellte Giovanni Strada ein Flamänder und trefflicher Maler, in einem sechs Ellen langen und vier Ellen hohen Bilde eine Begebenheit aus der Zeit dar, wo Michelagnolo wegen der Belagerung von Florenz nach Venedig geflohen war; er wohnte in dem Quartiere jener Stadt,

170 Du Vater, du Schöpfer der Dinge, du reichst uns deine väterliche Lehre, Ruhmreicher, aus deinen Schriften.

welches die Giudecca genannt wird, und empfing eine Botschaft von mehreren Edelleuten und andern Personen, die der Doge Gritti und der Senat an ihn abgeschickt hatten, um ihm große Anerbietungen zu machen. Dies wußte der genannte Maler sehr zu seiner Ehre mit viel Einsicht und Kenntnis anschaulich zu machen, sowohl in der ganzen Komposition, als in jeder Einzelheit, denn in den Stellungen, in der Lebendigkeit der Gesichtszüge und in den Bewegungen jeder Gestalt tat sich Erfindung, Zeichnung und viel Grazie kund.

Kehren wir nun zum Hauptaltar zurück und wenden uns nach der neuen Sakristei, so sah man im Raum der ersten Kapelle von Santi Titi, einem einsichtsvollen Jünglinge, der sich in Rom und Florenz sehr in der Kunst geübt hat, eine andere glänzende Gunstbezeugung dargestellt, die, wie ich oben schon gesagt zu haben glaube, der durchl. Signor Don Francesco von Medici, der Prinz von Florenz, Michelagnolo erwiesen hatte. Er hielt sich etwa drei Jahre vor Michelagnolos Tod in Rom auf, und als dieser ihn einstmals besuchte, stand der Prinz auf, sobald Buonarroti eintrat, und wollte einen so ausgezeichneten Mann und sein wirklich Achtung gebietendes Alter durch die größte, jemals von einem jungen Fürsten geübte Höflichkeit ehren, indem er verlangte Michelagnolo solle seines bescheidentlichen Wehrens ungeachtet auf dem Stuhle Platz nehmen, von dem er sich eben erhoben hatte, stellte sich vor ihn und hörte ihm mit einer Aufmerksamkeit und Ehrfurcht zu, wie Söhne bei einem trefflichen Vater tun. Bei dem Herzog stand ein Kind mit einem Kopfbund, oder richtiger einem herzoglichen Barett in der Hand und umher sah man einige nach antiker Weise gewaffnete Soldaten mit vieler Kühnheit in schöner Manier gemalt; vor allem wohl ausgeführt, lebendig und kräftig waren jedoch die Gestalten des Fürsten und Michelagnolos, denn der Alte schien fürwahr Worte vorzubringen, und der Junge ihnen aufmerksam zuzuhören. In einem andern Bilde von neun Ellen Höhe und zwölf Ellen Länge, der Kuppel des Sakramentes gegenüber, hatte Bernardo Timante Buontalenti, ein von dem durchl. Fürsten sehr geliebter und begünstigter Maler, nach schöner Erfindung die Flüsse der drei Hauptteile der Welt dargestellt. Sie kamen trauernd und betrübt, um mit dem Arno über den gemeinsamen Verlust zu klagen und ihn zu trösten. Diese Flüsse waren: der Nil, der Ganges und der Po. Das Abzeichen des Nils war ein Krokodil und ein Ährenkranz, wegen der Fruchtbarkeit des Bodens dem er angehört; das des Ganges: der Vogel Greif und ein Diadem von Edelsteinen; das des Po ein Schwan und eine Krone von schwarzem Ambra. Eine Fama, die man in der Höhe schweben sah, hatte jene Flüsse nach Toscana geleitet und sie umgaben den Arno, der mit Zypressen bekränzt die wasserlose Vase mit einer Hand in die Höhe hielt; in der andern hatte er einen Zypressenzweig, und unter ihm lag ein Löwe; damit aber angedeutet werde wie die Seele Michelagnolos sich zu reinster Glückseligkeit in den Himmel erhoben habe, malte der einsichtsvolle Meister in der Höhe einen hellen Schein als Andeutung des himmlischen Lichtes, welchem sich die erlöste Seele in Gestalt eines kleinen Engels zuwendet, und man las dabei folgenden lyrischen Vers:

Vivens orbe peti laudibus aethera.[171]

171 Lebend auf Erden strebe ich nach himmlischem Ruhm.

Auf zwei Basen an beiden Enden dieses Bildes standen zwei Figuren, und hielten einen Vorhang auseinander, so daß es schien als ob die Flußgötter, die Seele Michelagnolos und die Fama sich hinter demselben befänden, unter jeder der beiden Figuren aber lag eine andere Gestalt. Die rechts von den Flußgöttern war Vulcan eine Fackel in der Hand, und die Gestalt, auf deren Nacken sein Fuß stand, war der Neid, der in unbequemer fast mühevoller Stellung sich hervorzuwinden suchte; sein Abzeichen war ein Geier und man las dabei folgendes Motto:

Surgere quid properas, Odium crudele? Jaceto.[172]

Dies bedeutete, daß überirdische, fast göttliche Dinge in keiner Weise Haß oder Neid erwecken dürfen. Die andere Gestalt war Aglaia, eine der Grazien und Gattin Vulcans; sie sollte das Ebenmaß bezeichnen und hielt eine Lilie in der Hand, sowohl weil die Blumen den Grazien geweiht sind, als auch weil man sagt, Lilien seien nicht unpassend für Leichenbegängnisse. Die Figur unter ihren Füßen stellte das Mißverhältnis dar, ihr Abzeichen war ein Affe und darüber war folgender Vers zu lesen:

Vivus et extinctus docuit sic sternere turpe.[173]

Unter den Flußgöttern standen zwei Verse:

Venimus, Arne, tuo confixa ex vulnere maesta
Flumina, ut ereptum mundo ploremus honorem.[174]

Dies Bild galt für sehr schön, in Rücksicht der Erfindung, der Verse, der Zusammenstellung des Ganzen wie

172 Was beeilst du dich emporzusteigen, grausamer Haß? Sinke nieder!

173 Als Lebender wie als Toter hat er gelehrt, so das Häßliche niederzuschmettern.

174 Wir, die Flußgötter, sind gekommen, Arno, niedergeschlagen von deinem Leid, um die der Welt entrissene Ehre zu beklagen.

der Anmut der Figuren, und Buontalenti verdiente um so größeres Lob, da er nicht in Auftrag, sondern freiwillig und mit Hülfe seiner gefälligen, geehrten Freunde durch diese seine Arbeit Michelagnolo Ehre erwies.

In einem andern sechs Ellen langen und vier Ellen hohen Bilde, nahe der nach außen führenden Seitentüre, stellte Tommaso da San Friano, ein junger, sehr vorzüglicher Maler, Michelagnolo als Gesandten seiner Vaterstadt vor Papst Julius II. dar, um der früher genannten Gründe willen von Soderini dorthin geschickt.

Nicht ferne diesem Bilde, ein wenig unterhalb der nach außen führenden Seitentüre, befand sich ein anderes gleich großes Gemälde von Stefano Pieri, dem Zöglinge Bronzinos, einem sehr fleißigen, dem Studium ergebenen Jünglinge, der kurz zuvor ein paarmal in Rom gewesen war. In diesem Bilde sah man Michelagnolo innerhalb eines Zimmers Herzog Cosimo zur Seite sitzen und sich mit ihm unterreden, wie damals öfter geschah und oben ausführlich erzählt ist.

Über den schwarzen Tüchern, mit denen meiner frühern Angabe nach die ganze Kirche ringsum behangen war, sah man in den Räumen der Kapellen wo sich keine historischen Darstellungen befanden, Bilder vom Tode, Schildzeichen und ähnliche Gegenstände, nicht nach gewöhnlicher sondern nach anderer Weise schön und sinnreich ausgeführt. Einige Todesgenien schienen fast zu klagen, daß sie die Welt solches Mannes berauben mußten; sie hielten eine Tafel mit folgender Inschrift:

Coegit dura necessitas.[175]

175 Das grausame Schicksal hat bezwungen.

Und daneben eine Weltkugel gemalt, aus der eine Lilie hervorwächst, die drei Blüten getrieben hat und inmitten des Stengels geknickt ist, nach schöner Erfindung des o. g. Alessandro Allori. Andere Todesgenien waren anders dargestellt; darunter rühmte man einen sehr, er lag zur Erde gestürzt und die Ewigkeit mit einer Palme in der Hand setzte ihren Fuß auf seinen Nacken, schaute ihn erzürnt an und schien zu sagen: Dein Müssen oder Wollen, was es auch sei, hat nichts vermocht, denn dir entgegen wird Michelagnolo ewig fortleben; das Motto lautet:

Vicit inclyta virtus.[176]

Dies aber war eine Erfindung Vasaris.

Nicht verschweigen will ich, daß man zwischen jedem dieser Todesgenien das Schildzeichen Michelagnolos: drei Kronen, oder eigentlich drei Ringe sah, in solcher Weise ineinander verschlungen, daß der Zirkelrand des einen wechselsweise durch den innern Raum der beiden andern hindurchgeht. Dies Sinnbild hatte Michelagnolo sich gewählt, entweder weil er sich dabei dachte, die drei Künste: Bildhauerei, Malerei und Baukunst seien also ineinander verschlungen und verkettet, daß man sie nicht trennen könne und solle, oder auch weil er als ein Mann von hohem Geist noch eine feinere Beziehung hineinlegte. Die Akademiker aber, welche erkannten er sei in allen drei Künsten vollkommen gewesen, und eine sei durch die andere gefördert und verschönt worden, verwandelten die drei Ringe in drei ineinander verschlungene Kronen und setzten darunter das Motto: Tergeminis tollit honoribus,[177] um auszusprechen: er

176 Die ruhmreiche Tugend hat gesiegt.
177 Erhöht durch dreifache Ehre (Horaz, *Carmina* I,1,8).

verdiene in den drei Künsten den Preis höchster Vollkommenheit. Auf der Kanzel, von der herab Varchi die nachmals in Druck erschienene Leichenrede hielt, hatte man gar keine Verzierung angebracht; da der treffliche Donatello sie mit halb und flach erhobenen Bildern in Bronze gearbeitet hatte, würde jede andere Verzierung viel weniger schön gewesen sein. Gegenüber aber bei der zweiten Kanzel, die noch nicht auf den Säulen stand, sah man ein vier Ellen hohes und ein wenig über zwei Ellen breites Bild, worauf nach guter Erfindung und Zeichnung als Fama, oder richtiger als die Ehre ein Jüngling in schöner Stellung gemalt war; er hielt eine Trompete in der rechten Hand und seine Füße standen auf der Zeit und dem Tode, um zu zeigen, daß Ruhm und Ehre, unbekümmert um Zeit und Tod, den in alle Ewigkeit lebend erhalten, welcher hier kräftig gewirkt hat. Der Bildhauer Vincenzio Danti aus Perugia, von dem sonst schon die Rede war und mehr noch sein wird, hatte dies Gemälde ausgeführt.

Als die Kirche in solcher Weise geschmückt, mit Kerzen erleuchtet und von einer unendlichen Volksmasse erfüllt war, indem jedermann die Sorgen des Lebens hinter sich warf, um solch ehrenreichem Schauspiel zuzuströmen, trat der Zug in die Kirche; voraus der Prorektor der Akademie, dann, begleitet von dem Capitano und den Hellebardierern des Herzogs die Konsuln und Akademiker, kurz alle Maler, Bildhauer und Baumeister der Stadt Florenz. Sie nahmen zwischen dem Katafalk und dem Hauptaltar Platz, wo sie von einer sehr großen Zahl hoher Personen und Edelleute erwartet wurden, die alle nach Folgereihen ihres Ranges bequem nebeneinander saßen, und es begann eine feierliche Totenmesse mit Musik und jeder Art Gepränge. Nach ihrer Beendigung stieg der oben genannte Sgr. Varchi auf die Kanzel, um ein Amt zu vollziehen, welches er zuletzt für die durchlauchtige Herzogin von Ferrara, Tochter Herzog Cosimos, und seitdem nicht wieder ausgeübt hatte; verkündete von dort herab mit der ihm eigenen Zierlichkeit der Rede und wohltönenden Stimme das Lob, die Verdienste, das Leben und die Werke des göttlichen Michelagnolo Buonarroti.

Gewißlich war es ein Glück für Michelagnolo, daß er nicht vor der Stiftung unserer Akademie starb, da sein Leichenbegängnis durch ihre Veranstaltung mit so viel Ehre, Glanz und rühmlicher Pracht gefeiert wurde; auch kann es für einen bedeutenden Gewinn gelten, daß er früher als Varchi zu einem ewigen glückseligen Leben hinüberging, indem ihn kein Mann von größerer Gelehrsamkeit und Beredsamkeit hätte preisen können. Die Leichenrede des Herrn Benedetto Varchi wurde bald nachher gedruckt und dasselbe geschah kurz darauf mit einer andern schönen Rede zum Lobe Michelagnolos und der Malerei, von dem edeln und gelehrten Herrn Lionardo Salviati abgefaßt, der damals ein Jüngling von ungefähr zweiundzwanzig Jahren in allen seinen Abhandlungen in Latein wie in der Volkssprache einen so glücklichen Geist zeigte, als jetzt alle Welt weiß und in Zukunft noch mehr erfahren wird. Was aber kann ich sagen um der Trefflichkeit, Güte und Einsicht des sehr ehrwürdigen Herrn Prorektors Don Vincenzio Borghini genügendes Lob zu spenden, als daß die Mitglieder der Zeichen-Akademie ihn als Haupt, als Lenker und Ratgeber jener Exequien feierten; denn war auch jeder von ihnen im Stande viel Größeres in seiner Kunst zu leisten als er tat, so kann doch ein Unternehmen nur zu ehrenvollem Ziele geführt werden, wenn ein Einzelner nach der Weise eines erfahrenen Steuermannes und Führers alle beherrscht und Macht über sie ausübt.

Da nicht die ganze Stadt an einem einzigen Tage die Ausschmückung der Kirche in Augenschein nehmen konnte, so blieb sie in Auftrag des Herzogs viele Wochen unverändert, zu Befriedigung der Einheimischen und der Fremden, die aus der Umgegend kamen um sie zu sehen.

Eine große Zahl Grabschriften und Verse in Latein und in der Volkssprache, welche viele treffliche Männer zu Michelagnolos Ehre verfaßt haben, wollen wir nicht beifügen, sowohl weil sie für sich ein Werk ausmachen würden, als auch weil sie von andern Schriftstellern aufgezeichnet und herausgegeben sind. Doch will ich nicht unterlassen hier am Schlusse zu berichten, daß der Herzog nach den eben genannten Ehrenbezeugungen Befehl gab, Michelagnolo ein ruhmwürdiges Grabmal in Santa Croce zu geben, da er schon während seines Lebens den Wunsch geäußert hatte, einst in jener Kirche beigesetzt zu werden, wo sich die Gruft seiner Voreltern befand. Se. Exzellenz schenkte Lionardo, dem Neffen Michelagnolos, den zu dem Grabmale nötigen weißen und bunten Marmor, das nach einer Zeichnung Giorgio Vasaris, samt der Büste Michelagnolos, von dem trefflichen Bildhauer Battista Lorenzi ausgeführt wird. Es gehören dazu drei Statuen: die Malerei, Bildhauerei und Baukunst; eine davon erhielt der obengenannte Battista, die andern Giovanni dell'Opera, die letzte Valerio Cioli, drei florentinische Bildhauer, und sie werden zugleich mit dem Grabmale gearbeitet, bald vollendet und an ihrem Ort aufgestellt sein. Die Kosten, mit Ausnahme des Marmors, den er von dem Herzog empfangen, bestreitet Lionardo Buonarroti, Se. Exzellenz aber, um nichts zu unterlassen, womit er einem so seltenen Mann Ehre erweisen kann, wird ein Denkmal mit seinem Namen und seiner Büste im Dom aufstellen lassen,[178] gleichwie man dort die Namen und Bildnisse anderer trefflicher Florentiner findet.

178 Dieses Epitaph mit Büste kam nie zur Ausführung.

# Anhang

# Zu dieser Ausgabe

Der Text der vorliegenden Ausgabe folgt der ersten deutschen Gesamtübersetzung in der Edition von Ludwig Schorn und Ernst Förster:

> Giorgio Vasari: Leben der ausgezeichnetsten Maler, Bildhauer und Baumeister von Cimabue bis zum Jahre 1567 (1568). Hrsg. von Ludwig Schorn und Ernst Förster. 6 Bde. Stuttgart/Tübingen: Cotta, 1832–49. – Nachdr. Worms: Wernersche Verlagsgesellschaft, 1983. ²1988. Bd. 3,1. S. 3–48, 179–252. Bd. 5. S. 257 bis 470.

Ludwig Schorn war Redakteur des »Kunstblattes« (1816–49), einer Beilage zum *Morgenblatt für gebildete Stände*, das beim Verleger Cotta herauskam, und darüber hinaus Verlagsberater für Fragen zur Kunst. Er wurde von Cotta auch als Herausgeber, Korrektor und Kommentator der Vasari-Übersetzung herangezogen. Bemerkenswert ist die in der Vorrede zur mehrbändigen Übersetzung von Schorn dargelegte Absicht, der Anordnung und der Darstellungsweise Vasaris zu folgen. »Obgleich also diese Übersetzung allerdings einigen Anspruch darauf macht, den altertümlichen und novellenartigen Ton des Originals den deutschen Lesern zu Ohren zu bringen, so ist doch vor allem auf die wörtliche Treue gesehen worden.«[1]

Es darf als ein Vorzug dieser Übersetzung gelten, daß Vasaris Stil mit gutem Gespür für die bisweilen langen Perioden übertragen wurde. Deshalb ist die Frage nach der Urheberschaft der Übersetzung von philologischem Interesse. Schorn gibt an, daß die Übersetzung nicht von ihm stammt, sondern bereits in gewissem Umfang vorlag. Auch für die späteren Bände fertigten weder Schorn noch sein Nachfolger als Herausgeber, Ernst Förster, eigene Übersetzungen an. Beide dürften zwar bei kunsttechnischen Fachbegriffen redaktionellen Einfluß genommen haben, insgesamt besorgten sie aber hauptsächlich die historischen Anmerkungen und Werk-

1 Ludwig Schorn, »Vorrede des Herausgebers«, in: Schorn/Förster, Bd. 1, 1832, S. IX.

informationen. Irrtümlich wurde bislang Therese Heyne, die Tochter des bekannten Göttinger Altphilologen und Altertumskenners Christian Gottlob Heyne, als die Übersetzerin des 1. Bandes angesehen, während die weiteren den Herausgebern zugerechnet wurden.

Jüngst erst konnte diese Frage geklärt werden. Demnach stammt die gesamte Übersetzung von Adeline Seebeck aus Berlin.[2] Nach der erhaltenen Verlagskorrespondenz hat sie für alle 6 Bände Honorar erhalten. Als Übersetzerin blieb Adeline Seebeck jedoch anonym, auch ihre weiteren schriftstellerischen Arbeiten erschienen unter Pseudonym.

Die Orthographie wurde unter Wahrung des Lautstandes und sprachlich-stilistischer Eigenheiten behutsam dem heutigen Gebrauch angeglichen. Eigennamen wurden nicht modernisiert; wechselnde Schreibungen (z. B. *Michelagnolo / Michel-Agnolo / Michel Agnolo / Michelangelo*) blieben erhalten; ebenso unterschiedlich verwendete Abkürzungen (z. B. *S./St./San/Santo; hl./heil./h.*). Die Schreibweise von Zahlen (in Buchstaben oder in Ziffern) wurde nicht vereinheitlicht. Bei direkter Rede wurden durchgehend Anführungszeichen gesetzt, Werktitel sind ebenfalls mit Anführungszeichen gekennzeichnet. Die Interpunktion blieb gewahrt. Offensichtliche Druckfehler wurden stillschweigend verbessert.

Die Anmerkungen beziehen sich auf Personen, Ereignisse und besonders auf die von Vasari angesprochenen Werke. Daten und Fakten richten sich nach dem aktuellen Stand der Forschung; wo jedoch Datierungen umstritten sind, wurde die fragliche Zeitspanne angegeben. Die Angaben zu Aufbewahrungsorten nennen Stadt und Monument bzw. Sammlung.

2 Vgl. dazu die Diskussion der erhaltenen Verträge und Korrespondenz im Cotta-Archiv (Schiller Nationalmuseum Marbach a. N.): Dirk Kemper, »Litterärhistorie – romantische Utopie – kunstgeschichtliche Poesie: drei Modelle der Renaissancerezeption, dargestellt anhand gedruckter und ungedruckter Vasari-Übersetzungen 1778–1832«, in: *Romantik und Renaissance. Die Rezeption der italienischen Renaissance in der deutschen Romantik*, hrsg. von Silvio Vietta, Stuttgart/Weimar 1994, S. 116–139, bes. S. 129–135.

# Literaturhinweise

## Ausgaben

Vasari, Giorgio: Le Vite de' piú eccellenti architetti, pittori, et scultori italiani, da Cimabue insino a' tempi nostri. Florenz: Torrentino, 1550.

Vasari, Giorgio: Le Vite de' piú eccellenti architetti, pittori, et scultori italiani, da Cimabue insino a' tempi nostri (1550). Hrsg. von Luciano Bellosi und Aldo Rossi. Turin: Einaudi, 1986. $^{2}$1991.

Vasari, Giorgio: Le Vite de' più eccellenti pittori, scultori ed architettori. Florenz: Giunta, 1568.

Vasari, Giorgio: Le Vite de' più eccellenti pittori, scultori ed architettori. Hrsg. von Gaetano Milanesi. 9 Bde. Florenz: Sansoni, 1878–85. $^{2}$1906. – Nachdr. Florenz: Sansoni, 1981.

Vasari, Giorgio: Le Vite de' più eccellenti pittori, scultori ed architettori nelle redazioni del 1550 e 1568. Testo a cura di Rosanna Bettarini. Commento a cura di Paola Barocchi. Bd. 1 ff. Florenz: Studio per edizioni scelte, 1966 ff. [Bisher 6 Text-, 3 Komm.-Bde.]

Vasari, Giorgio: La vita di Michelangelo nelle redazioni del 1550 e del 1568. Hrsg. und komm. von Paola Barocchi. 5 Bde. Mailand/Neapel: Ricciardi, 1962.

## Deutsche Gesamtübersetzungen

Vasari, Giorgio: Leben der ausgezeichnetsten Maler, Bildhauer und Baumeister von Cimabue bis zum Jahre 1567 (1568). Hrsg. von Ludwig Schorn und Ernst Förster. 6 Bde. Stuttgart/Tübingen: Cotta, 1832–49. – Nachdr. Worms: Wernersche Verlagsgesellschaft, 1983. $^{2}$1988. [Zit. als: Schorn/Förster.]

Vasari, Giorgio: Die Lebensbeschreibungen der berühmten Architekten, Bildhauer und Maler (1568). Hrsg. von A. Gottschewski und G. Gronau. 7 Bde. Straßburg: Heitz, 1904–27.

## Zu Vasari

Baldini, Umberto: Giorgio Vasari pittore. Florenz 1995.

Barocchi, Paola: Studi vasariani. Mailand 1984.

Blunt, Anthony: Kunsttheorie in Italien 1450–1600. Mittenwald 1984.

Boase, J. S. R.: Giorgio Vasari. The Man and the Book. Princeton (N. J.) 1979.
Conforti, Claudia: Giorgio Vasari architetto. Mailand 1993.
Corti, Laura: Vasari. Catalogo completo dei dipinti. Florenz 1989.
Frey, Karl (Hrsg.): Der literarische Nachlaß Giorgio Vasaris. 3 Bde. München 1923–40.
Garfagnini, Gian Carlo (Hrsg.): Giorgio Vasari tra decorazione ambientale e storiografia artistica. Convegno di Studi Arezzo 1981. Florenz 1985.
Il Vasari storiografo e artista. Atti del congresso internazionale nel IV centenario della morte (1974). Florenz 1976.
Jacks, Philip (Hrsg.): Vasari's Florence. Artists and Literati at the Medicean Court. Cambridge 1998.
Kallab, Wilhelm: Vasaristudien. Hrsg. von Julius von Schlosser. Wien/Leipzig 1908.
Kliemann, Julian: Giorgio Vasari. Kunstgeschichtliche Perspektiven. In: P. Ganz, M. Gosebruch, N. Meier, M. Warnke (Hrsg.): Kunst und Kunsttheorie 1400–1900. Wiesbaden 1991. S. 29–74.
Prinz, Wolfram: Vasaris Sammlung von Künstlerbildnissen. Beiheft der Mitteilungen des Kunsthistorischen Institutes in Florenz. Bd. 12. Florenz 1966.
Rubin, Patricia Lee: Giorgio Vasari. Art and History. New Haven / London 1995.
Satkowski, Leon George: Giorgio Vasari. Architect and Courtier. Princeton (N. J.) 1993.
Schlosser, Julius von: Die Kunstliteratur (1924). Wien [2]1985.
Studi vasariani. Atti del convegno internazionale per il IV centenario della prima edizione delle ›Vite‹ del Vasari. Florenz 1952.

## Zu Leonardo

Arasse, Daniel: Leonardo da Vinci. Köln 2002.
Clark, Kenneth: Leonardo da Vinci. Reinbek [16]1993.
Kemp, Martin: Leonardo da Vinci. The Marvellous Works of Nature and Man. London/Toronto 1981.
Kemp, Martin / Walker, M.: Leonardo on Painting. An Anthology of Writings by Leonardo da Vinci with a Selection of Documents Relating to his Career as an Artist. London 1989.
Leonardo da Vinci: Das Buch von der Malerei. Hrsg. von Heinrich Ludwig. 3 Bde. Wien 1882.

Leonardo da Vinci: Sämtliche Gemälde und die Schriften zur Malerei. Hrsg. von André Chastel. München 1990.
McMullen, Roy: Mona Lisa. The Picture and the Myth. Boston 1975.
Marani, Pietro C.: Leonardo. Catalogo completo dei dipinti. Florenz 1989.
Pedretti, Carlo: The Literary Works of Leonardo da Vinci edited by J. P. Richter. A Commentary. Oxford 1977.
Richter, Jean Paul: The Literary Works of Leonardo da Vinci. 2 Bde. London / New York ³1970.
Zöllner, Frank: Leonardo da Vinci: 1452–1519. Sämtliche Gemälde und Zeichnungen. Köln 2003.

## Zu Raffael

Camesasca, Ettore (Hrsg.): Raffaello. Gli scritti. Lettere, firme, sonetti, saggi tecnici e teorici. Mailand 1993.
Ferino Pagden, Sylvia / Zancan, Maria Antonietta: Raffaello. Catalogo completo dei dipinti. Florenz 1989.
Frommel, Luitpold / Ray, Stefano / Tafuri, Manfredo: Raffael. Das architektonische Werk. Stuttgart 1987.
Jones, P. / Penny, Nicolas: Raffael. München 1984.
Oberhuber, Konrad: Raffael. Das malerische Werk. München 1999.
Sambucco Hamond, Micaela / Strocchi, Maria Litizia (Hrsg.): Studi su Raffaello. Atti del convegno di Urbino e Firenze 1984. 2 Bde. Urbino 1987.

## Zu Michelangelo

Argan, Giulio / Contardi, Bruno: Michelangelo architetto. Mailand 1990.
Condivi, Ascanio: Das Leben des Michel Angelo Buonarroti (1553), übersetzt von Rudolph Valdeck. Ergänzung von Girolami Ticciati und die Mitteilung des Wissenswürdigsten aus Benedetto Varchi's Leichenrede. Übers. von Albert Ilg. Wien 1874.
Hirst, Michael: Michelangelo and his Drawings. New Haven / London 1988.
Pietrangeli, Carlo (Hrsg.): Die Sixtinische Kapelle. Zürich 1993.
Poeschke, Joachim: Die Skulptur der Renaissance in Italien. Bd. 2: Michelangelo und seine Zeit. München 1992.
Summers, David: Michelangelo and the Language of Art. Princeton (N. J.) 1981.

# Nachwort

Kein Werk der Kunstliteratur hat unser Bild vom neuzeitlichen Künstler so nachhaltig geprägt wie Giorgio Vasaris *Vite de' più eccellenti pittori, scultori e architetti* (1568). Monumental wird der literarische Entwurf eines Geschichtsbildes ausgebreitet, das drei Jahrhunderte italienischer Kunst umfaßt und am Schluß die Künstlerapotheose vollzieht. Unter Berufung auf Vasari wird diese Zeitspanne »Renaissance« genannt, als Wiedergeburt (»rinascita«) der Kunst und auch Geburt der Neuzeit. Kaum ein Buch wurde in kunstinteressierten Kreisen des 16. Jahrhunderts so diskutiert wie Vasaris *Viten*; es besticht durch technische Kenntnisse des Autors, es bildet durch gelehrte Exkurse zu Theorie und Geschichte, es weiß erfrischende Anekdoten mit leichter Hand zu erzählen, es fehlt nicht an kennerschaftlichem Urteil, und es brilliert auf bislang ungeahnte Weise mit Beschreibungen von Kunstwerken. Erstmals ist der Versuch gewagt worden, den ganzen Mikrokosmos der Kunst literarisch zu bewältigen. Mehr noch, Vasaris *Viten* geben vor, daß die Kunst ihren eigenen Rhythmus der Geschichte zeitigt, einer Geschichte, die sich über die Lebenswerke der Künstler zu erkennen gibt.

## Die göttliche Künstlertrias in Vasaris Geschichtsmodell

Die Kunst, so gibt uns Vasari zu verstehen, erlebt nach einer langen Zeit des dunklen Mittelalters in Italien ihre Wiedererweckung. Es sind Toskaner, genauer Florentiner, die dies vollbringen. Vasaris Einteilung der neueren Kunstentwicklung in drei Phasen (»età«) entspricht der Jahrhundertfolge

Trecento, Quattrocento und Cinquecento. Mit Cimabue beginnt die Geschichte der Kunst von neuem, nachdem sie bereits in der Antike ihren aufsteigenden und wieder sinkenden Verlauf durchlebt hatte. Sie folgt einem biologistischen Modell, das der Kunst Kindheit und Jugend, Blüte und Reife und schließlich Alter und Verwelken attestiert. Schon antike Autoren sahen dies so, Cicero (*Brutus* 70) und Quintilian (*Institutio Oratoria* XII,10,1–9) etwa, denen Vasari hierin folgt. Wenn Vasari, was oft betont wird, als Vater der Kunstgeschichte gelten darf, dann nicht, weil er aus dem genannten Modell heraus der Kunst eine historische Impulsmacht zubilligt, sondern eher, weil in seiner Einteilung ansatzweise überindividuelle Stilgemeinsamkeiten zu tragenden Elementen einer neuen Konstruktion von Zeiteinheiten werden. Was die Künstler eint, sind die gleichen künstlerischen Problemstellungen, was sie scheidet, sind die unterschiedlichen Lösungen, denen sie zustreben.

Kunst ist für Vasari ein Resultat gegenseitigen Austausches; von Generation zu Generation lernen die Künstler bestehende Mängel zu überwinden. Stets bleibt daher die Geschichte der Kunst an das einzelne Werk, an den einzelnen Künstler und seine Innovationen zurückgebunden. Insofern handelt es sich um eine Künstlergeschichte, die ihre über sich hinausweisende Wirkkraft aus der Vitalität der Individualitäten bezieht. Für Vasari nährt sich der prozessuale Fortschritt der Kunst aus zwei Prinzipien: Einmal postuliert er die Akkumulation technischer Errungenschaften, das heißt, daß jede Künstlergeneration die Erfahrungen der Älteren mit der Lehre in sich aufnimmt, also bereits auf einem viel höheren Niveau einsetzt, um es ihrerseits weiter anzuheben; dies führe zu dem Umstand, daß früher ein Maler sechs Jahre für ein Gemälde gebraucht habe, nun aber, in Vasaris Zeit, ein Maler sechs Bilder in einem Jahr malen könne. Bemerkenswert weitsichtig ist hierbei, daß Vasari zurückliegende Kunststufen historisch zu relativieren weiß.

Zur ersten »età« heißt es: »Demnach gebührt den Meistern, welche zu jener Zeit lebten und von mir zu der ersten Periode gerechnet worden sind, dasselbe Lob und dieselbe Würdigung wie ihren Arbeiten, wobei nicht minder als bei den damaligen Bau- und Malerwerken zu beachten ist, daß die, welche sie ausführten, durch ihre Vorgänger keine Hilfe hatten, sondern den Weg für sich selbst finden mußten. Jeder Anfang aber, wenn auch an sich gering, verdient immerdar ein nicht geringes Lob.«[1]

Zum werkökonomischen Aspekt kommt dann zum anderen das Ingenium der Künstler, das befähigt, in neue schöpferische Dimensionen vorzustoßen. Ingenium ist die Bedingung der Möglichkeit von Innovation, und erst durch Innovationen vollzieht sich der prozessuale Fortschritt in der Geschichte der Kunst. Er setzt mit Cimabue ein und erreicht mit Giotto einen ersten Gipfel, indem dieser die »maniera greca«, die byzantinische Malweise, überwindet und die Wiedergeburt (»rinascita«) der Kunst einleitet. Giotto konnte auf keine Vorläufer aufbauen, sondern schöpfte aus sich selbst und der Natur. Daher steht das erste Zeitalter im Zeichen der Giotto-Nachfolge.

Dann folgt der eigentliche Schritt, das Mittelalter hinter sich zu lassen, indem unter dem Leitstern der Antike die Naturnachahmung zum Prinzip und die Zentralperspektive zum Verfahren schlechthin erhoben werden. Mit Brunelleschi, Ghiberti, Alberti, Masaccio und Donatello erlebt die Kunst entscheidende Fortschritte und wird der Antike ebenbürtig. Freilich fehlt in den Augen Vasaris diesen Künstlern noch die Fähigkeit, nach der Wiedereroberung aller Regeln sich über sie auch hinwegsetzen zu können und im autonomen Regelgebrauch, aber auch in dessen Überschreitung das freie Spiel künstlerischer Kräfte zu proben. »Der Regel fehlte eine gewisse Freiheit, die, ohne Regel zu

1 Schorn/Förster, Bd. 2,1, 1837, S. 10.

sein, durch die Regel geordnet ist und bestehen kann ohne Verwirrung zu veranlassen und die Ordnung zu verderben«, heißt es im Proömium zum 3. Teil.[2] Es mangelte am gewissen Etwas (»quel certo che«).

Dies sieht Vasari nunmehr im Cinquecento erreicht, und das Verdienst dafür, daß sein Zeitalter selbst die Antike überragt, spricht er drei Künstlern zu: Leonardo, Raffael und Michelangelo. Im personellen Grundriß seiner Geschichtskonstruktion überstrahlt dieses Dreigestirn alle anderen. Ihnen gebührt das Epitheton »göttlich«: Leonardos Fähigkeiten sind »von Gott gespendet« (S. 7), Raffael gilt als »sterblicher Gott« (S. 40), Michelangelo ist mehr »himmlisches« als »irdisches« Wesen (S. 104). Entscheidend für diesen laudativen Dreiklang ist nicht die faktische Alterskonstellation (Leonardo ist 1452, Raffael 1483, Michelangelo 1475 geboren), sondern die Zeit der direkten künstlerischen Auseinandersetzung in den ersten beiden Dezennien des Cinquecento, eine Phase, die Vasari selbst nicht unmittelbar erlebte.

Leonardo markiert den Auftakt des 3. Teiles; er habe »gute Regel, bessere Anordnung, richtiges Maß, vollkommene Zeichnung und überirdische Anmut in die Kunst« gebracht, mehr noch, er hauchte seinen Gestalten »Atem und Leben« ein.[3] Mit ihm entsteht die »maniera moderna«. Raffael von Urbino verleiht seinen Werken dann vollendete Grazie und zieht aus allen Vorzügen anderer durch eigene Erfindungsgabe die Summe. Daß Raffael im ersten Drittel der »terza età« plaziert ist, erfolgt mit gutem Grund, denn dadurch wird ersichtlich, wie viele ihm nachgeordnete Künstler aus seiner Werkstatt hervorgehen oder seinem Ideal verpflichtet sind. Michelangelo schließlich, dessen Vita in der 1. Auflage den Schluß bildet, erhebt sich über alle an-

2 Schorn/Förster, Bd. 3,1, 1843, S. VIII.
3 Schorn/Förster, Bd. 3,1, 1843, S. XIII.

tiken und neueren Künstler und selbst über die Natur; er verkörpert den Gipfelpunkt der Entwicklung aller drei Zeitalter. Es ist daher auch kein Zufall, wenn Vasari für das dritte Zeitalter die Vitenordnung so vornimmt, daß die teleologische Kunstentwicklung sich im Werk Michelangelos vollendet. In der 2. Auflage nimmt Vasari Michelangelos Absolutsetzung etwas zurück, da in Sammelkapiteln weitere noch lebende Künstler vorgestellt werden und Vasari sich nun nicht mehr scheut, eine Autobiographie anzuhängen.

Inhaltlich am engsten verknüpft sind die drei Lebensläufe bezeichnenderweise über den berühmten künstlerischen Wettstreit, den Leonardo und Michelangelo in Konkurrenz um das beste Schlachtengemälde austragen. Innovation ist ein Hauptantrieb der Kunst, der Wettstreit ein anderer. Im Wettstreit liegt das Movens der Innovation. Schon in der Antike praktiziert, steigt er zur Praxis künstlerischer Fortschrittsermittlung auf, wobei das agonistische Prinzip der Vervollkommnung der Kunst dient. Diesbezüglich erscheint der von der republikanischen Soderini-Regierung 1503 in Florenz erteilte Auftrag an Leonardo und Michelangelo, für den großen Ratssaal im Palazzo Vecchio je ein Gemälde zu entwerfen, in dem eine für Florenz glorreiche Schlacht dargestellt sein sollte, als zentrales Ereignis. Leonardo, schon in fortgeschrittenem Alter und weithin berühmt, entscheidet sich in seiner »Schlacht von Anghiari« für die Darstellung des dramatischen Höhepunkts im Kampf um das Banner. Michelangelo wählt in seiner »Schlacht von Cascina« den Augenblick vor dem eigentlichen Kampf, als die florentinischen Soldaten noch im Fluß baden und vom Schlachtsignal überrascht werden. Beide Kartons rühmt Benvenuto Cellini in seiner Autobiographie als eine »scuola del mondo«, eine Art Elementarschule für junge Künstler. Sie wurden beide noch im Cinquecento zerstört: Michelangelos Karton zerstückelten habgierige junge

Künstler, denen das Kopieren nicht genügte; Leonardos in experimenteller Technik ausgeführtes Wandgemälde fiel der von Vasari selbst geleiteten Umgestaltung des Saales zum Opfer, indem er es von der Wand schlagen ließ und durch seine eigenen Huldigungsbilder an Cosimo I. ersetzte.

Mit diesen Konkurrenzgemälden wird in den *Viten* der Übergang vom zweiten zum dritten Zeitalter manifest, und gleichzeitig entsteht über sie das künstlerische Dreiecksverhältnis mit Raffael. In der Charakteristik von Raffaels künstlerischem Werdegang schreibt Vasari, der junge Urbinate sei »vom Verlangen nach Vollkommenheit ergriffen« (S. 44) worden, als er in Perugia von den Kartons Leonardos und Michelangelos für den Palazzo Vecchio hörte. Raffael ging nach Florenz, entwöhnte sich des Stiles seines Lehrers Perugino und suchte zunächst vor allem Leonardo nachzueifern. Er habe aber Leonardo in einer gewissen Erhabenheit der Ideen und Größe der Kunst (»in un certo fondamento terribile di concetti e grandezza d'arte«) nicht erreicht, sei ihm allerdings an Lieblichkeit (»dolcezza«) und Anmut der Farben (»grazia de' colori«) gleichgekommen und habe ihn in der Leichtigkeit der Ausführung (»facalità naturale«) übertroffen (S. 89). Die eigentliche Herausforderung lag jedoch in der Darstellung des Nackten in allen Stellungen, so wie er es in Michelangelos »Schlacht von Cascina« sehen konnte, schließlich galt Aktdarstellung jeglicher Art als Nonplusultra sowohl der Malerei als auch der Bildhauerei.

Die Brisanz des künstlerischen Wettstreits im Palazzo Vecchio steht zu Beginn des Cinquecento in engem Zusammenhang mit dem Rangstreit (»paragone«) unter den Künsten, speziell zwischen Malerei und Bildhauerei, denn Michelangelo trat eigentlich als Bildhauer gegen den berühmtesten Maler der Zeit an. Das auf Simonides und Horaz zurückgehende Diktum, Poesie sei redende Malerei und Malerei stumme Poesie (»ut pictura poesis – ut poesis pictura«), beschäftigte viele geistreiche Köpfe der Renaissance mit der Frage, wem der Vorrang gebühre. In den bildenden Künsten wird dieser Rangstreit darauf zugespitzt, ob die Werke der Bildhauerei oder der Malerei, gemessen an ihrer Ähnlichkeit zur Natur einerseits und ihren spezifischen Kunstmitteln andererseits, lobenswertere Resultate vorzuweisen hätten. Die Argumente kreisen um die Wesenheiten dreidimensional-körperhafter bzw. zweidimensional-flächenhafter Darstellungsweise, in zweiter Linie um Spezifika der praktischen Tätigkeit und schließlich auch um das öffentliche Ansehen, das der jeweiligen Kunstart zuwächst. Gegen Ende des Quattrocento vertritt Leonardo in seinen Schriften vehement den Standpunkt, die Malerei sei eine mathematische Wissenschaft und längst hätte ihr der Rang und die Anerkennung der Artes liberales zuerkannt werden müssen, außerdem erlaube ihre Ausübung in allen Bereichen den Habitus eines Edelmannes. Wenn Vasari ein halbes Jahrhundert später in seiner dem ganzen Werk vorangestellten Einleitung die Argumente für die Bildhauer und für die Maler mehr referiert als selbst expliziert, so signalisiert dies eine gewisse Ermüdung dieser Diskussion. Neue Argumente kommen nicht dazu, die alten sind sattsam bekannt. Michelangelo antwortet auf die berühmte, 1549 veröffentlichte Umfrage des Florentiner Literaten Benedetto Varchi zu diesem Streitthema, bisher habe er die Skulptur als Leuchte der Malerei betrachtet, mittlerweile sei er jedoch zu der Meinung gekommen, daß beide Künste von gleicher Natur seien (»una medesima cosa«) und aus ein und derselben Geisteskraft stammten (»venendo l'una e l'altra da una medesima intelligenza«).[4]

Indirekt spricht Michelangelo das an, was bislang bei diesem Diskurs offengeblieben war: die Formulierung einer

4 Vgl. Paola Barocchi (Hrsg.), *Trattati d'arte del Cinquecento*, Bd. 1, Bari 1960, S. 82.

alles unter sich fassenden Beurteilungskategorie. Dies nun liegt für Vasari im »disegno« begründet, der für ihn zum Leitbegriff der *Viten* aufsteigt. »Disegno«, terminologisch keineswegs neu und in der Traktatliteratur bereits seit dem Quattrocento etabliert, ist für Vasari zunächst die Zeichnung vom ersten Entwurfsstadium bis zur bildmäßig ausgeführten Reinzeichnung, also überhaupt die Fähigkeit, in einem zunächst werkvorbereitenden Medium technische Virtuosität und gestalterischen Ideenreichtum zu demonstrieren. Systematisch sammelt er daher Handzeichnungen von Künstlern seit Cimabue und kollektiviert sie in einer chronologisch geordneten Mappe (*Libro del disegno*). Darüber hinaus bedeutet »disegno« aber auch den geistigen Entwurf, die Idee, die vor dem inneren Auge des Künstlers Gestalt gewinnt, längst vor dem ersten Schritt zur Ausführung. Nicht zufällig betonen sowohl Vasari als auch Condivi, daß Michelangelo viele Werke deshalb nicht zu Ende bringen konnte, weil immer neue Ideen und der Wunsch zu deren Verwirklichung ihn ruhelos vorantrieben. Auch wenn bei dieser Erklärung mehr die bereits interpretierende Seh- und Denkweise der jüngeren Generation durchscheint, so ist es doch folgenreich, wie kategorisch bei Vasari die geistige Potenz des Entwurfs über der Ausführung rangiert. Insofern, als im »disegno« auch das vereinende Prinzip zur Architektur liegt, obwohl diese ja keine imitative Kunst ist, kann Vasari die Ganzheit aller künstlerischen Produktion, aber auch deren Beurteilung proklamieren.

Die Instanz des »disegno« macht es für Vasari auch möglich, die Aporie seines Entwicklungsmodells aufzulösen. Er sieht deutlich, daß mit dem Aufschwung der Kunst zu unübertrefflichen Höhen, personifiziert in Michelangelo, zugleich ein Erlahmungsphänomen einhergeht und der Abstieg der Kunst droht. Das dem biologistischen Modell implizite Verfallsproblem liegt auf der Hand, das Epigonentum wird zur Gefahr für eine stets sich selbst erneuernde, auf höchstem Niveau bleibende Kunst. Schon seine eigenen Zeitgenossen warnt er davor, in der Nachahmung einer Manier zu erstarren und die beiden großen Lehrmeisterinnen, die Natur und die Antike, zu vernachlässigen, denn die großen Künstler seien ja gerade durch sie zur Vollkommenheit gelangt. Vasari löst nun dieses Problem mit dem Rückgriff auf den ebenfalls in der Antike, z. B. bei Plinius (*Naturalis historiae* XXXV), bereits formulierten Zyklus-Gedanken, indem die Regeneration stets aufs neue durch herausragende Künstler geleistet wird.

Die entscheidende Stelle, in der Vasari die positive Aussicht auf eine zyklische Regeneration der Kunstentwicklung skizziert, findet sich in der Vita Raffaels. Dort heißt es, Raffael habe erkannt, daß er trotz aller Studien in der Darstellung des Nackten und daher auch im »disegno« nicht die Meisterschaft Michelangelos erreichen werde. Deshalb habe es auch keinen Sinn, darin mit Michelangelo zu wetteifern, und er erkannte, die »Malerei bestehe nicht einzig darin, nackte Körper darzustellen, sondern sie umfasse ein weites Feld, und man könne unter die vollkommenen Meister auch denjenigen zählen, welcher seine Erfindungen und Gedanken gut und mit Leichtigkeit auszudrücken vermöge (che sanno esprimere bene e con facilità l'invenzioni delle storie et i loro capricci con bel giudizio), seine Bilder nicht durch zu viel überlade noch durch zu wenig dürftig erscheinen lasse, sondern vielmehr nach schöner Anordnung (con bella invenzione et ordine) zusammenstelle und verteile« (S. 91). Folglich gibt Vasari den Künstlern seiner Zeit den Rat, nicht im fruchtlosen Kopieren Michelangelos steckenzubleiben, sondern es Raffael gleichzutun. Zur Zeit der 2. Ausgabe war Michelangelo längst heroisiert, doch auch die im Zuge der Gegenreformation laut gewordene Kritik an den Freizügigkeiten seiner Kunst hatte ihre Wirkung gezeitigt. Michelangelo war zwar unübertrefflich, aber es stand in Frage, ob seine Kunst in jeder Hinsicht als Leitstern gelten könne, da die Zukunft nicht mehr so sehr in der Bewältigung der Aktdarstellung gesehen wurde, sondern mehr in der Bilderfindung, der Komposition und der richtigen Anwendung des Decorum. Und weil Raffael in letzteren zur Vollkommenheit gelangt sei, könne er als Leitbild gelten. Denn solange technische Virtuosität mit der Fähigkeit zu erfindungsreichen Kompositionen auf einem Niveau gehalten werden kann, so lange sieht Vasari den drohenden Abstieg der Kunst gebannt.

## Giorgio Vasari

Anspruch und Denken Vasaris in den *Viten* lassen sich kaum verstehen, berücksichtigt man nicht seine eigene Biographie und Stellung als Künstler. Giorgio Vasari wurde am 30. Juli 1511 in Arezzo geboren. Arezzo war schon in der Antike berühmt für Keramikwaren, und auch Vasaris Großvater Giorgio de' Toldi war Töpfer (»vasaio«), weshalb er den Familiennamen in »de' Vasari« änderte. Der Vater Antonio sorgte für eine gründliche Schulausbildung des Sohnes durch Pollastra (Giovanni Pollio Lappoli), einen ehemaligen Sieneser Universitätslehrer, sowie für eine erste Lehrzeit beim Glasmaler Guglielmo de Marcillat. Als Anfang Mai 1524 Kardinal Passerini Arezzo besuchte, nutzte Giorgios Vater die Gelegenheit und ließ den Dreizehnjährigen einige Passagen aus Vergils *Aeneis* rezitieren. Mit Erfolg, denn Passerini, der in Florenz Statthalter der Medici war, fand Gefallen an dem aufgeweckten Jungen und nahm ihn mit nach Florenz, um für die Medici-Söhne Ippolito und Alessandro einen geeigneten Spielkameraden zu haben. Die Parallelität der Jugendgeschichte von Vasari und Michelangelo, bei der Redaktion der *Viten* sicherlich mit Bedacht literarisch überformt, fällt sogleich auf; sie kombiniert Vasaris Prädisposition zum Hofkünstler mit dem aus seiner

Sicht für das Wohl der Künste beispiellosen Protektorat der Medici.

Vasari wurde die Gunst zuteil, mit den beiden Medici-Erben gemeinsam jeden Tag zwei Stunden durch Piero Valeriano unterrichtet zu werden. Neben dieser Förderung seiner literarischen Interessen fand der halbwüchsige Giorgio vor allem auch Eingang in die führende Malerwerkstatt in Florenz von Andrea del Sarto und zur Zeichenschule des Baccio Bandinelli. Die Lehrzeit hat gemischte Erinnerungen hinterlassen – positive, was die solide Ausbildung in Andreas Werkstatt anbelangt, negative hinsichtlich der Erfahrung mit dem unsteten Wesen seines Lehrers, das dem künstlerischen Erfolg auf die Dauer abträglich war, und vor allem in bezug auf dessen in der 1. Ausgabe als eigensüchtig und zänkisch geschilderten Ehefrau, die selbst den qualvollen Pesttod ihres Mannes mitleidlos und unbeteiligt mitangesehen haben soll. Deutlicher jedoch als die Lehre bei Andrea del Sarto rückt Vasari seine Schülerschaft bei Michelangelo in den Vordergrund, wobei die Bewunderung mehr den Wunsch als die Wirklichkeit zum Ausdruck bringt, denn es ist unwahrscheinlich, daß Michelangelo, der in den fraglichen Jahren ab 1524 in Florenz war, ihm Aufmerksamkeit gewidmet hätte. Eher dürfte wohl der junge Giorgio die Arbeiten seines Vorbilds zwar regelmäßig, aber aus gebührender Distanz verfolgt haben, ohne mit dem Meister in nennenswerten Kontakt zu treten, zumal dieser bekanntlich schwierig im Umgang war und für Schüler wenig Geduld aufbrachte. Deutlich scheint hier Vasaris Absicht durch, seine Autorität als Biograph zu legitimieren.

Fast noch ein Knabe, nimmt Vasari in dieser Zeit bereits, wenn auch nur als Schüler, am literarischen Leben teil. Er genießt höchste Protektion, er sieht viel, und er lernt, sich auf die richtige Weise zwischen Hof und Werkstätten zu bewegen sowie die Vorzüge eines Höflings mit den Fertigkeiten eines Malers zu vereinen. Die Karriere als Hofkünstler scheint vorgezeichnet. Doch nach nur drei Jahren bricht 1527 erneut ein republikanischer Umsturz über die Medici herein. Zunächst flieht auch Vasari aus Florenz, und zwar nicht etwa nach Rom, wo die kaiserlichen Truppen beim Sacco di Roma wüten, sondern zurück in seine Heimatstadt Arezzo, wo familiäre Pflichten warten und wo er auch bald erste Aufträge erhält. Seit dieser Zeit führt Vasari sein *Libro delle ricordanze*, ein Auftragsbuch, worin er seine Gemälde sowie deren Preise festhält. Es informiert über seine Karriere über vier Jahrzehnte hinweg.

Nachdem die Medici wieder als Machthaber von Florenz eingesetzt waren, arbeitet Vasari ab 1531 abermals in ihrem Auftrag. Als aber zunächst Ippolito (1535) unerwartet und dann auch noch Alessandro de' Medici (1537) durch ein Mordkomplott versterben, muß Vasari sich erneut nach neuen Auftraggebern umsehen. Seine Freundschaft mit dem Olivetanermönch Miniato Pitti führt dazu, daß er bald als bevorzugter Maler des Ordens in ganz Italien herumkommt. Auf diesen Reisen kann er auch viele Kunstwerke mit eigenen Augen sehen und Informationen sammeln, die später den Viten zugute kommen.

Mitte der 40er Jahre erhält Vasari seinen bislang größten Auftrag und freskiert den großen Saal im Palazzo della Cancelleria in Rom mit Szenen aus dem Leben von Papst Paul III. Farnese ab März 1546. Hauptforderung des Auftraggebers Kardinal Alessandro Farnese ist, die Ausmalung schnell zu Ende zu bringen, und Vasari bewältigt die Arbeit in hundert Tagen, wie eine von Giovio stammende Inschrift versichert. Im römischen Kreis um Kardinal Farnese und dessen befreundete Humanisten sich zu bewegen, Abendgesellschaften beizuwohnen und in geistreiche Gespräche gezogen zu werden, entspricht Vasaris Naturell und Selbstverständnis, welchen gesellschaftlichen Stellenwert er dem Künstlertum inzwischen zumißt. Eben in dieser Zeit pflegt Vasari endlich näheren Kontakt zu Michelangelo. Seine späteren Äußerungen, mit dem Meister auf gutem Fuße zu stehen, beziehen sich auf diese römischen Jahre. In Michelangelos Briefen an »Messer Giorgio« schwingt hingegen häufig eine gewisse ironische Distanz zur Servilität seines Bewunderers mit.

Nach dem Tod von Papst Julius' III. (1550–55), der ihn mit Aufträgen in Rom gehalten hatte, erhält er von Cosimo I. de' Medici das Angebot, florentinischer Hofkünstler zu werden. Vasari nimmt an. In den folgenden zwei Jahrzehnten steht die Kunstentwicklung in Florenz unter seiner Ägide. Er führt Malereien aus, entwirft die Dekorationen ganzer Raumfolgen, organisiert die große Schar der im Dienste des Hofes stehenden Künstler, liefert architektonische Entwürfe ab und bewährt sich schließlich auch als Regisseur und Organisator von Festen. Weites Aufsehen erregen die Feierlichkeiten bei der Bestattung Michelangelos 1564. Ein Jahr später glänzt er als Festregisseur bei der Hochzeit von Francesco de' Medici 1565. Er bewegt sich in den führenden Literatenkreisen und spielt auch eine Hauptrolle bei der Konstitution der Florentiner Accademia del Disegno (1563), jener so bedeutenden ersten Kunstakademie. Diese letzten zwei Jahrzehnte seiner Karriere sind eine Erfolgsgeschichte, kein noch so komplexer Auftrag, der nicht von ihm in Angriff genommen worden wäre, keine künstlerische Herausforderung, der er sich nicht gestellt hätte. Mit der 2., inhaltlich stark vermehrten Auflage seiner *Viten* 1568 setzt er sich selbst ein Denkmal. Damit nicht genug, schickt er sich im Alter noch an, die gigantische Kuppel im Florentiner Dom auszumalen, obwohl ihm doch schon das Treppensteigen so beschwerlich geworden ist, daß er in einem Korb nach oben gezogen werden muß. Zahlreiche Vorzeichnungen sind schon entstanden, die ersten Tagwerke in Angriff genommen, doch mit der weiteren Ausführung hat Vasari sich übernommen. Über der Arbeit stirbt er am 27. Juni 1574.

## Die Tradition der Vitenbücher und Vasaris Quellen

In der Renaissance lebt die antike Tradition der Vitenschreibung wieder auf. Petrarca leitet mit seinem Werk *De viris illustribus* die lange Reihe der humanistischen Vitenbücher ein, in denen Staatsmänner, Kirchenfürsten, Feldherren und Gelehrte zu einer exempelhaften Versammlung staatstragender Personen vereinigt werden. Der Verweis auf den Stand und gentiles Herkommen, aber auch humanistische Bildung und aristokratische Erziehung verknüpfen die unterschiedlichsten Verdienste zum Idealbild des »uomo universale«. Im 16. Jahrhundert ist diese Literaturgattung besonders von Paolo Giovio geprägt, der sich seit den 1520er Jahren der Viten- und Elogenschreibung widmete, parallel dazu aber auch eine Bildnissammlung der »viri illustres« seiner Zeit in seinem Haus in Como zusammentrug, in der auch Künstler vertreten waren. Er plante, seine Elogen mit graphischen Porträts zu versehen. Vasaris Einschätzung, Leonardo, Raffael und Michelangelo würden seine »età« prägen, ist nicht neu, denn schon Giovio ermißt deren Bedeutung, weshalb er einzig ihnen kurze Lebensbeschreibungen widmete (entstanden um 1527). Das gesteigerte Interesse an »vera effigies« (›wahrhaftigen Bildern‹) bedeutender Menschen zeitigte bereits 1497 mit dem Büchlein *De plurimis claris sceletisque mulieribus* von Jacobus Foresta von Bergamo ein frühes Beispiel für ein Bildnisvitenbuch. Raffaels antiquarischer Lehrmeister Andrea Fulvio veröffentlichte 1517 seine *Imagines illustrium* mit graphischen Münzbildnissen von Alexander bis Augustus.

Vasari konnte bei der Konzeption seiner *Viten* hieran anknüpfen. Im stolzen Bewußtsein darüber, daß die Künstler mittlerweile einen eigenen Stand darstellen, dem historische Verdienste zukommen, nützt er die panegyrische Grundstruktur der Elogen und erweitert sie zu Biographien, deren lockere Vermengung von Personeninformation, Kunstbeschreibung und Raisonnement diesem literarischen Genre insgesamt einen neuen Impuls vermittelt. In der Art der Novellen seit Boccaccio werden zahlreiche Lebensläufe mit Anekdoten gespickt, einzelne Episoden gewinnen sogar gleichnishaften Charakter über die Natur des Menschen, insbesondere des Künstlers. Dabei streut er verschiedene Topoi in die literarische Grundierung seines Bildes vom Renaissance-Künstler ein, etwa die erstaunlichen Talentproben in verschiedenen Kindheitsgeschichten, vergleichbar jenen Prädestinationen, die in Heiligenviten häufig ausgeschmückt sind, oder die Übertrumpfung des Lehrers durch den Schüler oder das stetig erstarkende Bewußtsein, eine freie Kunst auszuüben und somit aus dem Schatten der Artes mechanicae herauszutreten, um wie Leonardo die Kunst in den Rang einer Wissenschaft zu heben.

Neben der genannten Vitenliteratur stützt Vasari sich auch auf Chroniken, historisches Schrifttum aller Art, Mirabilienbücher bedeutender Städte und natürlich Schriften zur Kunst mit biographischen Informationen. Älteste und in Florenz geläufige Quelle dürfte ihm das *Libro dell'arte* des Cennino Cennini gewesen sein, das in den 1390er Jahren geschrieben wurde. Über die dort dargelegten technischen Ratschläge hinaus konnte er daraus jedoch nicht viel Vitenmaterial gewinnen. Kurz danach, um 1400, ist die kleine Schrift *De origine civitatis Florentiae et eiusdem famosis civibus* des Filippo Villani anzusetzen, in der auch florentinische Künstler gewürdigt werden. Weit ergiebiger sind dann die *Commentarii* Lorenzo Ghibertis (um 1447), ein Traktat in drei Teilen, der im Manuskript kursierte und der über Werkstattpraxis, über Optik und vor allem im zweiten Kommentar über Künstler und deren Werke handelt. Vasari hat den Traktat 1529 intensiv im Haus von Ghibertis Enkel studiert. Eine zentrale Stellung nimmt darin Ghibertis eigene Autobiographie ein, die den ersten Text dieser Art eines Künstlers überhaupt darstellt.

Erst im Cinquecento erfährt die Darstellung von Künstlerleben größeres Interesse. Eine weitere wichtige Quelle ist der *Libro* des Antonio Billi, so benannt nach dem bezeugten Besitzer, der möglicherweise auch der Autor des Manuskripts war, in dem sich ein Konglomerat von Notizen aus der Zeitspanne zwischen 1481 und 1530 in der Reihung von Viten gesammelt findet. Möglicherweise noch vor dem Sacco di Roma (1527) entstanden die kurzen Elogen Paolo Giovios, die er Leonardo, Raffael und Michelangelo widmete. Um 1545, also zeitlich parallel zu Vasaris Arbeit an den *Viten*, ist eine anonyme Vitensammlung anzusetzen, die aufgrund ihres Archivstandortes in Florenz *Anonimo Magliabecchiano* (auch *Gaddiano*) genannt wird. Auch hierbei handelt es sich um künstlerbiographische Kollektaneen, teils notizenhaft und verworren zusammengestellt, teils mit bruchstückartigen Erwähnungen, die ebensowenig wie der *Libro* des Billi an einen Künstler als Autor denken lassen als vielmehr an einen Amateur. Literarisch höher einzustufen sind die ebenfalls Manuskript gebliebenen, in die späten 1540er Jahre zu datierenden *Vite d'artisti* von Giovanni Battista Gelli (1498–1563), einem Florentiner Literaten, der durch seine Burlesken, aber auch seine Dante- und Petrarca-Kommentare von Bedeutung ist. Sein Text bricht jedoch noch im Quattrocento ab. Die konkreten Textvorlagen für Leonardo (Giovio, *Anonimo Magliabecchiano*), Raffael (Giovio, *Anonimo Magliabecchiano* nur kursorisch) und Michelangelo (Giovio, Billi, *Anonimo Magliabecchiano*) geben also für die Ausgabe 1550 denkbar wenig Material ab. Überblickt man die genannten und sonstige relevante Quellen, so erweist sich das Faktenmaterial, auf das Vasari zurückgreifen konnte, als disparat, vor allem aber konnte er daraus wenig Anregung zur systematischen Strukturierung seiner Viten gewinnen. Über die reine Materialsammlung hinaus muß letzteres als seine eigenständige Leistung angesehen werden.

## Die Ausgaben: Torrentiniana (1550) und Giuntina (1568)

Die 1. Ausgabe der Viten erschien im Mai 1550 bei dem Verleger Lorenzo Torrentino in Florenz. Vasari selbst berichtet von der Episode, aus der heraus das Buch entstand: Zur Ausmalung des Hauptsaales im Palazzo della Cancelleria, später aufgrund der nur hundert Tage dauernden Ausführung der Malereien Sala dei Cento Giorni genannt, hält sich Vasari 1546 in Rom auf, wo er auch regelmäßiger Gast bei den Abendunterhaltungen seines Auftraggebers Kardinal Alessandro Farnese ist. Bei einer solchen Gelegenheit berichtet im Juni 1546 Giovio von seinem Plan, eine Vitensammlung der bedeutendsten italienischen Maler seit Cimabue zusammenzustellen, da er ohnehin gerade mit seiner Vitensammlung zu berühmten Männern befaßt sei. Vasari rät ihm zunächst nur, sich in praktischen Fragen Rat von Künstlern einzuholen, und erbietet sich sogleich, eigene Notizen über Künstler, die er seit geraumer Zeit gesammelt hatte, zur Verfügung zu stellen. Nach Begutachtung dieser Notizen durch den Bischof läßt sich Vasari überreden, selbst ein solches Vitenwerk zu verfassen, zumal Giovio von seiner eigenen Vitensammlung der *Uomini illustri* (1548 erschienen) zu sehr in Anspruch genommen ist. Zu diesem Zeitpunkt darf daher Vasaris Entschluß, die *Viten* zu verfassen, angenommen werden. Der Beginn der Arbeiten setzt schon einige Jahre früher ein, vielleicht 1543, denn die von Vasari vorgelegten Notizen müssen bereits eine Form besessen haben, die es Giovio und dann auch Kardinal Farnese als gute Wahl erscheinen ließen, daß Vasari selbst als Schriftsteller tätig werde. Ein anderer Umstand läßt an der Zeitangabe für die Tischrunde beim Kardinal Farnese zweifeln, denn Vasari nennt als einen Anwesenden den Dichter Francesco Maria Molza, der aber bereits im Februar 1544 verstorben war, so daß, wenn kein simpler Irrtum vorliegt, die Begebenheit möglicherweise schon im Juli 1543 stattfand, bevor Vasari Rom in Richtung Lucca und Florenz verließ. In einem Brief zum Widmungsexemplar der 1. Auflage an Cosimo I. vom 8. März 1551 bezeichnet Vasari dann das Buch als Ergebnis von zehn Jahren Mühe. Insofern darf man davon ausgehen, daß Vasari die eigentliche Entstehungsgeschichte literarisch überformt hat, sei es, um durch die angedeutete Kürze der Arbeit Respekt zu ernten, sei es, um durch den erlauchten Kreis der Inspiratoren das eigene Werk bedeutungsvoller zu machen.

Sicher ist, daß am 8. Juli 1547 Vasari berichtet, das Werk beendet zu haben. Noch im Oktober nimmt er das Manuskript mit nach Rimini, wo er bei den Olivetanermönchen einen Auftrag auszuführen hat, um durch seinen Freund Don Gianmatteo Faetani, den Prior der Olivetaner, eine Reinschrift anfertigen zu lassen. Faetani dürfte in dieser Phase der Redaktion jedoch kaum mehr wesentlichen Einfluß auf den Text ausgeübt haben. Aufschlußreich ist der Vorabkommentar von Annibale Caro, einem berühmten Literaten und Mitglied jener Runde bei Kardinal Farnese, daß Vasaris Stil genau richtig für Bücher dieser Art sei, nämlich jener der treffsicheren gesprochenen Sprache (»a punto come il parlare«). Es fällt auf, daß Vasaris Sprache von 1550 auf 1568 eine Wandlung aufweist. Er selbst betont in selbstgefälliger Bescheidenheit, er wisse besser den Pinsel als die Feder zu gebrauchen, und deshalb habe er sich auch nicht um Schönheit der Worte oder Wohlgefälligkeit der Satzperioden bemüht. Freilich verraten Stil und Ausprägung des Volgare, daß er mit den zeitgleichen Bestrebungen unter Cosimo I., die toskanische Sprache zu nobilitieren, bestens vertraut ist. Die endgültige Drucklegung überwachten immerhin die führenden Florentiner Literatenfreunde Cosimo Bartoli und Pierfrancesco Giambullari. Außerdem tritt Vasari bereits in der Endphase der Redaktion zur *Torrentiniana* mit Vincenzo Borghini in Kontakt und gibt ihm den ungewöhnlich ausführlichen Index zur Durchsicht.

Das Aufsehen bei Erscheinen des Buches ist enorm; sogleich wird erkannt, daß man es mit einem epochalen Werk zu tun hat. In die zahlreichen Lobeshymnen mischen sich bald auch kritische Stimmen, die nicht nur Fehler aufzeigen, sondern vor allem auch den unverhohlenen Lokalpatriotismus Vasaris (»campanilismo«) anprangern, durch den die Würdigung oberitalienischer und besonders venezianischer Künstler völlig zu kurz kommt. Vasari leitet darin allerdings eine tiefere Motivation, denn für ihn zeigt diese Gewichtung auch die Überlegenheit seiner Auffassung von »disegno« im Gegensatz zum venezianischen Kolorismus. Die fundamentale Opposition zwischen »disegno« und »colore«, von Zeichnung und Farbe, die Vasari in den *Viten* propagiert, stellt einen Kardinalfall kunstakademischer Streitkultur dar und wird schließlich mit immer wieder neuen Varianten bis ins 19. Jahrhundert hinein die Gemüter erhitzen. Und es ist letztlich Vasari zuzurechnen, daß Tizian einen Sonderfall darstellt und nicht in einem Atemzug mit Leonardo, Raffael und Michelangelo genannt wird.

Früh schon muß sich Vasari mit dem Gedanken an eine revidierte Neuausgabe getragen haben. Nicht nur, daß er seine Materialsammlung ständig vermehrt, es verstarben zudem gerade in jenen Jahren einige Künstler. Auch legt ihm die neuere Entwicklung nahe, das alte Konzept aufzugeben und noch lebende Künstler, deren Bedeutung schon deutlich genug geworden ist, aufzunehmen. Für die geplante 2. Ausgabe ist Vincenzo Borghini (seit 1551 Prior am Findelhaus in Florenz) dann der Spiritus rector. Borghini weilt oft außerhalb von Florenz, was einen regen Briefwechsel zwischen ihm und Vasari zeitigt. Die Wiederentdeckung der umfangreichen Korrespondenz Vasaris gegen Ende des 19. Jahrhunderts war eine Sensation, doch durch den Streit um das Recht der Veröffentlichung auch ein unrühmlicher Fall von Gelehrtenzankereien. Jedenfalls macht der Nachlaß die einzelnen Phasen der Neuausgabe gut nachvollziehbar. Schon die Umstellung im Titel der beiden Ausgaben (vgl. das Literaturverzeichnis) signalisiert die verschobene Gewichtung, denn mit der umfangreichen Aufnahme zeitgenössischer Künstler schwillt nicht nur der 3. Teil enorm an, sondern nun rücken die Maler entschieden in den Vordergrund.

Während Vasari für die 1. Ausgabe, die *Torrentiniana*, ein abgeschlossenes und redigiertes Manuskript zum Druck gibt, das Werk als Ganzes in seiner Struktur somit auch überschaubar ist, läßt er den Text der 2. Ausgabe in mehreren Folgen ab 1564 drucken, jetzt aber beim Verleger Giunti. Seine historiographischen Leitlinien behält er im wesentlichen bei, weite Abschnitte der *Giuntina*, besonders diejenigen zu den neu hinzugekommenen Künstlern, konnten im Gesamtaufbau allerdings keiner ordnenden Übersicht mehr unterzogen werden. Dadurch ergeben sich Einschübe bei diversen Künstlern zu erwähnenswerten technischen Aspekten, die in den eigentlichen Technikkapiteln der allgemeinen Einleitung nicht mehr nachträglich eingefügt werden konnten. Besonders Michelangelos Vita erfährt eine entschiedene Erweiterung, indem mehr Aussprüche Michelangelos, allerlei persönliche Dokumente wie Briefe und Gedichte ausführlich eingeflochten werden, stets mit der Versicherung, die Informationen aus erster Hand zu haben, was darin gipfelt, daß Vasari, um seine Glaubhaftigkeit zu untermauern, sogar Familienurkunden der Buonarroti einsieht und mitteilt. Allein schon diese Tatsache und der Umstand, daß vieles der Nachprüfung standhält, haben Vasari den Ruf als erster Kunsthistoriker (der freilich mit ganz anderen Prämissen ans Werk geht) eingebracht.

## Condivis Vita von Michelangelo (1553)

Veranlassung, Michelangelos Vita einer umfangreichen Revision zu unterziehen, war einerseits dessen Tod 1564, andererseits aber wohl auch die 1553 veröffentlichte Gegenschrift Ascanio Condivis *La Vita di Michel Angelo Buonarroti*. Condivi (1525–74), ein Schüler Michelangelos mit dürftigem Künstlertalent, aber als Mann der Nichte von Annibale Caro mit den römischen Literaten auf vertrautem Fuß, antwortet auf Vasari mit der Verve authentischer Zeugenschaft, denn er gibt vor, aus »Reden, Handlungen und Gewohnheiten« eine wahrhaftigere Darstellung von Leben und Werk Michelangelos vorzulegen. Er fühlt sich dazu durch äußeren Druck gezwungen, »weil es Einige gibt, welche, indem sie über diesen seltenen Mann schrieben, ohne ihn (wie ich glaube) so genau gekannt zu haben wie ich, einerseits von ihm Dinge gesagt haben, die nie geschehen sind, andererseits viele der bemerkenswertesten übergangen haben; zum zweiten, weil einige Andere, denen ich diese meine Arbeiten mitgetheilt und anvertraut hatte, sich dieselben auf eine Weise angeeignet haben, als ob sie damit, wie wenn es die ihrigen wären, sich Ehre einzulegen beabsichtigten«.[5] Ohne Vasari namentlich zu nennen, dürfte klar gewesen sein, gegen wen die Invektive gerichtet war. Condivi insinuiert, daß »andere« – Vasari selbst oder Mittelsmänner – sich mündliche oder schriftliche Informationen erschlichen haben, um sie publizistisch zu nutzen. Ob Michelangelo selbst hinter der Attacke steckt, bleibt offen, ob Vasari wirklich Condivi übervorteilt hat, ebenso.

Vasari hat sich geschickt revanchiert. Denn es ist eindeutig, daß er bei seiner Überarbeitung für die 2. Ausgabe Condivis Text hemmungslos seiner Vita Michelangelos ohne auch nur den geringsten Vermerk einverleibt hat. Zahlreiche

5 Condivi, S. 5 f.

Detailkorrekturen, auch ganze, in der Erstfassung fehlende Episoden gehen direkt auf Condivi zurück, sind aber so geschickt umgeformt, daß es dem flüchtigen Leser nicht auffällt. In der Forschung ist Vasari deswegen als Plagiator getadelt worden. Seine Zeitgenossen allerdings sahen das weniger streng, denn Condivi wird ja nicht schamlos wortwörtlich übernommen, sondern seine Informationen werden dem jeweiligen Kontext so inkorporiert, daß es Sinn macht, wobei Vasari stets seinen eigenen Duktus wahrt.

Schon immer schwankt die Forschung zwischen kritischer Skepsis und optimistischem Glauben an den Wahrheitsgehalt der Viten Michelangelos. Besonders Vasari muß generell kritisch gelesen werden, da viele Anekdoten frei erfunden sind und manches seiner Fabulierlust entstammt. Nur bedingt und partiell drängt sich bei beiden Biographen die Evidenz der unmittelbaren Erfahrung auf, die den Chronisten zum Alter ego des Meisters aufsteigen läßt. Wo sie ausfällt, waltet die subjektive Sichtweise, und die noch dunkle Ahnung, daß das Künstlerleben eine aus sich heraus notwendige Existenzform bedeuten kann, führt zur literarischen Heroisierung Michelangelos. Über die Viten 1550, 1553 und 1568 entsteht eine Art biographische Klimax, die im sprachlichen Pomp der Leichenfeierlichkeiten endgültig in die Apotheose des Künstlers mündet. Der Typus des mit sich und der Welt ringenden Künstlerheroen ist literarisch fixiert.

## Nachwirkung

Eine unmittelbare Reaktion auf Vasaris Erstausgabe der *Viten* war gewissermaßen der 1557 erschienene Traktat *Dialogo della pittura intitolato l'Aretino* von Lodovico Dolce, der eine allgegenwärtige Frage erörterte, nämlich ob Raffael oder Michelangelo der Vorrang gebühre. Abgesehen von den Argumenten für und wider ist es bezeichnend, daß nun das Laienurteil das Wort ergreift und sich, durchaus an Vasari geschult, Respekt verschaffen will. Hinter dem Traktat steht Pietro Aretino, der berühmt-berüchtigte Publizist der Renaissance. So wie jener als Ahnherr der »Revolverpresse« gelte, so habe Vasari im Bereich der Kunst eine Geschmacksdiktatur ausgeübt und das »Schauspiel der Geburt der Kritik aus der schöpferischen Impotenz« geboten.[6] Ähnlich der gefürchteten Feder Aretinos habe Vasari in seinen Viten verschiedene Künstler gepriesen oder unmöglich gemacht, so daß diejenigen, die von ihm mit einem negativen Grundton in der Vita bedacht wurden, für die nächsten Jahrhunderte belastet waren. Auch wenn man Friedells süffisant-abschätzigem Urteil über Vasaris schöpferischen Charakter nicht beipflichten mag, so wird man doch zustimmen, daß Vasari in der Geschichte der Kunstkritik eine wichtige Rolle spielt, wenn auch bei ihm, im Gegensatz zu Aretino, der Konflikt, der später Künstler und Kritiker in ein gespanntes Verhältnis versetzen wird, noch keiner ist.

In der Folge entstehen in Italien zahlreiche lokale Künstlervitensammlungen. Bis weit ins 18. Jahrhundert hinein gehören sie neben den eigentlichen Kunsttraktaten zu den wichtigsten Quellen der Kunstgeschichte, nicht allein wegen ihrer (nicht immer zuverlässigen) Werkinformationen, sondern eben auch wegen der Vasaris Beispiel verpflichteten Kombination von Lebensschilderung und kunsttheoretischen Ansichten. Giovanni Baglione (1642), Giovanni Battista Passeri (um 1673–79), Giovanni Pietro Bellori (1672), Filippo Baldinucci (1681) und Lione Pascoli (1730–36), um nur die wichtigsten zu nennen, tradieren in Italien das bekannte Prinzip zu einer fortlaufenden Künstlerchronik der Neuzeit. Von Vasari angeregt, griff man auch im Ausland die Vitenschreibung auf. Das nach Vasari anspruchsvollste Unternehmen dieser Art stammt von dem Flamen Karel

6 Egon Friedell, *Kulturgeschichte der Neuzeit*, München 1984, S. 191.

van Mander (1548–1606), einem in Haarlem ansässigen Maler, der seine Gelehrsamkeit im *Großen Malerbuch* (1604) mit einer Zusammenstellung der berühmten nordalpinen Maler ausbreitet. Ihm verdanken wir ein ganzes Panorama zur niederländisch-flämischen Malerei. Frankreich zog mit André Félibien (1666), Roger der Piles (1681) und Antonin Dézallier d'Argenville (1745) nach. Für den deutschen Bereich besorgte dies Joachim von Sandrart mit seinem Werk *L'Accademia Tedesca della Architettura, Scultura et Pictura: Oder Teutsche Academie der Edlen Bau-, Bild- und Mahlerey-Künste* (1675–76), worin er nicht nur deutsche Künstler vorstellt, sondern auch didaktische Kapitel für die Künstlerausbildung einfügt, um nun auch den in Deutschland von ihm stark geförderten Akademiebestrebungen ein Lehrbuch zu bieten.

Alle genannten Autoren und noch viele mehr folgen im allgemeinen dem Muster Vasaris, auch wenn jeweils lokale und modische Aktualisierungen die ästhetischen Überlegungen diktieren. Mit dem Bericht über die Kindheit und Jugend eines Künstlers werden oft topische Anekdoten über erstaunliche Talentproben und die damit erwiesene künstlerische Berufung verknüpft, wonach die Schilderung des Lebens mit einer Aufzählung wichtiger Werke folgt, um schließlich in eine übergreifende Schilderung der Persönlichkeit, nicht selten auch in eine Skizze ihrer Zeit und Umwelt zu münden. Zwei Grundzüge der sozialen Charakteristik kehren regelmäßig wieder: einmal der Aufstieg aus niederer Herkunft zu Ruhm, Ehren oder sogar Nobilitierung, zum anderen die schon vorhandene aristokratische Herkunft der Künstler, wodurch insgesamt ein aufwertendes Licht auf den Künstlerstand fällt, indem Berufung und Beruf idealtypisch zusammentreffen.

Erst Mitte des 18. Jahrhunderts wird Vasaris Modell überwunden. Diderot eröffnet mit seinen Salonbesprechungen der Kunstkritik neue literarische Dimensionen. Für den

Entwurf einer Geschichte der Kunst ist es dann Johann Joachim Winckelmann mit seiner *Geschichte der Kunst des Altertums* (1764), der zwar das biologistische Modell von Jugend, Reife und Alter einer Epoche aufgreift, jedoch konsequent umdenkt zu einem Geschichtsverlauf der sich ablösenden Epochen, in denen nunmehr Stil- und Darstellungsprobleme die Einheit bilden und nicht mehr das individuelle Werk den Gang der Geschichte diktiert. Die Geschichte ist nun die Lehrmeisterin der Kunst, und in ihr geht das einzelne Künstlerleben auf. So sehr Winckelmann auch Vasari in vielem verpflichtet ist, aus seinem Werk spricht eine neue Kunstanschauung, nun hängt die Kunst »von der Zeit und ihren Veränderungen ab«.

# Namenverzeichnis

# Inhalt



## Anhang